내게는 특별한

프랑스어
문법을 부탁해

다락원

 **머리말**

　프랑스어 문법을 완벽하게 정복할 수 있는 책을 집필하기로 결정한 후부터 저는 수개월 동안 하루 중 많은 시간을 프랑스어 문법을 정리하고 체계화하는 일에 푹 빠져 지냈습니다. 20년이 넘는 세월 동안 프랑스어를 배우고 번역하고 가르치며 얻은 노하우와 지식을 이 책에 담고자 노력했으며, 어떻게 하면 프랑스어 문법을 이해하기 쉽고 효과적으로 전달할 수 있을까에 대해서도 잠 못 이루며 고민했습니다.

　제가 프랑스어를 배웠던 학창 시절을 문득 떠올려 보았습니다. 그때의 저라면, 어떤 문법책을 원했을까? 그러면서 프랑스어를 처음 접하는 입문자의 입장에서 어떤 점이 가장 궁금할까 상상해 보았습니다. 그렇게 저는 DELF A1~A2 수준의 학습자들이 프랑스어를 기초부터 탄탄히 다질 수 있고, 어렵고 복잡해 보이는 문법을 최대한 간단하고 명확하게 전달하는 문법서를 만들고자 했습니다.
　또 수년 동안 강의를 해 오면서 DELF B1~B2 수준의 학습자들에게 받았던 엉뚱한 질문을 비롯하여 정곡을 찌르는 날카로운 질문들을 하나둘 떠올리며 초중급 수준의 학습자들이 헷갈려하고 어려워하는 부분을 시원하게 긁어 주는 문법책을 출간하고 싶었습니다.

　〈내게는 특별한 프랑스어 문법을 부탁해〉가 가진 가장 큰 강점은 바로 DELF A1~B2에서 다루는 문법 사항을 폭넓게 아우르고 있다는 점입니다. 입문자인 학습자에게는 한 권의 책으로 초중급 수준의 프랑스어 문법을 탄탄하게 학습할 수 있는 절호의 기회가 될 것이며, 프랑스어를 공부한 지는 오래됐지만 여전히 문법이 어려운 학습자들에게는 다시 초심으로 돌아가 확실하게 문법을 다질 수 있는 시간을 가질 수 있을 겁니다. 물론 학습자의 실력과 공부 습관에 따라 이 책을 처음부터 끝까지 학습하는 데 걸리는 시간은 천차만별일 것입니다. 하지만 자기만의 속도로 끝까지 포기하지 않고 전진한다면 여러분 모두 프랑스어 능통자로 거듭날 수 있을 것입니다.

　마지막으로 좋은 책 한 권을 완성하기까지 보이지 않는 곳에서 많은 수고와 노력을 아끼지 않으시는 다락원 편집진과 예쁘게 그림을 그려 주신 장덕현 삽화가님, 프랑스어를 꼼꼼하게 확인해 주신 Sylvie MAZO 교수님과 녹음에 참여해 주신 Arnaud DUVAL 선생님께도 감사의 말씀을 꼭 전하고 싶습니다.

　그리고 이 책으로 프랑스어 문법을 공부하고 계시는 학습자 여러분을 언제나 응원합니다!

전혜영

일러두기

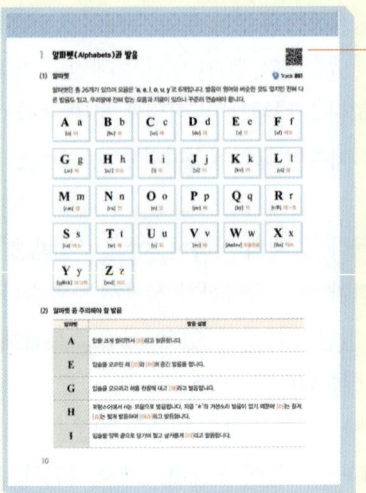

• 예비과
프랑스어 문법을 본격적으로 학습하기에 앞서, 가장 기본적으로 알아야 하는 프랑스어 알파벳, 발음과 모음, 자음, 비모음, 이중모음(이중 자음), 악센트, 연음에 대해 정리하였습니다.

본문
각 단원별 목표 문법이 적용된 간단한 대화를 삽화와 더불어 제시함으로써 학습 내용을 쉽고 재미있게 파악할 수 있게 하였습니다.

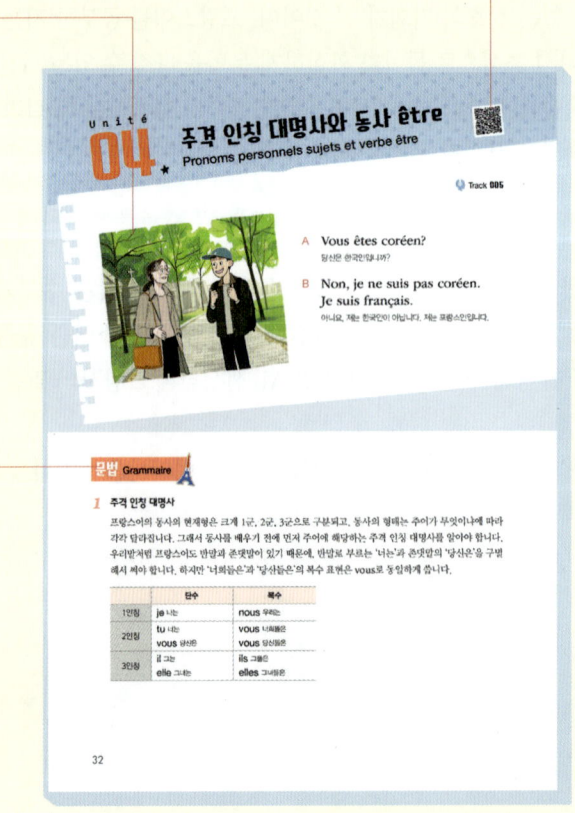

• 원어민이 녹음한 음성 파일을 QR코드로 제공하여 눈으로만 보는 것이 아니라 귀로 듣고 따라할 수 있도록 했습니다.

목표 문법에 대한 기본적인 핵심 내용을 표나 도식을 이용해서 설명하고, 다양한 예문을 제시하여 학습자들이 보다 쉽고 명확하게 이해할 수 있도록 하였습니다.

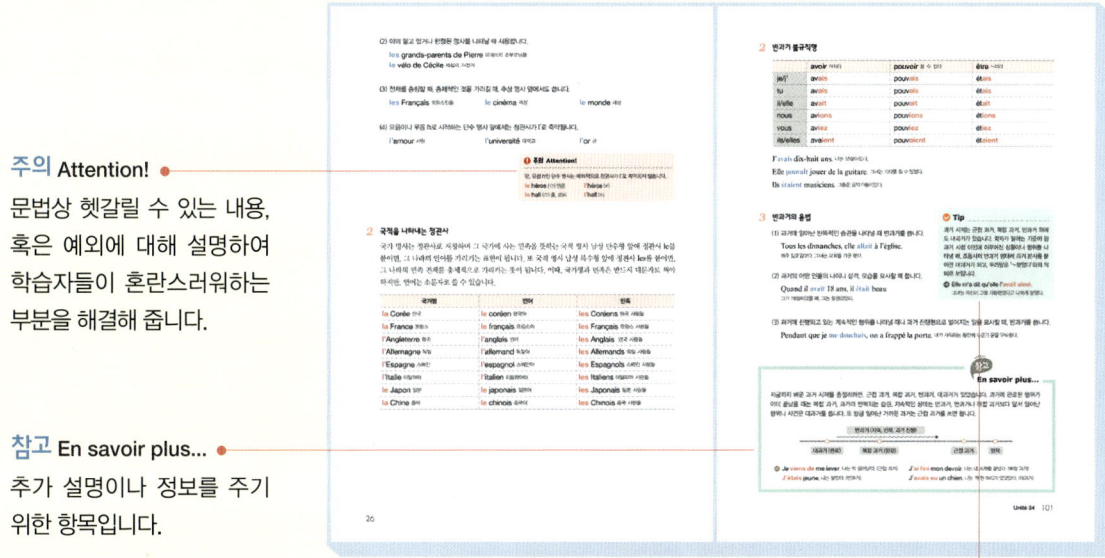

주의 Attention!
문법상 헷갈릴 수 있는 내용, 혹은 예외에 대해 설명하여 학습자들이 혼란스러워하는 부분을 해결해 줍니다.

참고 En savoir plus...
추가 설명이나 정보를 주기 위한 항목입니다.

Tip
해당 문법이 실제 대화상에 어떻게 적용되는지 프랑스어와 한국어 사이의 문장 구조 차이 및 미묘한 뉘앙스 차이에 대해 설명해 줍니다.

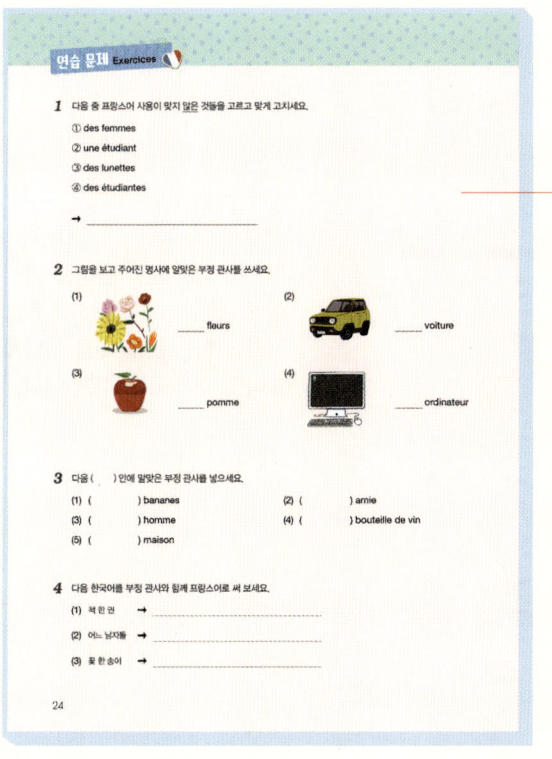

연습문제 Exercices
앞에서 배운 문법 내용을 실제 문제를 통해 확인합니다. 기본적이면서도 다양한 유형의 문제들을 통해 어렵게 느껴지는 문법을 쉽고 재미있게 풀면서 학습 내용을 복습할 수 있습니다.

부록

동사 변화표 및 관용어 표현

자주 쓰이는 프랑스어 숙어를 정리하여 학습자들이 문법을 활용한 보다 많은 표현을 학습할 수 있도록 합니다. 또한 복잡한 프랑스어 동사 변화를 한눈에 확인할 수 있도록 표로 정리하여 대표적인 동사들을 언제든 쉽게 찾아 볼 수 있게 하였습니다.

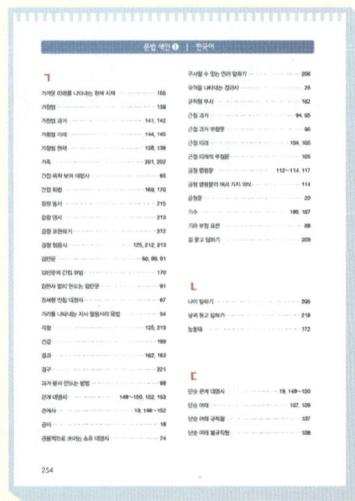

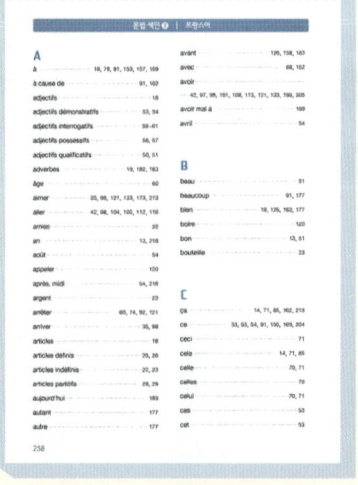

색인

본문에 나온 문법 용어를 한국어와 프랑스어로 정리하여 학습자가 원하는 문법 내용을 쉽게 찾아 볼 수 있도록 하였습니다.

차례

머리말 3
일러두기 4
차례 7
예비과 9

Partie 1 관사
Unité 01 명사와 부정 관사 Noms et articles indéfinis 22
Unité 02 정관사 Articles définis 25
Unité 03 부분 관사 Articles partitifs 28

Partie 2 직설법 현재
Unité 04 주격 인칭 대명사와 동사 être
Pronoms personnels sujets et verbe être 32
Unité 05 1군 규칙 동사
Verbes réguliers du premier groupe 35
Unité 06 2군 규칙 동사
Verbes réguliers du deuxième groupe 38
Unité 07 3군 불규칙 동사
Verbes irréguliers du troisième groupe 41
Unité 08 대명 동사
Verbes pronominaux 45

Partie 3 형용사
Unité 09 품질 형용사 Adjectifs qualificatifs 50
Unité 10 지시 형용사 Adjectifs démonstratifs 53
Unité 11 소유 형용사 Adjectifs possessifs 56
Unité 12 의문 형용사 Adjectifs interrogatifs 59

Partie 4 대명사
Unité 13 직접/간접 목적 보어 대명사
Pronoms compléments d'objet direct/indirect 64

Unité 14 강세형 인칭 대명사
Pronoms personnels toniques 67
Unité 15 지시 대명사 Pronoms démonstratifs 70
Unité 16 소유 대명사 Pronoms possessifs 73
Unité 17 의문 대명사 Pronoms interrogatifs 76
Unité 18 중성 대명사 Pronoms neutres 80

Partie 5 의문문, 부정문, 감탄문
Unité 19 의문문 Phrases interrogatives 84
Unité 20 부정문 Phrases négatives 87
Unité 21 감탄문 Phrases exclamatives 90

Partie 6 직설법 과거
Unité 22 근접 과거 Passé récent 94
Unité 23 복합 과거 Passé composé 97
Unité 24 반과거 Imparfait 100

Partie 7 직설법 미래
Unité 25 근접 미래 Futur proche 104
Unité 26 단순 미래 Futur simple 107

Partie 8 명령문
Unité 27 긍정 명령문
Phrases impératives affirmatives 112
Unité 28 부정 명령문 Phrases impératives négatives 116

Partie 9 접속법
Unité 29 접속법이 쓰이는 동사 구문
Verbes subjonctifs 120
Unité 30 접속법이 쓰이는 종속절
Subjonctif dans les propositions subordonnées 124

Partie 10 | 조건법

Unité 31 조건법 현재 Conditionnel présent ····· 130
Unité 32 조건법 과거 Conditionnel passé ····· 133

Partie 11 | 가정법

Unité 33 가정법 현재 Hypothèse sur le présent ····· 138
Unité 34 가정법 과거 Hypothèse sur le passé ····· 141
Unité 35 가정법 미래 Hypothèse sur le futur ····· 144

Partie 12 | 관계사

Unité 36 단순 관계 대명사 Pronoms relatifs simples ····· 148
Unité 37 복합 관계 대명사 Pronoms relatifs composés ····· 152

Partie 13 | 전치사와 접속사

Unité 38 전치사 Prépositions ····· 156
Unité 39 접속사 Conjonctions ····· 161

Partie 14 | 간접 화법과 수동태

Unité 40 직접/간접 화법 Discours direct/indirect ····· 168
Unité 41 수동태 Forme passive ····· 172

Partie 15 | 비교급과 최상급, 부사

Unité 42 우등/열등/동등 비교급
  Comparatifs(Supériorité, Infériorité, Égalité) ····· 176
Unité 43 최상급 Superlatifs ····· 179
Unité 44 부사 Adverbes ····· 182

Partie 16 | 수

Unité 45 기수 Nombres cardinaux ····· 186
Unité 46 서수 Nombres ordinaux ····· 189
Unité 47 집합수 및 분수
  Nombres approximatifs et fractions ····· 192

Partie 17 | 상황별 표현

Unité 48 신체 및 건강과 관련된 표현
  Corps et santé ····· 198
Unité 49 가족 및 나라와 관련된 표현
  Famille et pays ····· 201
Unité 50 면접에서 자기소개하기
  Se présenter dans un entretien ····· 204
Unité 51 길 안내하기 Indiquer le chemin ····· 209
Unité 52 감정 표현하기 Exprimer l'émotion ····· 212
Unité 53 시간 묻고 답하기 Demander l'heure ····· 215
Unité 54 날씨 묻고 답하기
  Demander le temps qu'il fait ····· 218
Unité 55 편지 쓰기 Écrire une lettre ····· 220

부록

추가 문법
I. 형태에 유의해야 할 동사 변화형 ····· 224
II. 전치사에 유의해야 할 동사 및 관용적인 숙어 ····· 227
III. 동사 변화표 ····· 232

정답 ····· 242

문법 색인
문법 색인 ① 한국어 ····· 254
문법 색인 ② 프랑스어 ····· 258

여러분에게 특별한

프랑스어 문법 공부를

시작해 볼까요?

1 알파벳(Alphabets)과 발음

(1) 알파벳

알파벳은 총 26개가 있으며 모음은 'a, e, i, o, u, y'로 6개입니다. 발음이 영어와 비슷한 것도 있지만 전혀 다른 발음도 있고, 우리말에 전혀 없는 모음과 자음이 있으니 꾸준히 연습해야 합니다.

(2) 알파벳 중 주의해야 할 발음

알파벳	발음 설명
A	입을 크게 벌리면서 [아]라고 발음합니다.
E	입술을 오므린 채 [으]와 [어]의 중간 발음을 합니다.
G	입술을 오므리고 혀를 천장에 대고 [제]라고 발음합니다.
H	프랑스어에서 H는 모음으로 발음합니다. 자음 'ㅎ'의 거센소리 발음이 없기 때문에 [아]는 길게, [슈]는 짧게 발음하여 [아슈]라고 발음합니다.
I	입술을 양쪽 끝으로 당기며 짧고 날카롭게 [이]라고 발음합니다.

J	영어식의 [제이] 발음이 아니라 입술을 옆으로 당겨 [지]라고 발음합니다.	
K	자음 'ㅋ'의 거센소리가 아니라 된소리 'ㄲ'의 소리를 내야해서 [카]가 아니라 [까]로 발음합니다. (단, 바로 뒤에 R이 오면 예외적으로 [크]로 발음합니다.)	
P	자음 'ㅍ'의 거센소리가 아니라 된소리 'ㅃ'의 소리를 내야해서 [페]가 아니라 [뻬]로 발음합니다.	
Q	입 모양을 동그랗게 오므린 채 짧고 날카롭게 [뀌]라고 발음합니다.	
R	영어처럼 혀를 굴리면 안 됩니다. 목구멍 속에서 소리를 끌어올리듯 '흐'를 발음해야 합니다. [에]를 길게 끌고 [흐]를 짧게 발음합니다.	
T	자음 'ㅌ'의 거센소리가 아니라 된소리 'ㄸ'의 소리를 내야해서 [테]가 아니라 [떼]로 발음합니다. (단, 바로 뒤에 R이 오면 예외적으로 [트]로 발음합니다.)	
U	한국어의 '위'를 짧고 날카롭게 발음하면 비슷한 소리가 납니다. [우]를 발음할 때처럼 입술을 동그랗게 오므리고 소리는 [이]를 발음합니다.	
W	영어는 U가 2개지만 프랑스어에서는 V가 2개라는 의미로 [두블르베]라고 발음합니다.	
X	영어는 [엑스]라고 발음하지만 프랑스어는 [익쓰]라고 발음합니다.	
Y	영어는 [와이]라고 발음하지만 프랑스어에서는 [이그헥]이라고 발음합니다.	
Z	영어는 [제트]라고 발음하지만 프랑스어에서는 [제드]라고 발음합니다. 영어처럼 성대를 울리며 떨리는 음으로 'ㅈ' 소리를 냅니다.	

2 모음(Voyelles)의 발음

(1) 단순 모음의 발음

알파벳	발음	예
a **à**	[a] [아] 입 앞쪽에서 나는 소리	ami[아미] 친구 madame[마담] 부인
a **â**	[ɑ] [아] 입 안쪽의 목구멍을 크게 열고 [a]보다 더 크게 입 벌리기	repas[흐빠] 식사 âme[암] 영혼

e é	[e] [에] 닫힌 음으로 입을 작게 열고 입술을 양끝으로 당겨 소리 내기	et[에] 그리고 été[에떼] 여름
e è ê ai ei	[ɛ] [에] 열린 음이므로 입을 크게 열고 [e]보다 아래쪽에서 소리 내기	mais[메] 그러나 être[에트르] ~이다
i î y	[i] [이] 입을 다물기 직전 양 입술 끝을 좌우로 당겨 소리 내기	si[씨] ~라면 île[일] 섬 type[띱] 타입
o au	[ɔ] [오] 입을 크게 벌리고 입술을 앞으로 내밀어 [오]와 [어]의 중간 소리 내기	pomme[봄므] 사과 homme[옴므] 남자
o ô au eau	[o] [오] [ɔ]보다 입을 작게 벌리는 대신 입술을 앞으로 더 내밀어 소리 내기	ton[똥] 너의 bientôt[비앙또] 곧 aussi[오씨] ~도 또한 eau[오] 물
ou où oû	[u] [우] 입을 앞으로 내밀고 한국어의 [우]라고 소리 내기	tout[뚜] 모든 coûter[꾸떼] 값이 나가다
u û	[y] [위] 입술을 오므리고 앞으로 내밀어 짧고 거칠게 [위]라고 소리 내기	université[위니베시떼] 대학교 flûte[플류뜨] 플루트
eu œu	[œ] [외] 혀는 [에], 입술은 [오]를 소리 내려고 애쓰면서 [외]와 유사한 소리 내기	bonheur[보뇌르] 행복 œuf[외프] 달걀
eu	[ø] [으] 혀는 [에], 입술은 [오]를 소리 내려고 애쓰면서 [œ]보다 입술을 조금 더 오므려서 [외]와 [으]의 중간 소리 내기	jeu[즈] 게임 bleu[블르] 파란색
e	[ə] [으] [œ]와 [ø]의 중간 음으로 입술을 오므려 [으]를 소리 내기	petit[쁘띠] 작은 de[드] ~의

(2) 비모음의 발음

알파벳	발음	예
an am en em	[ɑ̃] [엉] [ɑ] 소리를 내는 입 모양으로 콧소리를 내서 비강으로 모음 소리 내기	an[엉] 년, 해 ambition[엉비씨옹] 야망 penser[뻥세] 생각하다 temps[떵] 시간, 날씨
im in ym ain ein en	[ɛ̃] [엥] [ɛ] 소리를 내는 입 모양으로 콧소리를 내서 비강으로 모음 소리 내기	vin[벵] 와인 pain[뻥] 빵
on om	[ɔ̃] [옹] [ɔ] 소리를 내는 입 모양보다 살짝 오므리면서 콧소리를 내서 비강으로 모음 소리 내기	bon[봉] 좋은 ombre[옹브르] 그늘
um un	[œ̃] [앙] [œ] 소리를 내는 입 모양으로 콧소리를 내서 비강으로 모음 소리 내기	parfum[빠흐팡] 향수 brun[브항] 갈색

(3) 반모음의 발음

모음이 연이어 나올 때 동화되면서 앞의 모음이 반모음화되는 현상입니다. 앞의 모음을 먼저 발음하고 뒤의 모음을 약하게 발음하면서 여운을 남기며 소리 내면 됩니다.

알파벳	발음	예
i + 모음	[j] [이-] 모음 [이] 발음을 먼저 하고 뒤에 오는 모음을 약하게 발음하면서 [이야], [이예]와 같은 반모음 소리 내기	ciel[씨엘] 하늘 piano[삐아노] 피아노
u + 모음	[ɥ] [위-] 모음 [이] 발음을 먼저 하고 뒤에 오는 모음을 약하게 발음하면서 [위야], [위이]와 같은 반모음 소리 내기	nuage[뉘야쥐] 구름 lui[뤼이] 그
ou + 모음	[w] [우-] 모음 [우] 발음을 먼저 하고 뒤에 오는 모음을 약하게 발음하면서 [위], [우에]와 같은 반모음 소리 내기	oui[위] 네 jouer[주에] 놀다

(4) 모음 + y의 발음

알파벳	발음	예
ay ey	[εi] [에이–] 모음 a와 e가 y을 만나면 이중 모음으로 발음이 연결되면서 뒤의 모음에 여운이 남는 소리 내기	pays[뻬이] 나라 asseyer[아쎄이에] 앉다
oy	[waɥ] [우아–] 모음 o가 y을 만나면 이중 모음으로 발음이 연결되면서 뒤의 모음에 여운이 남는 소리 내기	tutoyer[뜌뚜아예] 반말하다 voyage[부아야쥐] 여행
uy	[ɥij] [위이–] 모음 u가 y을 만나면 이중 모음으로 발음이 연결되면서 뒤의 모음에 여운이 남는 소리 내기	essuyer[에쒸이예] 닦다 appuie[아쀠이] 받침대

3 자음(Consonnes)의 발음

(1) 단순 자음의 발음

알파벳	발음	예
b	[b] [ㅂ]	bébé[베베] 아기
c	[s]/[k] [ㅅ]/[ㄲ] 모음 a, o, u 앞에서는 [k]로 소리나며 나머지 모음에서는 [s] 소리 내기 (또 단어의 맨끝에 오는 끝 자음 c는 [k])	cacao[까까오] 코코아 열매 comme[꼼므] ~처럼 cela[쓸라] 저것 donc[동끄] 그래서
ç	[s] [ㅅ] 어떤 모음이 오든 무조건 [s] 소리 내기	ça[싸] 그것
d	[d] [ㄷ]	dernier[데흐니에] 마지막의
f / ph	[f] [ㅍ]	fier[피에흐] 자랑스러운 philosophe[필로조프] 철학자
g	[g]/[ʒ] [ㄱ]/[ㅈ] 모음 a, o, u 앞에서는 [g]로 소리나며 나머지 모음에서는 [ʒ] 소리 내기	gare[갸흐] 역 gilet[질레] 조끼
j	[ʒ] [ㅈ]	jour[주흐] 날
k / qu	[k] [ㄲ] qu도 자음 k와 같은 소리 내기	kiosque[끼오스끄] 신문 가판대 quel[껠] 어떤
l	[l] [ㄹ]	lac[라끄] 호수 latin[라땡] 라틴어

알파벳	발음	예
m	[m] [ㅁ]	mon[몽] 나의
n	[n] [ㄴ]	nier[니에] 부인하다
p	[p] [ㅃ]	pierre[삐에흐] 돌
r	[r] [에흐]	terre[떼흐] 땅
s	[s] [ㅅ]	sale[쌀] 더러운
t / th	[t] [ㄸ]	thé[떼] 차
v	[v] [ㅂ]	vélo[벨로] 자전거
w	[v] [ㅂ]	wagon[바공] 기차 칸
x	[s] [ㅅ]	dix[디스] 숫자 10 taxi[딱시] 택시
ex	[gz]/[ks] [그즈]/[크스] 다음에 모음이 오면 [gz], 자음이 오면 [ks] 소리 내기	examen[에그자멍] 시험 texte[떡스뜨] 글, 텍스트
z	[z] [ㅈ]	zéro[제호] 숫자 0

(2) 이중 자음의 발음

알파벳	발음	예
ch	[ʃ] [쉬-] 조용히 하라고 할 때 '쉬~잇'하는 소리와 비슷한 소리 내기	chef[셰프] 주방장
sc	[sk]/[s] [끄스]/[ㅅ] 모음 a, o, u 앞에서는 [sk]로 소리 나며 나머지 모음에서는 [s] 소리 내기	scouer[스꾸에] 구조하다 science[시앙스] 과학
gn	[ɲ] [뉴] 한국어에 없는 발음으로 [니으]를 빨리 발음하면서 혓바닥이 입천장 안쪽에 붙었다 떨어지며 소리 내기	champagne[샹빠뉴] 샴페인
bs / bt	[b]/[p] [ㅂ]/[ㅍ] s와 t는 발음하지 않으며 받침 [ㅂ]과 [ㅍ]을 발음할 때처럼 약하게 소리 내기	abstenir[압쓰뜨니흐] 삼가다 obtention[옵떵씨옹] 획득
mn	[n] [ㄴ] m은 거의 발음하지 않으며 받침 [ㄴ]을 발음할 때처럼 약하게 소리 내기	automne[오똔느] 가을
ss	[s] [ㅅ] 이 겹자음의 ss는 세게 [ㅅ] 소리 내기	hôtesse[오떼씨] 여주인

(3) -il, ill의 발음

알파벳	발음	예
-ail -aill	[ɑj] [아이-] 끝 자음 l을 발음하지 않고 소리 내기	travail[트하바이] 일 détailler[데따이에] 상세히 설명하다
-eil -eille	[ɛj] [에이-] 자음 l을 발음하지 않고 소리 내기	soleil[쏠레이] 태양 Marseille[마르세이유] 마르세이유(프랑스 남부 도시)
-euil -euilll -œil -œill	[œj] [외이-] 끝 자음 l을 발음하지 않고 소리 내기	seuil[쇠이유] 문지방 feuillle[푀이유] 잎사귀 œilleton[외이똥] 렌즈 구멍
-ouil -ouill	[uj] [우이-] 끝 자음 l을 발음하지 않고 소리 내기	mouiller[무이에] 젖다 chatouille[샤뚜이] 간지럼
-il -ill	[i]/[il] [이]/[일] 끝 자음 l을 예외적으로 발음하는 단어들도 있으니 잘 구별해서 소리 내기	sourcil[쑤흐씨] 눈썹 cil[씰] 속눈썹 outil[우띠] 도구 ville[빌] 도시

4 철자 기호

철자 기호	설명	예
é accent aigu [악썽떼귀]	모음 e 위에 오른쪽에서 왼쪽 방향의 깃발을 첨자처럼 붙여 주는 것. 입술을 양쪽으로 길게 당기면서 [e][에] 소리 내기	mériter[메리떼] 자격이 있다
à, è, ù accent grave [악썽그하벳]	모음 a, e, u 위에 왼쪽에서 오른쪽 방향의 깃발을 첨자처럼 붙여 주는 것. 입을 크게 벌리면서 [ɛ][에] 소리 내기	là-bas[라바] 저기 너머 où[우] 어디
â, î, ô, û accent circonflexe [악썽 씨흐꽁플렉쓰]	y 빼고 모든 모음 위에 붙일 수 있으며 각 모음의 고유 발음으로 소리 내기	dîner[디네] 저녁 식사 hôtel[오뗄] 호텔
ë, ï tréma [트헤마]	연속된 두 모음을 각자 분리해서 따로 발음하는 것이 특징. 두번째 모음 위에 이 첨자를 붙이며 고유의 모음 발음으로 소리 내기	Noël[노엘] 성탄절
- trait d'union [트헤 뒤니옹]	두 단어를 연결하거나 주어와 동사를 도치시키는 의문문에서 동사와 주어 사이에 넣는 문장 부호	C'est-à-dire[쎄따디흐] 즉, 다시 말해서

' **apostrophe** [아뽀스트호프]	모음과 모음의 충돌을 막기 위해 축약할 때 쓰는 문장 부호	L'appartement [라빠뜨망] 그 아파트 J'arrive [자히브] 나는 도착한다
ç **cédille** [쎄디으]	자음 c 밑에 쉼표처럼 생긴 첨자를 붙여 주는 것으로 어떤 모음 앞에서도 [s]로 소리 내기	français [프항세] 프랑스의

5 연음 (Liaison)

앞에 있는 단어에서 발음되지 않은 마지막 자음이 그 뒤에 모음이나 무음 h로 시작되는 단어와 만날 경우, 부드럽게 이어지듯 발음되는 것을 말합니다. 그러나 접속사 다음에는 연음하지 않으며, 유성 h는 연음되지 않으니 주의해야 합니다.

연음이 되는 경우의 예

les hommes [레 좀므] 남자들   dix ans [디 장] 10년

연음이 안 되는 경우의 예

Les héros [레 에호] (O) / [레 제호] (X) 영웅들(héro의 h는 유성 h)
Et elle [에 엘] (O) / [에 뗄] (X) 그리고 그녀(et는 등위 접속사)

> **⚠ 주의 Attention!**
> 여기서 유성 h란, 바로 자음 취급을 받는 h를 말합니다. '소리가 있는 h(h aspiré)'란 뜻으로 연음이나 축약을 하지 못합니다. 하지만 무성 h와 마찬가지로 발음은 하지 않습니다. 프랑스어 사전에서 h로 시작하는 단어 옆에 세로로 긴 십자가 표시(†)를 보았다면 유성 h라는 뜻입니다.

6 프랑스어의 품사

(1) **명사(noms)**는 사람, 동물, 사물, 추상 명사를 지칭하는 말입니다.

프랑스어에서 명사는 남성형과 여성형으로 나뉩니다. 이때 남성과 여성으로 고정되는 경우가 있습니다. 예를 들면, '책'이라는 명사는 남성형이고, '집'이라는 명사는 여성형입니다.

livre 책 (남성 단수 명사)   maison 집 (여성 단수 명사)

반면에 남성 명사 끝에 e를 붙여서 여성형으로 만드는 경우도 있습니다. 예를 들면, '남학생'을 뜻하는 étudiant 끝에 e를 붙이면 '여학생'으로 성이 바뀝니다.

étudiant 남학생 (남성 단수 명사)   étudiante 여학생 (여성 단수 명사)

또 프랑스어의 명사는 수에 따라서도 형태가 변화합니다. 명사의 복수 형태를 만들 때, 단수 형태 끝에 s를 붙입니다. 이때, 예외적으로 다른 형태를 덧붙이는 불규칙 형태도 있습니다.

> livre**s** 책들 (남성 복수 명사)   maison**s** 집들 (여성 복수 명사)
> étudiant**s** 남학생들 (남성 복수 명사)   étudiant**es** 여학생 (여성 복수 명사)

(2) **대명사(pronoms)**는 명사를 대신하는 말입니다.

대명사는 크게 주격 인칭 대명사, 직접/간접 목적 보어 대명사, 강세형 인칭 대명사, 지시 대명사, 소유 대명사, 의문 대명사, 중성 대명사가 있습니다.
그중에서 주격 인칭 대명사는 다음과 같습니다.

	단수	복수
1인칭	je 나는	nous 우리는
2인칭	tu 너는 (반말) / vous 당신은 (존댓말)	vous 너희들은, 당신들은
3인칭	il 그는 / elle 그녀는	ils 그들은 / elles 그녀들은

(3) **관사(articles)**는 명사 앞에 쓰이는 품사입니다.

명사의 특징을 규정짓는 품사로써 꾸며 주는 명사가 정해지지 않은 불특정 대상인 경우에는 부정 관사를 씁니다.

	남성	여성
단수	un	une
복수	des	

un miroir 거울 한 개   **une** fleur 꽃 한 송이   **des** femmes 여성들

또 화자와 청자가 이미 서로 아는 명사와 같이 이미 정해진 대상이나 어떤 대상을 총체적으로 지칭할 때는 정관사를 명사 앞에 씁니다.

	남성	여성
단수	le	la
복수	les	

le miroir 그 거울   **la** fleur 그 꽃   **les** femmes 그 여성들

그리고 물질이나 전체의 일부, 셀 수 없는 명사를 가리킬 때는 부분 관사를 명사 앞에 씁니다.

	남성	여성
단수	du	de la
복수	des	

du riz 쌀   **de la** soupe 수프   **des** fruits 과일들

(4) **형용사(adjectifs)**는 명사를 꾸며 주는 말입니다.

형용사의 위치는 종류에 따라 명사 앞에서 꾸며 주기도 하고 뒤에서 꾸며 주기도 합니다. intelligent(똑똑한)은 명사 뒤에 놓이는 후치 형용사이며 joli(예쁜)는 명사 앞에 놓이는 전치 형용사입니다.

> un étudiant **intelligent** 똑똑한 남학생 한 명   une **jolie** fille 예쁜 소녀 한 명

이때, 프랑스어에서 형용사는 꾸며 주는 명사의 성·수에 일치합니다. 그래서 형용사 역시 남성 단수 형용사, 여성 단수 형용사, 남성 복수 형용사, 여성 복수 형용사로 나뉩니다.

petit 작은 (남성 단수 형용사)	petite 작은 (여성 단수 형용사)
petits 작은 (남성 복수 형용사)	petites 작은 (여성 복수 형용사)

(5) **부사(adverbes)**는 동사, 형용사 또는 다른 부사를 꾸며 주는 말입니다.

시간, 장소, 이유, 방법, 정도의 부사 등 종류가 다양합니다. 부사는 성·수 일치를 하지 않습니다. 이때, 형용사에서 파생된 부사일 경우에는, 여성 단수 형용사에 -ment를 붙이면 부사가 됩니다.

demain 내일	bien 잘	très 매우, 아주	trop 너무	normalement 정상적으로

(6) **동사(verbes)**는 주어의 동작이나 상태를 나타내는 말입니다.

동사 원형이 기본 형태이며 시제에 따라 크게 과거, 현재, 미래 형태로 나뉩니다. 또 활용 형태로는 현재 분사와 과거 분사가 있습니다. 프랑스어의 동사는 크게 1군, 2군, 3군으로 나뉩니다. 라틴어를 어원으로 하는 프랑스어는 동사의 격 변화가 다양한 형태도 변하는데, 1군, 2군은 규칙성이 있어서 종결 어미가 통일되어 있는 규칙형이지만 3군은 불규칙형이어서 주어에 따라 동사의 형태가 불규칙하게 변화합니다. 프랑스어에서 가장 많이 쓰이는 '존재 동사 être(~이다)'는 3군 불규칙 동사로 현재형 격 변화가 같습니다. 동사는 주어 다음에 위치합니다.

	단수	복수
1인칭	Je suis 나는 ~이다	nous sommes 우리는 ~이다
2인칭	tu es 너는 ~이다	vous êtes 당신(들)은 ~이다
3인칭	Il/elle est 그/그녀는 ~이다	Ils/elles sont 그들/그녀들은 ~이다

(7) **전치사(prépositions)**는 명사나 대명사 앞에 위치합니다.

시간, 장소, 한정적인 대상, 위치 등의 의미를 나타내는 말입니다.

de ~의 / ~로부터	à ~에 / ~으로	pour ~을/를 위하여
chez ~의 집에	par ~에 의해	devant ~의 앞에

(8) **접속사(conjonctions)**는 품사와 품사를 연결해 주는 말입니다.

이때, 단어와 단어 사이를 이어 줄 때도 쓰지만 문장의 구, 절 또는 문장 전체를 다른 문장과 이어 줄 때도 쓰입니다.

et 그리고	ou 또는	mais 그러나	parce que 왜냐하면

(9) **관계사(relatifs)**는 단순 관계 대명사와 복합 관계 대명사로 나뉩니다.

관계사는 어떤 문장을 다른 문장과 연결할 때 두 문장 사이에 중복되는 품사를 대신하기 위해 쓰는 말입니다. 선행하는 단어를 대신해서 쓰는데 이 단어가 주어 역할을 하면 주격 관계 대명사 **qui**를 쓰고, 목적어 역할을 하면 que를 씁니다. 이 외에도 전치사 de를 수반하는 관계사 dont과 시간과 장소를 받는 관계사 où도 있는데 본문에서 더 자세하게 다룰 것입니다.

l'homme **qui** habite ici 여기 사는 남자   le chat **que** j'aime 내가 사랑하는 고양이

7 기본 문장 구조 (Structure de la phrase)

(1) 관사는 명사 앞에 붙입니다.

(2) 부사는 형용사 다음이나 동사 다음에 오는 것이 기본 형태이며 시간과 장소 부사는 문장 맨 앞에 오거나 맨 끝에 옵니다.

(3) 전치사는 명사 또는 대명사 앞에 옵니다. 또 복합 관계 대명사에서 사용되는 전치사의 경우에는 관계 대명사 앞에 옵니다.

(4) 프랑스어 문장의 기본 형태는 '주어 + 동사 + 보어(명사, 형용사, 부사)', '주어 + 동사 + 목적어'의 구조를 가집니다. 동사의 종류에 따라 문장 구조가 달라지는데, 목적어가 필요 없는 자동사는 다음에 주격 보어가 오고, 목적어를 필요로 하는 타동사는 동사 다음에 목적어가 옵니다.

① 주어 + 자동사 + 보어   ② 주어 + 타동사 + 목적어

  Il est petit. 그는 작습니다.   Il aime le café. 그는 커피를 좋아합니다.
  주어 동사 형용사   주어 동사   명사

(5) 프랑스어 문장의 긍정문을 부정문으로 만들 때는 동사 양쪽에 'ne … pas'를 붙이면 됩니다.

  Il n'est pas petit. 그는 작지 않습니다.   Il n'aime pas le café. 그는 커피를 안 좋아합니다.
  주어 ne 동사 pas 형용사   주어 ne 동사   pas   명사

(6) 프랑스어 문장의 평서문을 의문문으로 만드는 방법은 세 가지가 있습니다.

① 첫 번째 방법은 가장 손쉬운 경우로, '주어 + 동사'의 평서문 구조의 문장 끝에 물음표만 붙이는 경우입니다. 이때, 문장 마지막 끝의 억양을 높여서 발음해야 상대가 의문문으로 이해할 수 있습니다.
   Il est coréen? 그는 한국인입니까?

② 두 번째 방법은 est-ce que를 문장 맨 앞에 붙이는 경우로 상대적으로 다른 의문문보다 격식을 갖춘 표현입니다.
   Est-ce qu'elle est coréenne? 그녀는 한국인입니까?

③ 마지막 방법은 주어와 동사의 어순을 도치하는 것입니다. 이때, 연결 부호 '-(trait d'union)'를 빠트리지 않고 꼭 붙여야 합니다.
   Sont-ils coréens? 그들은 한국인입니까?

Partie 1*

관사

Unité 01 ★ 명사와 부정 관사
Noms et articles indéfinis

 Track 002

Voici un homme.
여기 한 남자가 있다.

Voici une femme.
여기 한 여자가 있다.

Voici des enfants.
여기 아이들이 있다.

문법 Grammaire

1 명사

프랑스어의 명사는 사람, 동물, 사물 등의 이름을 나타내는 품사입니다. 프랑스어의 명사는 성과 수가 있습니다.

(1) 일반적으로 남성 단수 명사 끝에 e를 붙이면 여성 명사가 됩니다. 그리고 단수형 명사 끝에 s를 붙이면 복수형이 됩니다.

남성 단수 명사	여성 단수 명사	남성 복수 명사	여성 복수 명사
ami 친구(남)	amie 친구(여)	amis 친구들(남)	amies 친구들(여)
employé 남자 회사원	employée 여자 회사원	employés 남자 회사원들	employées 여자 회사원들

> **Tip**
> 어떤 명사들은 남성형과 여성형이 둘 다 존재하고 성에 따라 그 의미가 다른 경우가 있으니 잘 구별해서 써야 합니다.
> 예) un poste 직위   une poste 우체국
>   un tour 일주, 돌기   une tour 탑

(2) 명사 복수형의 경우 단수형 뒤에 s를 붙이는 게 일반적이지만, 불규칙적으로 변화하는 형태가 있으니 주의해야 합니다.

명사 복수형의 불규칙 변화형	단수 → 복수
-s/-x/-z로 끝나는 단수 명사는 복수 형태에 s를 붙이지 않으며 단수형과 동일한 형태	pays → pays 나라 paix → paix 평화 nez → nez 코
-al로 끝나는 단수 명사는 -aux로 대체	journal → journaux 신문 animal → animaux 동물
-ail로 끝나는 단수 명사는 -aux로 대체	travail → travaux 일
-au로 끝나는 단수 명사는 -aux로 대체	tuyau → tuyaux 파이프, 관
-eu로 끝나는 단수 명사는 -eux로 대체	neveu → neveux 남자 조카
-eau로 끝나는 단수 명사는 -eaux로 대체	drapeau → drapeaux 깃발
-ou로 끝나는 단수 명사는 -oux로 대체	genou → genoux 무릎

2 부정 관사

프랑스어의 부정 관사는 남성 단수, 여성 단수, 남성 복수, 여성 복수가 있습니다. 셀 수 있는 명사를 가리킬 때나 정해지지 않은 명사 앞에 위치합니다. 우리말로 셀 수 있는 명사를 가리킬 때는 '하나의', 또는 '몇몇의'를 의미하며, 정해지지 않은 명사를 가리킬 때는 불특정 명사이므로 '어느', '한'의 의미를 갖습니다.

	남성	여성
단수	un	une
복수	des	

un livre 책 한 권　　　　une fille 소녀 한 명
des livres 몇 권의 책들　　des filles 몇몇의 소녀들

(1) 부정 관사는 단독으로 문장에서 사용되지 않으며 항상 부정 관사 뒤에 명사가 오고, 그 명사의 성과 수에 일치시켜야 합니다. 명사가 남자인지 여자인지, 단수인지 복수인지에 따라 관사가 달라지기 때문입니다.

　　un étudiant 남학생 한 명　　　　une étudiante 여학생 한 명
　　des étudiants 몇몇의 남(녀)학생들　des étudiantes 몇몇의 여학생들

(2) 부정 관사는 단수의 셀 수 있는 명사 앞에서 '하나'를 뜻하는 숫자인 '1'과 같은 뜻을 가집니다.

　　un sac 가방 한 개　　　　une maison 집 한 채

(3) 부정 관사는 정해지지 않은 '어느', '어떤'의 뜻을 가지기도 합니다.

　　un homme 어느 남자　　　　une femme 어느 여자

(4) 부정 관사는 셀 수 없는 물질 명사 앞에서는 쓸 수 없습니다. 그럴 때는 물질 명사와 관계 있는 용기나 단위를 써서 물질 명사를 표현할 수 있습니다.

　　~~une~~ eau 물　　　　　　une bouteille d'eau 물 한 병
　　~~un~~ argent 돈　　　　　un paquet d'argent 돈 한 뭉치

연습 문제 Exercices

1 다음 중 프랑스어 사용이 맞지 않은 것들을 고르고 맞게 고치세요.

① des femmes

② une étudiant

③ des lunettes

④ des étudiantes

➔ _____

2 그림을 보고 주어진 명사에 알맞은 부정 관사를 쓰세요.

(1) _____ fleurs

(2) _____ voiture

(3) _____ pomme

(4) _____ ordinateur

3 다음 (   ) 안에 알맞은 부정 관사를 넣으세요.

(1) (   ) bananes

(2) (   ) amie

(3) (   ) homme

(4) (   ) bouteille de vin

(5) (   ) maison

4 다음 한국어를 부정 관사와 함께 프랑스어로 써 보세요.

(1) 책 한 권 ➔ _____

(2) 어느 남자들 ➔ _____

(3) 꽃 한 송이 ➔ _____

Unité 02 정관사
Articles définis

 Track 003

Vive la France!
프랑스 만세!

Vive la Corée!
대한민국 만세!

Bravo, les champions!
장하다, 우승자들!

 문법 Grammaire

1 정관사

프랑스어의 정관사는 정해진 명사, 상대가 이미 알고 있는 특정 명사를 가리킬 때, 혹은 한정된 대상을 가리킬 때 그 명사 앞에 쓰입니다. 정관사에는 남성 단수, 여성 단수, 남성 복수, 여성 복수가 있습니다. '이/그/저'의 뜻을 갖습니다.

	남성	여성
단수	le	la
복수	les	

le chat 그 고양이　　　　la chambre 그 방
les chats 그 고양이들　　les chambres 그 방들

(1) 세상에 하나밖에 없는 유일한 명사 앞에 씁니다.

　le soleil 태양　　　　la Terre 지구　　　　la Tour Eiffel 에펠탑

(2) 이미 알고 있거나 한정된 명사를 나타낼 때 사용합니다.

    les grands-parents de Pierre 피에르의 조부모님들
    le vélo de Cécile 세실의 자전거

(3) 전체를 총칭할 때, 총체척인 것을 가리킬 때, 추상 명사 앞에서도 씁니다.

    les Français 프랑스인들   **le** cinéma 극장   **le** monde 세상

(4) 모음이나 무음 h로 시작하는 단수 명사 앞에서는 정관사가 l'로 축약됩니다.

    l'amour 사랑   **l'**université 대학교   **l'**or 금

> ❗ 주의 Attention!
>
> 단, 유성 h인 단수 명사는 예외적으로 정관사가 l'로 축약되지 않습니다.
> **le** héros (○) 영웅   **l'**héros (×)
> **le** hall (○) 홀, 로비   **l'**hall (×)

2 국적을 나타내는 정관사

국가 명사는 정관사로 지칭하며 그 국가에 사는 민족을 뜻하는 국적 명사 남성 단수형 앞에 정관사 le를 붙이면, 그 나라의 언어를 가리키는 표현이 됩니다. 또 국적 명사 남성 복수형 앞에 정관사 les를 붙이면, 그 나라의 민족 전체를 총체적으로 가리키는 뜻이 됩니다. 이때, 국가명과 민족은 반드시 대문자로 써야 하지만, 언어는 소문자로 쓸 수 있습니다.

국가명	언어	민족
la Corée 한국	**le** coréen 한국어	**les** Coréens 한국 사람들
la France 프랑스	**le** français 프랑스어	**les** Français 프랑스 사람들
l'Angleterre 영국	**l'**anglais 영어	**les** Anglais 영국 사람들
l'Allemagne 독일	**l'**allemand 독일어	**les** Allemands 독일 사람들
l'Espagne 스페인	**l'**espagnol 스페인어	**les** Espagnols 스페인 사람들
l'Italie 이탈리아	**l'**italien 이탈리아어	**les** Italiens 이탈리아 사람들
le Japon 일본	**le** japonais 일본어	**les** Japonais 일본 사람들
la Chine 중국	**le** chinois 중국어	**les** Chinois 중국 사람들

연습 문제 Exercices

1 주어진 명사에 알맞은 정관사를 쓰세요.

(1)  _____ Japon

(2) _____ Angleterre

(3)  _____ chat

(4)  _____ vélos

2 다음 ( ) 안에 알맞은 정관사를 넣으세요.

(1) ( ) Espagnols   (2) ( ) France

(3) ( ) amour   (4) ( ) héros

(5) ( ) livre

3 다음 단수형 명사를 복수형으로 고치세요.

(1) le chapeau ➡ _____

(2) la voix ➡ _____

(3) l'hôpital ➡ _____

(4) le frigo ➡ _____

4 다음 한국어를 정관사와 함께 프랑스어로 옮기세요.

(1) 한국인 여자들 ➡ _____

(2) 중국인 남자 ➡ _____

(3) 프랑스 여자 ➡ _____

Unité 02

Unité 03 부분 관사
Articles partitifs

 Track **004**

A **Du pain, s'il vous plaît.**
빵 좀 주세요.

B **De l'eau, s'il vous plaît.**
물 좀 주세요.

C **Des fruits, s'il vous plaît.**
과일들 좀 주세요.

문법 Grammaire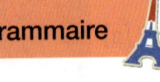

1 부분 관사 의미

프랑스어 부분 관사는 전체의 일부를 가리킬 때나 셀 수 없는 명사를 가리킬 때 쓰입니다. 부분 관사에는 남성 단수, 여성 단수, 남성 복수, 여성 복수가 있습니다. 정해지지 않은 양을 가리키는 명사 앞에 쓰입니다. 우리말로 '조금의', '약간의'란 뜻을 가집니다.

	남성	여성
단수	du	de la
복수	des	

du vin (약간의) 와인
de la soupe (약간의) 수프
des raisins 포도들

de la salade (약간의) 샐러드
de la bière (약간의) 맥주
des pommes de terre 감자들

2 부분 관사의 형태 변화

(1) 모음이나 무음 h로 시작하는 단수 명사 앞에서는 부정 관사가 de l'로 축약됩니다.

~~du~~ argent → **de l'**argent (약간의) 돈
~~de la~~ huile → **de l'**huile (약간의) 기름

(2) 수를 정확하게 셀 수 없는 물질 명사 앞에 주로 쓰입니다. 단, 물질 명사가 용기나 단위로 표현되는 경우에는 부정 관사로 쓸 수 있습니다.

du café (약간의) 커피 → un café 커피 한 잔
du thé (약간의) 차 → un thé 차 한 잔

(3) '복수 부분 관사 + 복수 형용사 + 복수 명사' 구조일 때는 예외적으로 부분 관사 des가 de로 바뀝니다.

~~des~~ grandes baguettes → de grandes baguettes 큰 바게트빵들
~~des~~ petits poissons → de petits poissons 작은 물고기들

3 부정 관사, 정관사, 부분 관사의 용법 구별

(1) 부정 관사는 셀 수 없는 명사 앞에서는 쓸 수 없습니다. 그럴 때는 명사와 관계 있는 용기나 단위를 써서 물질 명사를 표현하거나 부분 관사를 명사 앞에 쓸 수 있습니다.

~~une~~ eau 물   une bouteille d'eau 물 한 병   de l'eau 물
~~un~~ argent 돈   un paquet d'argent 돈 한 뭉치   de l'argent 돈

(2) 요일 앞에 부정 관사, 정관사, 무관사의 의미를 구별해서 써야 합니다. 정해지지 않은 불특정의 요일을 가리킬 때는 부정 관사를 쓰고, 주기적인 반복으로 '그 요일마다'의 의미나 특정 날짜의 '그 요일'을 가리킬 때는 정관사를 씁니다. 하지만 '그 요일에' 만나자는 인사 표현을 할 때에는 요일 앞에 관사를 생략해야 하니 주의하시기 바랍니다.

불특정 요일: 부정 관사		주기적 반복, 특정 날짜: 정관사		인사 표현: 무관사	
un lundi	어느 월요일	le lundi	월요일마다	à lundi!	월요일에 보자!
un mardi	어느 화요일	le mardi	화요일마다	à mardi!	화요일에 보자!
un mercredi	어느 수요일	le mercredi	수요일마다	à mercredi!	수요일에 보자!
un jeudi	어느 목요일	le jeudi	목요일마다	à jeudi!	목요일에 보자!
un vendredi	어느 금요일	le vendredi	금요일마다	à vendredi!	금요일에 보자!
un samedi	어느 토요일	le samedi	토요일마다	à samedi!	토요일에 보자!
un dimanche	어느 일요일	le dimanche	일요일마다	à dimanche!	일요일에 보자!

> **주의 Attention!**
>
> 부정 관사의 복수 형태와 부분 관사의 복수 형태가 des로 같기 때문에 헷갈릴 수 있습니다. 구별하는 요령은 그 대상을 셀 수 있는지, 없는지 확인하면 됩니다.
>
> 예 des légumes (약간의) 채소들 (부분 관사의 복수형)
> des clés 열쇠들 몇 개 (부정 관사의 복수형)

연습 문제 Exercices

1 그림을 보고 주어진 명사에 알맞은 부분 관사를 쓰세요.

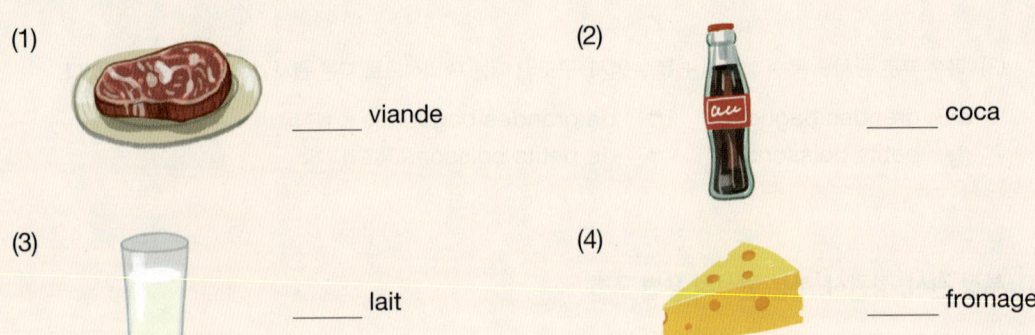

(1) _____ viande

(2) _____ coca

(3) _____ lait

(4) _____ fromage

2 다음 빈칸에 알맞은 부분 관사를 넣으세요.

(1) _____ vin

(2) _____ haricots

(3) _____ riz

(4) _____ bière

(5) _____ pizza

3 다음 중 프랑스어 사용이 맞지 않은 것들을 고르고 맞게 고치세요.

① des salades

② des pains

③ du raisins

④ du oignon

➡ _____

4 다음 한국어를 부분 관사와 함께 프랑스어로 옮기세요.

(1) 돈 ➡ _____

(2) 채소들 ➡ _____

(3) 과일들 ➡ _____

Partie 2*
직설법 현재

Unité 04  주격 인칭 대명사와 동사 être
Pronoms personnels sujets et verbe être

🎧 Track **005**

A Vous êtes coréen?
당신은 한국인입니까?

B Non, je ne suis pas coréen. Je suis français.
아니요, 저는 한국인이 아닙니다. 저는 프랑스인입니다.

문법 Grammaire

1 주격 인칭 대명사

프랑스어의 동사의 현재형은 크게 1군, 2군, 3군으로 구분되고, 동사의 형태는 주어가 무엇이냐에 따라 각각 달라집니다. 그래서 동사를 배우기 전에 먼저 주어에 해당하는 주격 인칭 대명사를 알아야 합니다. 우리말처럼 프랑스어도 반말과 존댓말이 있기 때문에, 반말로 부르는 '너는'과 존댓말의 '당신은'을 구별해서 써야 합니다. 하지만 '너희들은'과 '당신들은'의 복수 표현은 vous로 동일하게 씁니다.

	단수	복수
1인칭	je 나는	nous 우리는
2인칭	tu 너는 vous 당신은	vous 너희들은 vous 당신들은
3인칭	il 그는 elle 그녀는	ils 그들은 elles 그녀들은

2 동사 être

우리가 자주 사용하는 존재 동사 être는 다음과 같이 현재형이 변화합니다. 나중에 배울 3군 불규칙 동사에 해당하는데 기본적으로 알아야 할 필수 동사입니다. 동사 être는 동사 다음에 목적어를 필요로 하지 않는 자동사로, 동사 다음에 명사, 형용사가 주격 보어로 올 수 있습니다.

être ~이다, ~이/가 있다	
je	suis
tu	es
il/elle	est
nous	sommes
vous	êtes
ils/elles	sont

Je **suis** Marie. 나는 마리입니다.
Nous **sommes** des amis. 우리는 친구들입니다.

(1) 존재 동사 être 다음에 국적, 직업을 나타내는 명사가 나올 때는 앞에 관사를 붙이지 않습니다.

Je suis étudiant. (○) 나는 학생이다.   Je suis ~~un~~ étudiant. (×)
Elle est coréenne. (○) 그녀는 한국 여자이다.   Elle est ~~une~~ coréenne. (×)

(2) 지시 대명사 ce(이것) 다음에 존재 동사 être를 붙이면, 사물 또는 사람을 소개하는 표현이 됩니다. 단수형 표현은 C'est(이것은 ~이다)이며, 복수형 표현은 Ce sont(이것들은 ~이다)입니다.

C'est un chat. 이것은 고양이 한 마리이다.
C'est Julien. 이 사람은 줄리앙이다.
Ce ne **sont** pas des amis. 이 사람들은 친구들이 아니다.
Ce ne **sont** pas des fruits. 이것들은 과일들이 아니다.

(3) 존재 동사를 '~이/가 아니다'의 형태로 부정문으로 만들려면 동사 양쪽에 'ne + 동사 + pas'를 붙이면 됩니다. ne 다음에 모음으로 시작하는 동사가 나오면 n'의 형태로 축약합니다.

ne pas être ~이/가 아니다, ~이/가 없다	
je	ne suis pas
tu	n'es pas
il/elle	n'est pas
nous	ne sommes pas
vous	n'êtes pas
ils/elles	ne sont pas

Il **n'est pas** italien. 그는 이탈리아인이 아니다.
Tu **n'est pas** un enfant. 너는 어린애가 아니다.

연습 문제 Exercices

1 다음 빈칸에 알맞은 존재 동사 être의 현재형을 넣어 보세요.

(1) Tu _____.

(2) Elle _____.

(3) Vous _____.

(4) Ils _____.

2 다음 빈칸에 알맞은 주격 인칭 대명사를 넣으세요.

(1) _____ est française.

(2) _____ sont chinois.

(3) _____ sont allemandes.

(4) _____ suis japonaise.

3 다음 문장을 부정문으로 고치세요.

(1) Nous sommes étudiants. ➡ _____

(2) Il est musicien. ➡ _____

(3) C'est un sac. ➡ _____

4 아래 한국어를 프랑스어로 옮겨 보세요.

(1) 나는 한국인 여자입니다. ➡ _____

(2) 나는 일본인 남자가 아닙니다. ➡ _____

Unité 05
1군 규칙 동사
Verbes réguliers du premier groupe

Track **006**

A **Vous aimez la France?**
당신은 프랑스를 좋아합니까?

B **Oui, j'aime beaucoup Paris.**
네, 저는 파리를 많이 좋아합니다.

문법 Grammaire

1 현재형 1군 규칙 동사

1군 규칙 동사는 동사 원형이 -er로 끝나며 다음과 같이 격 변화합니다.

동사 어간 + -e / es / e / ons / ez / ent

	aimer 좋아하다	**arriver** 도착하다	**travailler** 일하다
je/j'	aim**e**	arriv**e**	travaill**e**
tu	aim**es**	arriv**es**	travaill**es**
il/elle	aim**e**	arriv**e**	travaill**e**
nous	aim**ons**	arriv**ons**	travaill**ons**
vous	aim**ez**	arriv**ez**	travaill**ez**
ils/elles	aim**ent**	arriv**ent**	travaill**ent**

Tu n'**arrives** pas tard. 너는 늦게 도착하지 않는다.   Nous **travaillons** beaucoup. 우리는 많이 일한다.

Unité 05　35

2. 주의해야 할 1군 동사

(1) 동사 어간에 악상 그라브(è)가 추가되는 동사

	acheter 사다	**lever** 들어올리다	**promener** 산책시키다	**préférer** 선호하다
je/j'	ach**è**t**e**	l**è**v**e**	prom**è**n**e**	préf**è**r**e**
tu	ach**è**t**es**	l**è**v**es**	prom**è**n**es**	préf**è**r**es**
il/elle	ach**è**t**e**	l**è**v**e**	prom**è**n**e**	préf**è**r**e**
nous	achet**ons**	lev**ons**	promen**ons**	préfér**ons**
vous	achet**ez**	lev**ez**	promen**ez**	préfér**ez**
ils/elles	ach**è**t**ent**	l**è**v**ent**	prom**è**n**ent**	préf**è**r**ent**

Il n'**achète** pas. 그는 사지 않는다.   Je ne **préfère** pas. 나는 선호하지 않는다.

(2) 동사 어간의 y가 i로 바뀌는 동사

	essayer 노력하다	**payer** 지불하다	**balayer** 청소하다
je/j'	essay**e** / essa**ie**	pay**e** / pa**ie**	balay**e** / bala**ie**
tu	essay**es** / essa**ies**	pay**es** / pa**ies**	balay**es** / bala**ies**
il/elle	essay**e** / essa**ie**	pay**e** / pa**ie**	balay**e** / bala**ie**
nous	essay**ons**	pay**ons**	balay**ons**
vous	essay**ez**	pay**ez**	balay**ez**
ils/elles	essay**ent** / essa**ient**	pay**ent** / pa**ient**	balay**ent** / bala**ient**

Tu n'**essaies** pas. 너는 시도하지 않는다.   Il **paye** bien. 그는 잘 지불한다.

(3) 1인칭 복수 nous의 격 변화를 주의해야 하는 동사

	voyager 여행하다	**commencer** 시작하다
je	voyage	commence
tu	voyages	commences
il/elle	voyage	commence
nous	voyag**e**ons	commen**ç**ons
vous	voyagez	commencez
ils/elles	voyagent	commencent

Nous **voyageons**. (○) 우리는 여행한다.
Nous voyagons. (×)

Nous **commençons**. (○) 우리는 시작한다.
Nous commencons. (×)

> ✅ **Tip**
> 현재형 동사를 쓴 문장 구조 '주어 + 동사'를 긍정문에서 부정문으로 바꾸려면 동사 양쪽에 ne와 pas를 붙이면 됩니다.
>
> Elle travaille. 그녀는 일합니다.
> → Elle **ne** travaille **pas**. 그녀는 일하지 않습니다.

연습문제 Exercices

1 다음 괄호 안의 동사를 1군 동사 현재형으로 바꿔 써 보세요.

(1) Tu _____ (parler).

(2) Elle _____ (ne pas étudier).

(3) Vous _____ (acheter).

(4) Ils _____ (payer).

(5) Je _____ (ne pas travailler).

2 다음 질문에 알맞은 대답을 넣어 문장을 완성하세요.

(1) A Vous aimez le café?
    B Non, _____

(2) A Tu achètes du pain ?
    B Oui, _____

(3) A Ils parlent français?
    B Non, _____

(4) A Tu commences maintenant?
    B Non, _____

3 괄호 안의 1군 동사를 인칭에 맞게 현재형으로 바꿔 빈칸을 채우세요.

Il (1) _____ (aimer) le vin. Mais il (2) _____ (ne pas aimer) la bière.

Elle (3) _____ (aimer) les animaux. Alors elle (4) _____ (habiter) avec son chat. J' (5) _____ (aimer) la nature. Et je (6) _____ (voyager) beaucoup. Qu'est-ce que vous (7) _____ (aimer)?

Unité 06

2군 규칙 동사
Verbes réguliers du deuxième groupe

Track **007**

A Tu rentres chez toi maintenant?
너는 지금 귀가하니?

B Non, je finis à minuit.
아니, 난 자정에 끝나.

문법 Grammaire

1 2군 규칙 동사

2군 규칙 동사는 동사 원형이 -ir로 끝나며 현재형은 다음과 같이 격 변화를 합니다.

> 동사 어간 + -is / is / it / issons / issez / issent

	choisir 선택하다	**finir** 끝내다	**réussir** 성공하다
je	chois**is**	fin**is**	réuss**is**
tu	chois**is**	fin**is**	réuss**is**
il/elle	chois**it**	fin**it**	réuss**it**
nous	chois**issons**	fin**issons**	réuss**issons**
vous	chois**issez**	fin**issez**	réuss**issez**
ils/elles	chois**issent**	fin**issent**	réuss**issent**

Elle **choisit** une robe. 그녀는 원피스를 선택한다.

Ils **finissent** tard. 그들은 늦게 끝난다.

Nous **réussissons** presque tout! 우리는 거의 모든 것을 성공한다!

> ✅ **Tip**
>
> '절대 ~지 않는다'의 부정문을 만들 때는 'ne + 동사 + jamais' 형태를 취합니다. 그리고 '더 이상 ~지 않는다'의 부정문을 만들 때는 'ne + 동사 + plus' 형태를 취합니다. 부정문 P. 87 참조
>
> 예 Elle **ne** choisit **jamais** la viande. 그녀는 결코 고기를 선택하지 않는다.
> Elle **ne** choisit **plus** la viande. 그녀는 더 이상 고기를 선택하지 않는다.

2 동사 원형이 -ir로 끝나지만 2군 규칙 동사가 아닌 경우

동사 원형의 어미를 보고 자칫 2군 규칙 동사로 오해할 수 있지만 sortir(외출하다), partir(출발하다), tenir(잡다)는 3군 불규칙 동사에 해당합니다. 동사 원형이 -ir로 끝나는 모든 동사가 2군 규칙 동사는 아니라는 점에 주의해야 합니다.

	sortir 외출하다	partir 떠나다	tenir 잡다
je	sors	pars	tiens
tu	sors	pars	tiens
il/elle	sort	part	tient
nous	sortons	partons	tenons
vous	sortez	partez	tenez
ils/elles	sortent	partent	tiennent

Tu **sors** ce soir? 너는 오늘 저녁에 외출하니?

Ils ne **partent** pas demain. 그들은 내일 떠나지 않는다.

연습 문제 Exercices

1 다음 괄호 안의 2군 동사의 알맞은 현재형을 넣어 보세요.

(1) Nous _____ (grandir).

(2) Elle _____ (ne pas vieillir).

(3) Vous _____ (finir) le travail.

(4) Tu _____ (salir) le vêtement.

2 다음 질문에 알맞은 대답을 넣어 문장을 완성하세요.

(1) A Vous finissez tôt?
    B Non, _____

(2) A Tu réussis l'examen?
    B Oui, _____

(3) A Qu'est-ce qu'elles choisissent? (l'hôtel)
    B _____

3 다음 동사의 현재형 중 격 변화가 <u>틀린</u> 것들을 찾아 바르게 고치세요.

① Nous sortissons.

② Vous finissez.

③ Il réussit.

④ Elles partissent.

→ _____

4 괄호 안의 동사를 주어진 인칭에 맞게 현재형으로 빈칸을 채워 보세요.

Il (1) _____ (choisir) du café et du gâteau. Et je (2) _____ (choisir) du thé. Mais elle ne (3) _____ (choisir) rien. Comme elle (4) _____ (ne pas manger) bien, elle (5) _____ (mincir) de plus en plus.

Unité 07 · 3군 불규칙 동사
Verbes irréguliers du troisième groupe

A Qu'est-ce que vous faites dans la vie?
당신은 무슨 일을 하세요?

B Je suis professeure de français. Et vous?
저는 프랑스어 선생님이에요. 당신은요?

A Je suis journaliste. Je prends l'avion tous les mois.
저는 기자예요. 저는 매달 비행기를 타요.

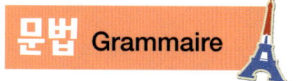

1 3군 불규칙 동사

3군 불규칙 동사는 동사 원형이 -re, -ir, -er, -oir 등 다양한 형태를 띄고 있으며, 현재형 어미 역시 불규칙합니다.

	mettre 놓다	pouvoir 할 수 있다	devoir 해야만 한다
je	mets	peux	dois
tu	mets	peux	dois
il/elle	met	peut	doit
nous	mettons	pouvons	devons
vous	mettez	pouvez	devez
ils/elles	mettent	peuvent	doivent

Je **mets** un vase de fleurs sur la table. 나는 꽃병을 탁자 위에 놓는다.

Nous **pouvons** gagner le match. 우리는 경기에서 이길 수 있다.

Ils ne **doivent** pas sortir. 그들은 외출하면 안 된다.

Unité 07 41

2 avoir 동사

3군 불규칙 동사 중 프랑스어에서 자주 쓰이는 소유 동사 avoir의 현재 시제는 다음과 같이 변화합니다.

avoir ~을/를 갖다			
je/j'	ai	nous	avons
tu	as	vous	avez
il/elle	a	ils/elles	ont

(1) 소유 동사 avoir 다음에 목적어로 오는 명사에는 부정 관사 또는 부분 관사가 쓰이고, 해당 문장이 부정문일 경우, 관사는 부정의 de로 바뀌니 주의해야 합니다.

J'ai une voiture. 나는 자동차가 있다.   Je n'ai pas de voiture. 나는 자동차가 없다.

Nous avons de l'argent. 우리는 돈이 있다.   Nous n'avons pas d'argent. 우리는 돈이 없다.

(2) 관용적인 표현에서 avoir 동사가 쓰이기도 하는데, 인간의 생리적 욕구를 표현할 때는 avoir 동사를 씁니다.

avoir faim 배고프다
avoir soif 목 마르다
avoir sommeil 졸리다
avoir peur 두렵다, 무섭다
avoir froid 춥다
avoir chaud 덥다

J'ai faim. 나는 배가 고파요.
J'ai soif. 나는 목이 말라요.
J'ai sommeil. 나는 졸려요.
J'ai peur. 나는 무서워요.

3 장소의 이동을 나타내는 3군 동사

장소의 이동을 나타내는 동사 aller(가다)는 -er로 끝나지만 1군 동사가 아닌 3군 불규칙 동사고, venir(오다)는 -ir로 끝나지만 2군 동사가 아닌 3군 불규칙 동사입니다.

	aller 가다	venir 오다
je	vais	viens
tu	vas	viens
il/elle	va	vient
nous	allons	venons
vous	allez	venez
ils/elles	vont	viennent

A Tu vas où?
너는 어디 가니?

B Je vais à la station de métro.
나는 지하철역으로 가.

(1) 상대방에게 자신이 그쪽으로 간다고 할 때, 우리말은 '가다' 동사를 쓰지만, 프랑스어는 '오다' 동사를 쓰니 주의해야 합니다.

A A table, les enfants! 얘들아, 식탁으로 와라!

B Oui, je viens, maman! 네, 엄마, 저 그쪽으로 갈게요!

(2) 프랑스어로 상대방에게 인사할 때 잘 지내는지 안부를 물으려면 동사 **aller**를 사용합니다.

- A   Tu **vas** bien? 잘 지내니?
- B   Oui, je **vais** bien. Merci. 응, 잘 지내. 고마워.

4   그 외의 3군 동사

(1) 동사 faire

어떤 행위를 하거나 무언가를 만들 때 쓰는 3군 불규칙 동사 **faire**는 그 의미가 매우 다양합니다. 특히, 이 동사 다음에 특정 명사와 함께 쓰여 숙어로 자주 사용되는 특징이 있습니다. 동사 faire의 불규칙 변화형과 회화에서 자주 쓰이는 숙어 표현을 잘 기억해 두도록 합니다.

faire 하다, 만들다	
je	fais
tu	fais
il/elle	fait
nous	faisons
vous	faites
ils/elles	font

faire les courses 장을 보다
faire le ménage 청소를 하다
faire du sport 운동을 하다
faire la sieste 낮잠을 자다
faire la lessive 빨래를 하다
faire la vaisselle 설거지를 하다
faire la cuisine 요리를 하다

Elle **fait la sieste** tout le weekend. 그녀는 주말마다 낮잠을 잔다.

Jean préfère **faire la cuisine**. 장은 요리를 하는 것을 선호한다.

(2) 동사 prendre

3군 불규칙 동사 **prendre**는 교통수단을 타거나 어떤 물건을 취하거나 또는 식사를 하거나 약속을 잡을 때 쓰일 만큼 그 의미가 다양합니다. 동사 **faire**와 마찬가지로 특정 명사와 함께 굳어진 숙어로 자주 쓰이니 불규칙 동사 형태와 함께 기억해야 합니다.

prendre 타다, 취하다	
je	prends
tu	prends
il/elle	prend
nous	prenons
vous	prenez
ils/elles	prennent

prendre le rendez-vous 약속을 잡다
prendre le métro 지하철을 타다
prendre la main 손을 잡다
prendre des médicaments 약을 복용하다
prendre le déjeuner 점심을 먹다
prendre soin 치료하다, 관리하다

- A   Tu vas où? 너는 어디 가니?
- B   Je vais à la station pour **prendre le métro**. 지하철을 타려고 역으로 가는 중이야.
- A   Tu **prends tes médicaments** tous les jours? 너는 매일 약을 먹니?
- B   Bien sûr! Pour cela, je **prends le déjeuner** avant. 물론이지! 그러려면, 그전에 점심을 먹어.

연습 문제 Exercices

1 다음 괄호 안의 동사를 현재형으로 바꿔 써 보세요.

(1) Il _____(prendre) un bus.

(2) Elles _____(mettre) des gants.

(3) Tu _____ (faire) quoi?

(4) Vous _____(pouvoir) travailler.

(5) Je _____(ne pas faire) la lessive.

2 다음 질문에 알맞은 대답을 넣어 문장을 완성하세요.

(1) A Vous partez demain?
    B Non, _____

(2) A Est-ce qu'elle a des enfants?
    B Non, _____

(3) A Savez-vous lire?
    B Oui, _____

(4) A Vous prenez une douche tous les jours?
    B Oui, _____

3 괄호 안의 3군 불규칙 동사를 현재형으로 빈칸을 채우세요.

- Nous (1) _____(être) coréennes. Et vous, vous (2) _____(être) français?

- Je (3) _____(aller) bien. Comment (4) _____(aller)-vous?

- Il (5) _____(lire) un journal et elle (6) _____(voir) un beau garçon.

Unité 08 대명 동사
Verbes pronominaux

 Track **009**

A Vous vous levez tôt le matin?
당신은 아침에 일찍 일어나요?

B Non, comme je me couche très tard, c'est difficile.
아니요, 저는 늦게 잠자리에 들기 때문에 힘들어요.

문법 Grammaire

1 주격 보어

주격 보어란, 말 그대로 주어를 보충하여 도와주는 품사를 말합니다. 어떤 행위를 할 때, 그 행위를 하는 주체와 그 행위의 대상이 되는 객체가 같을 때 주격 보어를 사용하며, 동사는 대명 동사를 씁니다. 대명 동사는 주어가 자기 자신에게 어떤 행위를 하는 동사를 의미합니다. 예를 들어, 내가 자리에서 일어날 때, 일어나는 행동의 주체자도 '나'이고, 내가 일으키는 대상도 바로 '나'인 것처럼 말이죠!
주격 보어의 형태는 아래와 같습니다.

	단수	복수
1인칭	me	nous
2인칭	te	vous
3인칭	se	se

2 대명 동사

동사 원형 앞에 주격 보어 se가 있는 동사를 대명 동사라고 하며, 1군, 2군, 3군 동사가 다 존재합니다.

(1) 대명 동사의 동사 원형 앞에 쓰인 주격 보어 se는 행위의 주체와 대상이 동일한 재귀 용법으로 쓰입니다. 특히, 대명 동사는 우리가 일상생활에서 자주 쓰는 기본적인 행동을 묘사할 때 주로 쓰입니다.

	s'appeler 이름이 ~이다, 스스로를 ~라고 부르다	**se lever** 일어나다	**se coucher** 잠자리에 들다
je	m'appelle	me lève	me couche
tu	t'appelles	te lèves	te couches
il/elle	s'appelle	se lève	se couche
nous	nous appelons	nous levons	nous couchons
vous	vous appelez	vous levez	vous couchez
ils/elles	s'appellent	se lèvent	se couchent

Je **m'appelle** Claire. 내 이름은 클레르입니다.

Vous **vous levez** tôt le matin? 당신은 아침마다 일찍 일어납니까?

Ils ne **se couchent** pas avant minuit. 그들은 자정 전에 잠자리에 들지 않는다.

(2) 주격 보어 se는 상호 작용하는 '쌍방의', '서로'라는 의미로 쓰일 수도 있습니다.

	se regarder 자신을 바라보다	**se parler** 서로 말하다	**se détester** 서로 싫어하다
je	me regarde	me parle	me déteste
tu	te regardes	te parles	te détestes
il/elle	se regarde	se parle	se déteste
nous	nous regardons	nous parlons	nous détestons
vous	vous regardez	vous parlez	vous détestez
ils/elles	se regardent	se parlent	se détestent

Vous **vous regardez** souvent. 당신들은 자주 서로를 바라본다.

On **se déteste** depuis longtemps. 우리는 오래 전부터 서로를 싫어한다.

Parfois elles **se disputent**. 이따금 그녀들은 서로 말싸움을 한다.

Ils **s'aiment** beaucoup. 그들은 서로를 많이 사랑한다.

(3) 주격 보어 se가 수동태 용법으로 사용되면 대명 동사가 '~되다'라는 의미가 되기도 합니다. 수동태 P.173 참조

	se vendre 팔리다	se réaliser 실현되다	se couper 잘리다
je	me vends	me réalise	me coupe
tu	te vends	te réalises	te coupes
il/elle	se vend	se réalise	se coupe
nous	nous vendons	nous réalisons	nous coupons
vous	vous vendez	vous réalisez	vous coupez
ils/elles	se vendent	se réalisent	se coupent

Les livres **se vendent** bien. 그 책들은 잘 팔린다.
Le rêve **se réalise**. 그 꿈이 실현된다.
Ses cheveux **se coupent**. 그의 머리가 잘린다.

Je vends des livres. 나는 책들을 판다.
Elle réalise son rêve. 그녀는 꿈을 실현시킨다.
On me coupe les cheveux. 어떤 사람이 내 머리를 잘라 준다.

3 대명 동사를 활용한 다양한 숙어

프랑스어에는 대명 동사를 활용한 숙어 표현이 많이 있습니다. 대명 동사의 의미와 주격 보어 se가 없을 때 타동사 의미를 서로 비교하면서 상황에 맞는 정확한 프랑스어 표현을 구사해 보도록 합니다.

se faire une piqûre 주사를 맞다	vs faire une piqûre 주사를 놓다
se faire hospitaliser 입원하다	vs hospitaliser 입원시키다
se peigner les cheveux 머리카락을 빗질하다	vs peigner les cheveux 머리카락을 빗질시키다
se vernir les ongles 스스로 자기 손톱에 매니큐어를 칠하다	vs vernir les ongles 손톱에 매니큐어를 칠해 주다
se raser 스스로 면도하다	vs raser 면도시키다

Elle **se fait une piqûre**? 그녀는 주사를 맞니?
vs L'infirmière **fait une piqûre**? 그 간호사가 주사를 놓니?

La grand-mère **se fait hospitaliser** aujourd'hui. 할머니가 오늘 입원하신다.
vs Les parents **hospitalisent** leur grand-père. 부모님이 그들의 할아버지를 입원시킨다.

> ✓ **Tip**
> 부정문을 만들 때는 'ne + 주격 보어 + 대명 동사 + pas' 형태를 취합니다.
> 예) Nous **ne** nous promenons **pas**. 우리는 산책을 하지 않는다.
> Tu **ne** te lèves **pas** tout de suite? 너 당장 일어나지 않을 거니?

Unité 08

연습 문제 Exercices

1 다음 괄호 안의 동사를 현재형 대명 동사로 채우세요.

(1) Elle _____ (se promener).

(2) Je _____ (se lever) tard.

(3) On _____ (s'habiller) bien.

(4) Quand est-ce que nous _____ (se voir)?

2 다음 의문문에 대하여 알맞은 대답을 넣어 문장을 완성하세요.

(1) A Vous ne vous couchez pas?
    B Non, _____

(2) A Est-ce qu'il se réveille?
    B Non, _____

(3) A Est-ce qu'ils s'aiment vraiment?
    B Non, _____

3 괄호 안의 대명 동사를 현재형으로 변화시켜 빈칸을 채우세요.

A Je (1) _____ (s'appeler) Marie. Et toi, comment (2) _____ (s'appeler)?

B Je (3) _____ (s'appeler) Suji. Aujourd'hui, on (4) _____ (se promener) ensemble?

A D'accord. Je (5) _____ (se promener) souvent. On (6) _____ (se voir) où tout à l'heure?

4 다음 문장을 대명 동사 형태를 넣어 프랑스어로 옮겨 보세요.

(1) 이 꽃들은 잘 팔립니다.
   → Ces fleurs _____ bien.

(2) 그는 내일 주사를 맞습니다.
   → Il _____ demain.

(3) 나는 병원에 입원하고 싶지 않아요.
   → Je ne veux pas _____ .

Partie 3

형용사

Unité 09 품질 형용사
Adjectifs qualificatifs

Track **010**

A Regarde! Elle est très belle!
저기 좀 봐! 저 여자 정말 아름답다!

B Tu as raison. Elle est grande et mince.
네 말이 맞아. 키도 크고 날씬하기까지 하네.

문법 Grammaire

1 품질 형용사

품질 형용사란 어떤 대상이 갖는 성격, 가치, 정도의 차이를 자세하게 설명할 때 쓰는 형용사입니다. 형용사는 일반적으로 명사를 수식하는 품사로 명사의 특징을 규정하는 역할을 합니다. 품질 형용사는 명사의 앞이나 뒤에서 명사를 수식하거나, 문장에서 보어로서 역할을 하기도 합니다. 품질 형용사는 수식하는 명사의 성과 수에 따라 형태가 달라집니다.

(1) 형용사는 꾸며 주는 명사의 성·수에 따라 남성 단수, 여성 단수, 남성 복수, 여성 복수가 있습니다. 보통 여성형에는 어미에 e를 붙이고, 복수에는 s를 붙이나, 특수한 형태는 불규칙 변화하니 반드시 확인하도록 합니다.

	남성	여성
단수	petit	petit**e**
복수	petit**s**	petit**es**

des filles **intelligentes** 똑똑한 소녀들
une mission **facile** 쉬운 임무
des examens **difficiles** 어려운 숙제

(2) 남성 단수 형용사가 모음이나 무음 h로 시작하는 명사 앞에서 남성 제2형으로 바뀌는 특수한 경우도 있습니다.

	남성 단수	여성 단수	남성 복수	여성 복수
beau 아름다운	beau / bel	belle	beaux	belles
nouveau 새로운	nouveau / nouvel	nouvelle	nouveaux	nouvelles
vieux 늙은	vieux / vieil	vieille	vieux	vieilles

un **nouvel** ordinateur 새로운 컴퓨터 한 대
un **bel** appartement 멋진 아파트 한 채
une **nouvelle** amie 새 친구(여) 한 명
une **vieille** femme 나이 든 여자 한 명

2 형용사의 어순

(1) 프랑스어 형용사는 대부분의 경우 명사 뒤에서 수식합니다. 하지만 명사 앞에서 꾸며 주는 특별한 형용사도 있습니다. 이러한 형용사로는 petit(작은), grand(큰), beau(아름다운), joli(예쁜), bon(좋은), mauvais(나쁜), jeune(젊은), vieux(늙은) 등이 있습니다.

	남성 단수	여성 단수	남성 복수	여성 복수
grand 큰	grand	grande	grands	grandes
joli 예쁜	joli	jolie	jolis	jolies
bon 좋은	bon	bonne	bons	bonnes
mauvais 나쁜	mauvais	mauvaise	mauvais	mauvaises
jeune 젊은	jeune	jeune	jeunes	jeunes

un **petit** jouet 작은 장난감 한 개
un **joli** manteau 예쁜 외투 한 벌
un **bon** livre 좋은 책 한 권
une **petite** voiture 작은 차 한 대
une **jolie** poupée 예쁜 인형 한 개
une **bonne** pizza 맛있는 피자 한 개

(2) '복수 부정 관사 + 복수 형용사 + 복수 명사' 구조에서 관사의 형태가 예외적으로 바뀌는데, 이 경우 부정 관사는 des아 아닌 de로 바뀝니다.

~~des~~ bons appartements → **de** bons appartements 좋은 아파트들
~~des~~ petites maisons → **de** petites maisons 작은 집들

> **⚠ 주의 Attention!**
>
> 어떤 형용사는 명사 앞과 뒤에서 모두 수식이 가능하지만, 두 경우 의미가 달라지기도 합니다. 이때 전혀 다른 뜻이 되니 형용사의 위치를 주의해야 합니다.
>
> 예 un **grand** homme 위대한 남자   un homme **grand** 키가 큰 남자
> une **pauvre** femme 불쌍한 여자   une femme **pauvre** 가난한 여자
> un **certain** cas 어느 경우   un cas **certain** 확실한 경우

연습 문제 Exercices

1 그림과 한국어를 참고하여 빈칸에 들어갈 알맞은 품질 형용사를 써 넣으세요.

(1) un _____ arbre
멋진 나무 한 그루

(2) un _____ oiseau
작은 새 한 마리

(3) des chapeaux _____
빨간 모자들

(4) un _____ portable
새로 산 휴대폰

2 다음 빈칸에 알맞은 품질 형용사를 넣으세요.

(1) les livres _____ 쉬운 책들

(2) la table _____ 스위스산 탁자

(3) la _____ femme 나이가 많은 여자

(4) les _____ restaurants 훌륭한 식당들

(5) le _____ homme 나쁜 남자

3 다음 중 프랑스어 사용이 맞지 <u>않은</u> 것들을 모두 골라 맞게 고치세요.

① le vin français
② des filles italiennes
③ de vélos rapides
④ les libres taxis

➜ _____

4 다음 한국어를 품질 형용사를 넣어 프랑스어로 써 보세요.

(1) 그 새로운 친구들 ➜ _____

(2) 어느 일본인 여교사 ➜ _____

(3) 그 한국인 부모님들 ➜ _____

(4) 그 오래된 기차들 ➜ _____

Unité 10

지시 형용사
Adjectifs démonstratifs

Track 011

A Cet arbre est très grand!
이 나무는 정말 크구나!

B Ces fleurs sont trop jolies.
이쪽으로 와 봐! 저 꽃들은 너무 예쁘다.

문법 Grammaire

지시 형용사란 말하는 사람이 눈 앞에 보이는 대상 또는 청자가 아는 대상을 한정된 표현인 '이', '그', '저'로 나타내는 표현입니다.

1 지시 형용사의 형태

지시 형용사는 성·수에 따라 형태가 달라지며, 남성 단수 형용사가 모음이나 무음 h로 시작하는 명사 앞에서는 남성 제 2형인 cet가 쓰입니다.

	남성	여성
단수	ce / cet	cette
복수	ces	

cet arbre (○) 이 나무   ce arbre (×)
cet ami (○) 이 친구   ce ami (×)

Unité 10 53

2 거리를 나타내는 지시 형용사의 용법

지시 형용사를 사용하는 명사구에서 거리상 가깝거나 먼 대상을 구별하여 표현하고자 할 때는 접미어 -ci와 -là를 명사 뒤에 붙여 씁니다. 말하는 화자에게서 좀 더 가까이 있는 대상을 가리킬 때는 '이 ~'라는 의미의 -ci를, 상대적으로 멀리 있는 대상을 가리킬 때는 '저 ~'라는 의미의 -là를 쓰면 됩니다. 앞서 언급한 대상을 다시 가리키는 경우는 '그 ~'라는 의미로 해석합니다.

	가까이 있는 대상 -ci	멀리 있는 대상 -là
단수	ce livre-ci 이 책	ce livre-là 저 책
복수	ces livres-ci 이 책들	ces livres-là 저 책들

3 시간을 나타내는 지시 형용사의 용법

지시 형용사는 한정된 시간을 표현할 때에도 주로 쓰입니다. 우리말로는 '오늘' 혹은 '이번 ~'의 의미로 쓰입니다. 시간을 표현하는 경우 지시 형용사가 쓰이는 명사구 앞에 전치사 à를 쓰지 않습니다.

ce matin 오늘 아침에	cet après-midi 오늘 오후에
ce soir 오늘 저녁에	cette nuit 오늘 밤에
cette semaine 이번 주에	ce weekend 이번 주말에
ce mois-ci 이번 달에	cette année 이번 해에

En savoir plus...

지시 형용사를 사용하여 요일, 월, 계절을 표현할 수 있습니다.

① 요일

ce lundi	ce mardi	ce mercredi	ce jeudi	ce vendredi	ce samedi	ce dimanche
이번 월요일	이번 화요일	이번 수요일	이번 목요일	이번 금요일	이번 토요일	이번 일요일

② 월

ce janvier	ce février	ce mars	cet avril	ce mai	ce juin
이번 1월	이번 2월	이번 3월	이번 4월	이번 5월	이번 6월
ce juillet	cet août	ce septembre	cet octobre	ce novembre	ce décembre
이번 7월	이번 8월	이번 9월	이번 10월	이번 11월	이번 12월

③ 사계절

ce printemps	cet été	cet automne	cet hiver
이번 봄	이번 여름	이번 가을	이번 겨울

연습문제 Exercices

1 그림을 보고 빈칸에 들어갈 알맞은 지시 형용사를 써 넣으세요.

(1) _____ appartements

(2) _____ sac

(3) _____ fenêtre

(4) _____ chaussettes

2 빈칸에 알맞은 지시 형용사를 넣으세요.

(1) _____ mercredi (2) _____ été

(3) _____ livres (4) _____ homme

(5) _____ bibliothèque

3 다음 중 프랑스어 사용이 맞지 <u>않은</u> 것들을 모두 골라 맞게 고치세요.

① ces stylos 이 만년필들

② cet petit arbre 이 작은 나무

③ cette petites lampes 이 작은 램프들

④ ce petit garçon 이 어린 소년

➡ _____

4 다음 한국어를 지시 형용사와 함께 프랑스어로 써 보세요.

(1) 이 귀여운 아기들 ➡ _____

(2) 이 멋진 풍경 ➡ _____

(3) 이 똑똑한 여학생 ➡ _____

Unité 11

소유 형용사
Adjectifs possessifs

Track 012

A **Vos parents et votre petit frère habitent où?**
당신 부모님과 형제는 어디에 사나요?

B **Mes parents habitent à Paris et mon petit frère habite en Afrique avec sa femme.**
나의 부모님은 파리에 사세요. 그리고 내 남동생은 그의 아내와 함께 아프리카에 살아요.

문법 Grammaire

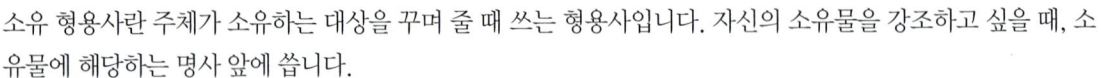

소유 형용사란 주체가 소유하는 대상을 꾸며 줄 때 쓰는 형용사입니다. 자신의 소유물을 강조하고 싶을 때, 소유물에 해당하는 명사 앞에 씁니다.

1 소유 형용사의 형태

소유 형용사는 꾸며 주는 성·수에 따라 아래와 같이 형태가 달라집니다. 단, 여성 단수 소유 형용사인 ma, ta, sa 다음에 모음이나 무음 h로 시작하는 명사가 나오면 모음 충돌을 피하기 위해 mon, ton, son으로 형태가 바뀌니 주의해야 합니다.

		남성 단수	여성 단수	남녀 복수
단수	나의	mon	ma	mes
	너의	ton	ta	tes
	그의/그녀의	son	sa	ses
복수	우리의	notre	notre	nos
	당신(들)의	votre	votre	vos
	그(녀)들의	leur	leur	leurs

mon école (O) 나의 학교   ma école (×)
ton amie (O) 너의 여자 친구   ta amie (×)

2 소유 형용사의 용법

(1) 소유 형용사는 수식하는 주체의 성이 중요한 것이 아니라 수식을 받는 대상의 성이 중요합니다. 즉, '그녀의 아버지'와 '그의 아버지'는 프랑스어로 쓰면 동일한데, 그 이유는 수식을 받는 대상인 '아버지'의 성이 남성 단수로 같기 때문입니다.

son père 그의/그녀의 아버지   sa mère 그의/그녀의 어머니
ses cousines 그의/그녀의 사촌(여)들   ses sœurs 그의/그녀의 여자 형제들

(2) 전치사 de(~의)는 소유 관계를 표현할 수 있습니다. 사람 이름처럼 고유 명사의 소유물을 나타낼 때는 위와 같이 쓰면 되지만, de 뒤에 '정관사 + 명사' 구조가 올 경우 전치사 de가 정관사와 만나며 축약 관사의 형태로 변하니 주의해야 합니다.

> de + le = du (단, 모음으로 시작하는 단수 명사 앞에서는 de l')
> de + la = de la
> de + les = des

le sac de Julien = son sac 줄리앙의 가방 (= 그의 가방)

les chaussures de la mère = ses chaussures 엄마의 신발들 (= 그녀의 신발들)

le livre des parents = leur livre 부모님의 책 (= 그들의 책)

les singes du zoo = ses singes 동물원의 원숭이들 (= 그것의 원숭이들)

✅ **Tip**

'~의 집'을 표현할 소유 형용사를 써서 나타낼 수도 있지만, 장소 전치사 chez 다음에 강세형 인칭 대명사를 써서 나타낼 수도 있습니다.
ma maison = chez moi 나의 집

 강세형 인칭 대명사 P. 68 참조

연습 문제 Exercices

1 그림을 보고 알맞은 소유 형용사를 넣으세요.

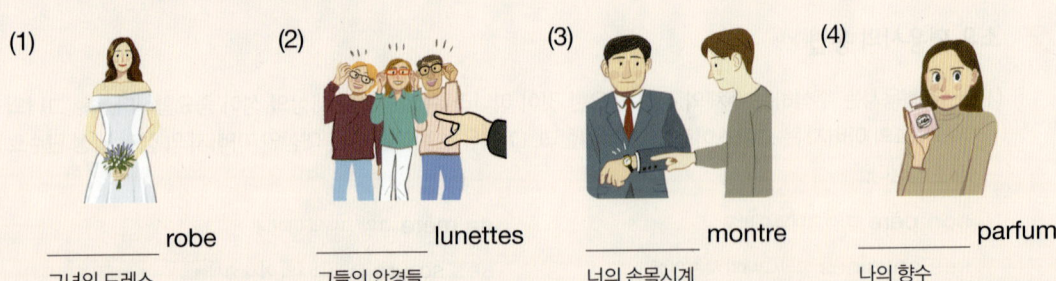

(1) _____ robe
그녀의 드레스

(2) _____ lunettes
그들의 안경들

(3) _____ montre
너의 손목시계

(4) _____ parfum
나의 향수

2 빈칸에 알맞은 소유 형용사를 넣으세요.

(1) _____ beau mari 그녀의 잘생긴 남편

(2) _____ petit frigo 우리의 작은 냉장고

(3) _____ gros ventre 그의 뚱뚱한 배

(4) _____ gants blancs 당신의 흰 장갑들

(5) _____ cheveux courts 너의 짧은 머리카락

3 다음 중 프랑스어 사용이 맞지 <u>않은</u> 것들을 모두 골라 맞게 고치세요.

① son pays natal

② ma nouvelle copine

③ leur grands chambres

④ tes nouvels amis

➜ _____

4 다음 한국어를 소유 형용사와 함께 프랑스어로 써 보세요.

(1) 그녀의 여자 친구들 ➜ _____

(2) 너의 강아지들 ➜ _____

(3) 우리의 방 ➜ _____

Unité 12

의문 형용사
Adjectifs interrogatifs

 Track 013

A **Quel temps fait-il aujourd'hui?**
오늘 날씨 어때?

B **Il y a du soleil. Quel beau temps!**
햇살이 좋네. 아주 화창한 날씨구나!

문법 Grammaire

의문 형용사란 '어느', '어떤'의 뜻으로 명사의 성질이나 상태를 물을 때 쓰는 의문사입니다.

1 의문 형용사의 형태

의문 형용사는 수식하는 성·수에 따라 아래와 같이 형태가 달라집니다.

	남성	여성
단수	Quel	Quelle
복수	Quels	Quelles

Quelle heure est-il? 몇 시예요?

Quel livre? 어떤 책?

Unité 12 59

2 의문 형용사의 용법

보통 의문문 형태로 상대방에게 나이, 직업, 국적, 학력, 취미 등의 다양한 정보를 물어볼 때 자주 쓰입니다. 의문 형용사는 단독으로 쓰이기도 하는데, 이때 묻는 대상을 주어로 하여 그 대상의 상태를 물을 때 쓸 수 있습니다.

직업을 물어볼 때	**Quel** est votre métier? 당신의 직업은 어떤 것입니까? = **Quel** métier faites-vous? 당신은 어떤 직업을 갖고 있나요?

나이를 물어볼 때	A **Quel** âge avez-vous? 당신은 몇 살인가요?
	B J'ai vingt ans. 나는 20살이에요.
	  J'ai trente et un ans. 나는 31살이에요.
	  J'ai dix-neuf ans. 나는 19살이에요.

전공 과목을 물어볼 때	A **Quelles** études faites-vous? 당신은 어떤 공부를 하나요?
	B Je fais des études de littérature française. 저는 불문학과에 재학 중이에요.
	  J'étudie l'économie. 저는 경제학을 공부해요.
	  Je me spécialise en musique. 제 전공은 음악이에요.

취미를 물어볼 때	A **Quels** sont vos loisirs? 당신은 취미는 어떤 것이에요?
	B J'aime lire des romans. 나는 소설 읽는 것을 좋아해요.
	  J'adore le cinéma japonais. 나는 일본 영화를 정말 좋아해요.
	  Je joue de la guitare. 나는 기타를 연주해요.
	  Je joue au tennis. 나는 테니스를 쳐요.

취향을 물어볼 때	A **Quel** genre de film aimez-vous? 당신은 어떤 장르의 영화를 좋아하나요?
	B J'aime les films d'animation. 저는 애니메이션 영화를 좋아해요.
	  Je suis passionné par les films romantiques. 저는 로맨스 영화에 푹 빠져 있어요.
	A **Quel** fruit prenez-vous comme dessert? 디저트로 어떤 과일을 드세요?
	B Je mange une orange pour vitamine C. 저는 비타민 C를 위해 오렌지를 먹어요.
	  Je ne mange pas de fruit. 저는 과일을 안 먹어요.

3 의문 형용사를 사용한 감탄 표현

의문 형용사를 이용하여 '얼마나 ~한 ~인가!', '정말/대단히 ~한 ~구나!'라는 의미로 명사구 감탄 표현을 만들 수 있습니다. 감탄문 **P. 90** 참조

Quel mauvais temps! 얼마나 나쁜 날씨인지!

Quelle avocate intelligente! 정말 똑똑한 변호사(여)군요!

Quels beaux pantalons! 얼마나 근사한 바지들인가!

Quelles bonnes idées! 얼마나 좋은 생각들인가!

4 의문 형용사의 대체 용법

의문 형용사를 넣어서 질문할 수도 있지만 의문 부사 qu'est-ce que와 함께 전치사 comme(~(으)로서)를 넣어서 다르게 표현할 수도 있습니다. 이때 전치사 다음에 쓰이는 명사에는 관사를 쓰지 않습니다. 앞에서 취향을 물어볼 때 썼던 문장들을 다음과 같이 바꿔도 상관없으니 두 문장을 서로 비교해 보도록 합니다.

Quel genre de film aimez-vous? 당신은 어떤 장르의 영화를 좋아하나요?
= **Qu'est-ce que** vous aimez **comme** genre de film? 당신은 영화 장르로서 무엇을 좋아하나요?

Quelle musique aimez-vous? 당신은 어떤 음악을 좋아하나요?
= **Qu'est-ce que** vous aimez **comme** musique? 당신은 음악으로서 무엇을 좋아하나요?

Quelle saison aimez-vous? 당신은 어떤 계절을 좋아하나요?
= **Qu'est-ce que** vous aimez **comme** saison? 당신은 계절로서 무엇을 좋아하나요?

5 의문 형용사와 의문 부사의 구별

의문 부사는 단독으로 쓰일 수 있으나 의문 형용사는 혼자서 독립적으로는 사용할 수 없습니다. 기본적으로 부사는 독립적으로 존재할 수 있으나 형용사는 꾸며 주는 대상이 동반되어야 하는 문법 구조이기 때문입니다. 여러분이 상대에게 질문할 때, 의문문의 육하원칙을 나타내는 부사만으로도 질문을 할 수 있지만, 의문 형용사로 질문을 할 때는 반드시 그 다음에 명사가 와야 한다는 점을 기억하도록 합니다.

Quoi? Quelles séries coréennes? 뭐라고? 어떤 한국 드라마?
Qui? Quelle femme? 누구? 어떤 여자?
Où? Quel pays? 어디? 어느 나라?
Comment? À quelle vitesse? 어떻게? 어떤 속도로?

연습 문제 Exercices

1 그림을 보고 알맞은 의문 형용사를 넣으세요.

(1) _____ télévision?
(2) _____ chat?
(3) _____ bague?
(4) _____ gâteaux?

2 다음 감탄문의 빈칸에 알맞은 의문 형용사를 넣으세요.

(1) _____ nouvelle voiture!
(2) _____ toilettes sales!
(3) _____ question difficile!
(4) _____ beau garçon!

3 다음 한국어를 의문 형용사를 넣어 프랑스어로 써 보세요.

(1) 어떤 음식을 먹을래요? → _____

(2) 어떤 음료를 마실래요? → _____

(3) 어떤 색깔을 선호하세요? → _____

4 다음 알맞은 의문 형용사를 연결한 후 완전한 문장을 아래에 써 보세요.

(1) Quelles   •   •   ① sont tes chanteurs préférés?

(2) Quel   •   •   ② est votre fruit favori?

(3) Quels   •   •   ③ sont leurs chansons préférées?

(1) _____
(2) _____
(3) _____

Partie 4

대명사

Unité 13

직접/간접 목적 보어 대명사
Pronoms compléments d'objet direct/indirect

Track **014**

A Marie passe beaucoup de temps avec Julien.
마리가 줄리앙과 많은 시간을 보내더라.

B Ah, je le connais bien. C'est juste un ami.
아, 난 그를 잘 알아. 그는 그저 친구일 뿐이야.

문법 Grammaire

앞에서 언급한 명사를 반복해서 쓰지 않고 그 명사를 대신해서 사용하는 품사를 대명사라고 합니다. 동사의 행위가 영향을 미치는 대상을 나타낼 때 쓰는 대명사를 목적 보어 대명사라고 하는데, 직접적으로 영향을 미치는 대상을 나타내는 대명사는 '직접 목적 보어 대명사', 간접적으로 영향을 미치는 대상을 나타내는 대명사는 '간접 목적 보어 대명사'라고 합니다.

1 직접 목적 보어 대명사

직접 목적 보어 대명사는 우리말로 '~을/를'로 해석하고, 본동사 앞에 위치합니다.

	단수	복수
1인칭	me 나를	nous 우리를
2인칭	te 너를	vous 당신(들)을
3인칭	le 그를 / la 그녀를	les 그(녀)들을

Il **nous** aime. 그는 우리를 사랑한다.

Je **les** aime beaucoup. 나는 그녀들을 많이 사랑한다.

(1) 모음이 무음 h로 시작하는 동사 앞에서 me, te, le, la는 m', t', l'로 축약됩니다.

　　Nous te appelons. (×) → Nous **t'**appelons. (○) 우리는 너를 부른다.
　　Mathieu la aime. (×) → Mathieu **l'**aime. (○) 마튜는 그녀를 사랑한다.

(2) 직접 목적 보어 대명사가 있는 문장을 부정문으로 만들 때에는 ne ⋯ pas의 위치를 주의해야 합니다. 이때 대명사와 동사를 하나의 동사구로 보고 그 앞뒤에 ne ⋯ pas를 붙입니다.
　　Je le regarde. 나는 그를 쳐다본다.
　　→ Je **ne** le regarde **pas**. 나는 그를 쳐다보지 않는다.　Je le ne regarde pas. (×)

2 간접 목적 보어 대명사

간접 목적 보어 대명사는 '~에게'를 뜻하며, 본동사 앞에 쓰입니다.

	단수	복수
1인칭	me 나에게	nous 우리에게
2인칭	te 너에게	vous 당신(들)에게
3인칭	lui 그(녀)에게	leur 그(녀)들에게

(1) 모음이나 무음 h로 시작하는 동사 앞에서는 me, te가 m', t'로 축약됩니다.

　　Tu me offres un cadeau. (×) → Tu **m'**offres un cadeau. (○) 네가 나에게 선물을 제공한다.

(2) 간접 목적 보어 대명사는 조동사가 아닌 본동사 앞에 위치하니 주의해야 합니다.

　　Nous lui pouvons téléphoner. (×) → Nous pouvons **lui** téléphoner. (○) 우리는 그에게 전화할 수 있다.

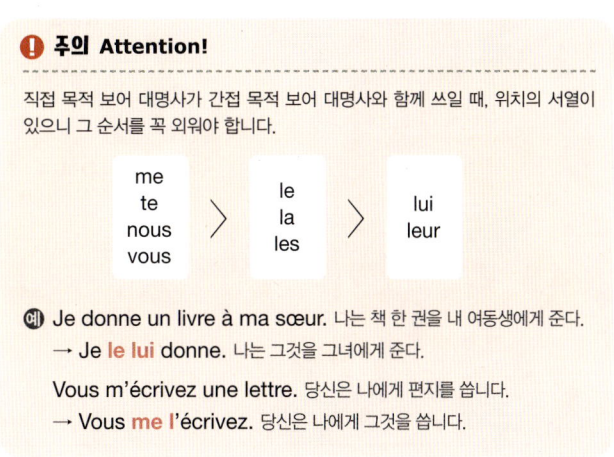

주의 Attention!

직접 목적 보어 대명사가 간접 목적 보어 대명사와 함께 쓰일 때, 위치의 서열이 있으니 그 순서를 꼭 외워야 합니다.

me / te / nous / vous > le / la / les > lui / leur

예) Je donne un livre à ma sœur. 나는 책 한 권을 내 여동생에게 준다.
　→ Je **le lui** donne. 나는 그것을 그녀에게 준다.
　Vous m'écrivez une lettre. 당신은 나에게 편지를 씁니다.
　→ Vous **me l'**écrivez. 당신은 나에게 그것을 씁니다.

연습 문제 Exercices

1 왼쪽의 노란 카드의 목적 보어 대명사를 사용하여 문장을 만들어 보세요.

les   l'

leur   le

(1) Tu détestes ton ami. = Tu _____ détestes.

(2) Je regarde les tableaux. = Je _____ regarde.

(3) On n'attend pas Pierre. = On ne _____ attend pas.

(4) Elle parle à ses voisins. = Elle _____ parle.

2 다음 문장을 읽고 직접 목적 보어 대명사가 있으면, 그 부분에 밑줄을 쳐 보세요.

(1) Est-ce qu'il dit le résultat à ses élèves?

(2) Tu l'aimes?

(3) Qui te donne le vélo?

(4) La mère me le donne.

3 도미노 게임을 같이 해 보세요. 아래 카드의 어휘들을 순서대로 배열하여 올바른 문장들을 만들어 보세요.

(1) me / donne / carte / Il / Noël / une / de

(2) amis / ne / Mes / l' / pas / aiment / beaucoup

(3) cadeau / envoyons / un / d' / Nous / anniversaire / lui

(1) _____

(2) _____

(3) _____

Unité 14
강세형 인칭 대명사
Pronoms personnels toniques

Track **015**

A **Toi et Julien, vous êtes toujours amis? Parce que tu vas bien avec lui.**
너와 줄리앙은 여전히 친구 사이니? 너랑 그 사람이 너무 잘 어울려서 말이야.

B **Moi, je ne trouve pas!**
나는 그렇게 생각 안 하는데!

문법 Grammaire

강세형 인칭 대명사는 주어나 목적어 역할을 하는 인칭 대명사를 특별히 강조하고 싶을 때 사용하는 대명사입니다. 단독으로도 사용이 가능합니다.

1 강세형 인칭 대명사의 형태

	단수	복수
1인칭	moi 나	nous 우리
2인칭	toi 너	vous 당신(들)
3인칭	lui 그 / elle 그녀	eux 그들 / elles 그녀들

2 강세형 인칭 대명사의 용법

(1) 인칭 대명사를 접속어 et(그리고), 혹은 ou(또는)으로 연결할 때 강세형 대명사를 씁니다.

> Toi **ou** moi 너 또는 나
> Pour lui **et** elle 그와 그녀를 위하여
> Entre nous **et** eux 우리와 그들 사이

(2) 인칭 대명사를 한 번 더 강조하고 싶을 때 사용하는데 특히 긍정문에서 부사 aussi(~도 또한)와 함께 쓰이거나 부정문에서 부사 non plus(~도 아닌)와 함께 쓰입니다.

> **Moi**, je me sens vraiment seul. 나, 난 정말이지 외롭다.
> **Lui aussi**, il est intelligent. 그 역시, 그도 마찬가지로 똑똑하다.
> Je ne te déteste pas. **Elle, non plus**. 나는 널 싫어하지 않는다. 그녀도 그렇다. (그녀도 싫어하지 않는다.)

(3) 어떤 대상의 주인을 나타내는 소유의 표현은 두 가지가 있습니다. 첫 번째는 'être à + 강세형 인칭 대명사(~의 것이다)' 표현이고, 두 번째는 appartenir à 다음에는 강세형 인칭 대명사를 쓰지 않고 간접 목적 보어 대명사 대체해서 쓰는 방법입니다. 두 표현의 차이점이 있는데 두 번째 표현만 간접 목적 보어 대명사로 대체 가능하다는 것입니다.

> Cette voiture **est à moi**. 이 차는 내 것이다.
> = Cette voiture **appartient** ~~à moi~~.
> = Cette voiture **m'**appartient. (Cette voiture ~~m'est~~. (×))

(4) 전치사 다음에 목적어 역할을 하는 인칭 대명사를 넣을 때 강세형 인칭 대명사를 사용합니다. 가령, 전치사 avec (~와/과 함께)나 sans(~없이)와 같은 전치사 다음에 강세형 인칭 대명사를 쓸 때가 대표적인 예입니다.

> Il est **avec elle**. 그는 그녀와 함께 있다.
> Tu vas chez lui **sans nous**. 너는 우리 없이 그의 집에 간다.

(5) 인칭 대명사를 쓸 때 주격과 목적격 인칭 대명사를 쓰지 않고, 반드시 강세형 인칭 대명사를 사용하는 관용어구 숙어는 다음과 같습니다.

être fier de ~에 대해 자랑스러워 하다	s'occuper de ~을/를 돌보다
faire attention à ~을/를 조심하다	écrire sur ~에 관해 글쓰다

> Je **suis fière de** toi. 나는 네가 자랑스럽다.
> **Faites attention à** elle. 그녀를 조심해요.
> On **s'occupe d'**eux. 우리는 그들을 돌본다.
> Il **écrit** un roman **sur** moi. 그는 나에 대한 소설을 쓴다.

> **❗ 주의 Attention!**
>
> 프랑스에서 전화로 자기를 말할 때, 'C'est + 명사/강세형 인칭 대명사 (이 사람은 ~이다)'를 씁니다.
> 예 A Allô! C'est **moi**. 여보세요! 나야!
>   B C'est de la part de qui? 누구신데요?
>   A C'est Suji. Tu te souviens de **moi**? 수지야. 너 나 기억나니?
>   B Ah, pardon. Bien sûr, je me souviens de **toi**! 앗, 미안. 물론이지. 기억나.

연습문제 Exercices

1 주어진 명사에 알맞은 강세형 인칭 대명사를 쓰세요.

(1)

_____ ! 나!

(2)

_____ ! 너!

(3)

_____ ! 우리!

2 다음 문장을 강세형 인칭 대명사를 사용한 문장으로 바꿔 빈칸을 채우세요.

(1) Elle va à la maison. → Elle va chez (　　　).

(2) C'est à ses parents qu'il parle. → C'est à (　　　) qu'il parle.

(3) Je suis fière de mon fils. → Je suis fière de (　　　).

(4) Simon et sa femme divorcent. → (　　　) divorcent.

(5) Faites attention au voleur. → Faites attention à (　　　).

3 다음 문장에서 잘못 쓰인 강세형 인칭 대명사를 알맞게 고쳐 쓰세요.

(1) Ce tableau est peint de lui. → _____

(2) Moi aussi, je ne t'aime pas. → _____

(3) Tu fais attention d'elle. → _____

(4) Ils ne s'occupent pas bien à elle. → _____

Unité 15

지시 대명사
Pronoms démonstratifs

 Track **016**

A **Qu'est-ce que tu veux acheter ici?**
여기서 너는 무엇을 사고 싶니?

B **Je trouve ces chaussures très jolies.**
저 신발들 너무 예쁜 것 같아요.

A **Celles de gauche ou celles de droite?**
왼쪽에 있는 거, 아니면 오른쪽에 있는 거?

문법 Grammaire

앞에서 언급한 명사를 다시 가리켜 '이것', '저것', '그것'으로 표현하는 대명사를 지시 대명사라고 합니다. 지시 대명사는 사물과 사람을 모두 지칭할 수 있고, 지시 대명사 뒤에서는 전치사나 관계 대명사가 바로 올 수 있습니다.

1 지시 대명사의 형태

	단수	복수
남성	celui 이것, 이 사람	ceux 이것들, 이 사람들
여성	celle 이것, 이 사람	celles 이것들, 이 사람들

2 지시 대명사의 용법

(1) 여러 대상 중 가까이 있는 대상을 가리킬 때는 접미어 -ci를 붙이고, 멀리 있는 대상을 가리킬 때는 접미어 -là를 붙입니다. 이때 전자는 '이것', 후자는 상대적으로 전자보다 먼 대상을 가리키므로 '저것'으로 해석하면 됩니다.

		단수	복수
가까이	남성	celui-ci	ceux-ci
	여성	celle-ci	celles-ci
멀리	남성	celui-là	ceux-là
	여성	celle-là	celles-là

(2) 지시 대명사를 쓰면서 성·수에 상관없이 사물과 사람을 지칭하고 싶을 때는 중성 지시 대명사를 쓰면 됩니다. ceci는 비교적 가까이 있는 대상을 가리키고, cela는 상대적으로 멀리 있는 대상을 가리키는데, 회화에서는 이 둘을 대체하는 ça를 자주 사용합니다.

Je veux ce pain. 나는 이 빵을 원해요.

= Je veux celui-ci. 나는 가까이에 있는 이것을 원해요.

= Je veux ceci. 나는 이것을 원해요

= Je veux ça. 나는 그것을 원해요

✅ Tip

프랑스에서는 물건을 구입할 때 지시 대명사가 자주 사용됩니다. 이때 동사 être가 자주 쓰이거나 '값이 ~ 나가다'라는 뜻의 동사 coûter를 쓸 수도 있습니다.

예 Cette glace coûte combien? 이 아이스크림은 얼마입니까?

Celle-là coûte combien? 저쪽에 있는 건 얼마입니까?

Cela coûte combien? 저쪽에 있는 건 얼마입니까?

C'est combien? = Ça coûte combien? 그것은 얼마입니까?

ça 다음에 être가 오면 ça가 지시 대명사 ce로 바뀝니다. 따라서 Ça est combien? 이라는 문장은 쓰지 않습니다.

예 C'est un chien. (○) 그것은 개입니다. Ça est un chien. (×)

연습 문제 Exercices

1 아래의 표현을 지시 대명사를 이용한 표현으로 바꿔 보세요.

(1) Les vêtements de Sarah. → (　　　　　) de Sarah

(2) La bague de ma fiancée → (　　　　　) de ma fiancée

(3) Les chats des voisins → (　　　　　) des voisins

(4) L'ordinateur de son mari → (　　　　　) de son mari

2 다음 한국어 문장을 지시 대명사를 사용하여 프랑스어로 바꿔 쓰세요.

(1) 이 남자는 일본인이고, 저 남자는 중국이에요.
→ _____

(2) 이 여자는 키가 크지만 저 여자는 키가 작아요.
→ _____

(3) 이것은 비싸지 않아요.
→ _____

3 해당 명사를 지칭하는 지시 대명사를 사용하여 한국어에 맞는 문장으로 완성하세요.

(1) ces chaussures
이것들은 크다.
→ _____

(2) ce pain
저것은 작다.
→ _____

(3) cette voiture
이것은 내 것이 아니다.
→ _____

(4) ce sac
저것은 예쁘다.
→ _____

Unité 16 소유 대명사
Pronoms possessifs

Track **017**

A **Où est ton appartement?**
너의 아파트는 어디에 있니?

B **Le mien est à Versailles. Et le tien?**
그것은 베르사이유에 있어. 그럼 너의 것은?

문법 Grammaire

소유 대명사란 소유자가 가진 사물과 사람을 명사로 표현한 것을 단어 반복을 피하기 위해 대신 사용하는 대명사를 말합니다.

1 소유 대명사의 형태

소유 대명사는 정관사와 함께 쓰이고, 아래와 같이 형태 변화를 합니다.

	남성 단수	여성 단수	남성 복수	여성 복수
나의 것	le mien	la mienne	les miens	les miennes
너의 것	le tien	la tienne	les tiens	les tiennes
그(녀)의 것	le sien	la sienne	les siens	les siennes
우리의 것	le nôtre	la nôtre	les nôtres	les nôtres
당신(들)의 것	le vôtre	la vôtre	les vôtres	les vôtres
그(녀)들의 것	le leur	la leur	les leurs	les leurs

2 관용적으로 쓰이는 소유 대명사

(1) 남성 단수 소유 대명사는 해당 주어의 '노력', '힘', '가진 것', '재산', '생각'과 같은 소유물을 상징적으로 지칭할 수 있습니다.

   Tu ne distingues pas **le tien du mien**. 너는 네 것과 내 것을 구별하지 않는다.

   Il y met **du sien**. 그는 그 나름대로 노력을 한다.

(2) 남성 복수 소유 대명사는 해당 주어의 '가족', '친구', '지인', '조력자'와 같은 자기 사람들을 통칭적으로 표현할 수 있습니다.

   Elle aime **les siens**. 그녀는 자신의 가족을 사랑한다.

   Ce ne sont pas **les miens**. 이 사람들은 내 지인들이 아니다.

(3) 여성 복수 소유 대명사는 해당 주어의 '무분별한 실수', '어리석은 말이나 행동'을 나타낼 때 쓸 수 있습니다. 이런 경우 동사 faire(하다)와 함께 사용됩니다.

   Tu **fais** toujours **des tiennes**. 너는 또 어리석은 짓을 하는군.

   Chacun a **les siennes**. 누구나 다 자신만의 실수를 한다.

   Arrêtez **des vôtres**. 이제 당신의 그 바보짓은 그만하세요.

> **✅ Tip**
>
> 소유 대명사 외에도 소유를 표현하는 방식은 여러 가지가 있는데, 아래와 같이 동사를 활용하여 소유를 나타낼 수도 있습니다.
> (1) être à + 명사: ~의 것이다
> (2) appartenir à + 명사: ~에 속하다
> (3) posséder + 명사: ~을/를 소유하다
>
> 📌 Cette voiture **est à** moi. 이 자동차는 나의 것이다.
>   = Cette voiture **m'appartient**. 이 자동차는 나에게 속해 있다.
>   = Je **possède** cette voiture. 나는 이 자동차를 소유하고 있다.
>   = Cette voiture est **la mienne**. 이 자동차는 내 것이다.
>   = C'est **ma** voiture. 이것은 내 자동차이다.
>
> 위의 예에서와 같이 문장을 표현하는 방식은 다르지만, '내가 이 자동차의 주인'임을 표현할 수 있는 방법은 다양합니다.

연습문제 Exercices

1 다음 각 문장에 알맞은 표현을 아래에서 골라 빈칸을 채우세요.

　　　　　　les miens　　　　la tienne　　　　le nôtre　　　　les siens

(1) Ce livre est à nous. = C'est _____.

(2) La robe t'appartient. = C'est _____.

(3) J'ai des oiseaux chez moi. = _____ sont très mignons.

(4) Ses problèmes sont graves. = _____ sont aussi sérieux.

2 다음 단어들을 순서대로 배열하여 올바른 문장을 완성해 보세요.

(1) plus, tiens, Mes, grands, les, parents, sont, que

➜ _____

　　나의 부모님은 너의 부모님보다 키가 더 크다.

(2) difficile, sien, caractère, que, le, Votre, est, moins

➜ _____

　　당신의 성격은 그의 성격보다 덜 까다롭다.

(3) n', le, appartement, Cet, pas, est, mien

➜ _____

　　이 아파트는 내 아파트가 아니야.

3 다음 의문문에 대해 소유 대명사로 대답하세요.

(1) A Ce portemonnaie est à toi?

　　B Oui, _____

(2) A Ce vélo lui appartient?

　　B Non, _____

(3) A Nous pouvons posséder ce jardin?

　　B Non, _____

Unité 16

Unité 17 의문 대명사
Pronoms interrogatifs

Track **018**

A **Qui regardez-vous?**
당신은 누구를 쳐다보는 거예요?

B **Je regarde les Parisiens dans la rue. Et vous, qu'est-ce que vous regardez?**
저는 거리의 파리 사람들을 구경해요. 그러면 당신은 무엇을 쳐다보나요?

A **Je regarde la Tour Eiffel. C'est magnifique!**
저는 에펠탑을 바라봐요. 멋지네요!

문법 Grammaire

1 의문 대명사 qui, que

의문문에서 사람이나 사물에 대해 물어볼 때 쓰는 대명사를 의문 대명사라고 하는데, 사람을 나타낼 때는 qui, 사물을 나타낼 때는 que를 씁니다.

(1) 의문 대명사는 주격, 목적격 의문 대명사와 전치사를 수반하는 의문 대명사로 나뉩니다. 이때 의문 대명사 que는 문장 맨 뒤에 위치하거나 전치사와 같이 쓰이는 경우에는 그 형태가 quoi로 바뀝니다.

사람		사물	
누가(주격)	Qui Qui est-ce qui	무엇이(주격)	Que Qu'est-ce qui
누구를(목적격)	Qui Qui est-ce que	무엇을(목적격)	Que Qu'est-ce que
누구와 함께	Avec qui	무엇과 함께	Avec quoi
누구에(게)	À qui	무엇에(게)	À quoi
누구로부터	De qui	무엇으로부터	De quoi
누구를 위하여	Pour qui	무엇을 위하여	Pour quoi

누구에 대하여	Sur qui	무엇에 대하여	Sur quoi
누구 없이	Sans qui	무엇 없이	Sans quoi

Qui est-ce? 이 사람은 누구입니까?

= **Qui** c'est?

= C'est **qui**?

Qu'est-ce que c'est? 이것은 무엇입니까?

= **Qu'est**-ce?

= C'est **quoi**?

De quoi parles-tu? 너는 무엇에 대해 말하는 거야?

= **De quoi est-ce que** tu parles?

= Tu parles **de quoi**?

À qui pensez-vous? 당신은 누구에 대해 생각하나요?

= **À qui est-ce que** vous pensez?

= Vous pensez **à qui**?

(2) 사람을 나타내는 목적격 의문 대명사로 물어보는 방법은 아래와 같이 3가지 방법이 가능합니다.

Qui aimes-tu? 너는 누구를 사랑하니?

= **Qui est-ce que** tu aimes?

= Tu aimes **qui**?

(3) 사물을 나타내는 목적격 의문 대명사로 물어보는 방법 역시 아래와 같이 3가지 방법이 있습니다.

Qu'aimes-tu? 너는 무엇을 좋아하니?

= **Qu'est-ce que** tu aimes?

= Tu aimes **quoi**?

2 의문 대명사 lequel

의문 형용사와 연결된 명사를 다시 가리켜 의문문을 만들 때 쓰는 의문 대명사로 lequel / laquelle / lesquels / lesquelles이 있습니다. 이 의문 대명사는 해당 명사의 성·수에 맞는 정관사 다음에 의문 형용사를 붙여 만듭니다.

	단수	복수
남성	lequel 어떤 사람, 어떤 것	lesquels 어떤 사람들, 어떤 것들
여성	laquelle 어떤 사람, 어떤 것	lesquelles 어떤 사람들, 어떤 것들

(1) 앞에서 이미 나온 사람이나 사물을 대명사로 다시 물어볼 때 쓰입니다. 아래 예문의 경우 lequel은 '의문 형용사 + 명사' 부분인 quel livre를 다시 지칭한 것입니다.

Tu cherches quel livre? 너는 어떤 책을 찾니?

→ Tu cherches lequel? 너는 어떤 것을 찾는다고?

(2) 이 의문 대명사 앞에 전치사 de나 à가 있을 경우에는 정관사가 축약 관사 형태로 바뀌니 주의해야 합니다.

	남성 단수	여성 단수	남성 복수	여성 복수
de	duquel 어떤 사람(것)에 대하여	de laquelle 어떤 사람(것)에 대하여	desquels 어떤 사람(것)들에 대하여	desquelles 어떤 사람(것)들에 대하여
à	auquel 어떤 사람(것)에게	à laquelle 어떤 사람(것)에게	auxquels 어떤 사람(것)들에게	auxquelles 어떤 사람(것)들에게

Vous parlez de quelles vacances? 당신은 어떤 휴가에 대해 말하는 겁니까?

→ Vous parlez desquelles? 당신은 어떤 것들에 대해 말하는 겁니까?

Le professeur s'intéresse vraiment à quel sujet?
그 교수님은 정말 어떤 주제에 관심을 갖고 계신 걸까?

→ Le professeur s'intéresse vraiment auquel?
그 교수님은 정말 어떤 것에 관심을 갖고 계신 걸까?

> **✓ Tip**
>
> 프랑스 의문문 3가지 방식으로 '이것은 무엇인가요?'를 만들면 다음과 같습니다.
> ① Qu'est-ce que c'est?
> ② C'est quoi?
> ③ Qu'est-ce?
> ③은 실제 회화에서 사용되는 빈도수가 낮은 편입니다.
> 주로 ①과 ②를 많이 쓰며, 구어체로는 ②가 더 많이 쓰입니다.

연습문제 Exercices

1 다음 각 문장에 알맞은 표현을 아래에서 골라 빈칸을 채우세요.

        pour qui   à laquelle   sur lequel   lesquels

(1) Tu achètes un bouquet de fleurs _____ ?

(2) Je ne trouve pas mes cahiers. _____ as-tu maintenant?

(3) Le patron parle à sa secrétaire? _____ parle-t-il vraiment?

(4) Il dessine un mouton sur un papier. _____ dessine-t-il?

2 다음과 같이 대답할 수 있도록 의문문을 만들어 보세요.

(1) A _____

    B Il aime la bière comme boisson.

(2) A _____

    B J'écris à mon mari.

(3) A _____

    B Nous voulons voyager avec nos grands-parents.

3 질문에 알맞은 의문 대명사를 찾아 연결해 보세요.

(1) Tu veux quel livre?   •   • ① pour lequel?

(2) Pour quel pays pars-tu?   •   • ② laquelle?

(3) Il écrit sur quel papier?   •   • ③ lequel?

(4) Elle dessine quelle fleur?   •   • ④ sur lequel?

Unité 18

중성 대명사
Pronoms neutres

 Track 019

A Vous vendez aussi des macarons?
당신은 마카롱도 팝니까?

B Bien sûr, il y en a beaucoup.
그럼요. 여기 많습니다.

문법 Grammaire

중성 대명사는 말 그대로 '중성'이므로, 성과 수가 따로 없습니다. 프랑스어의 중성 대명사에는 en과 y가 있습니다.

1 중성 대명사 en

(1) 중성 대명사 en은 선행하는 문장의 '부정 관사 + 명사', '부분 관사 + 명사', 'de + 관용구'를 대신하는 대명사입니다.

부정 관사 + 명사	J'ai un chien. 나는 개 한 마리가 있다. → J'**en** ai un. 나는 그것이 하나 있다.
부분 관사 + 명사	Il mange de la soupe. 그는 수프를 먹는다. → Il **en** mange. 그는 그것을 먹는다.
de + 관용구	Tu lis beaucoup de magazines. 너는 많은 잡지들을 읽는다. → Tu **en** lis beaucoup. 너는 그것들을 많이 읽는다.

(2) 부정문을 만들 때는 중성 대명사 en과 동사를 하나의 동사구로 보기 때문에 ne … pas를 그 양쪽에 붙여야 합니다.

부정 관사 + 명사	Je n'ai pas d'ordinateur. 나는 컴퓨터가 없다. → Je n'en ai pas. 나는 그것이 없다.
부분 관사 + 명사	Il ne prend pas de vin. 그는 와인을 안 마신다. → Il n'en prend pas. 그는 그것을 안 마신다.
de + 관용구	Tu n'as pas assez d'argent. 너는 충분한 돈을 갖고 있지 않다. → Tu n'en as pas assez. 너는 그것을 충분히 갖고 있지 않다.

2 중성 대명사 y

중성 대명사 y는 앞에 선행하는 문장에서 'de를 제외한 모든 전치사 + 명사'를 대신합니다. 주로 장소나 방향을 나타내는 전치사 다음에 오는 명사를 중성 대명사로 바꿉니다.

à + 명사	Il va à Londres. 그는 런던에 간다. → Il y va. 그는 거기에 간다.
dans + 명사	Elle reste dans le salon. 그녀는 거실에 머무른다. → Elle y reste. 그녀는 거기에 머무른다.
sur + 명사	Le chat monte sur la table. 고양이가 탁자 위로 올라간다. → Le chat y monte. 고양이가 거기로 올라간다.
chez + 명사	Je ne vais plus chez elle. 나는 더 이상 그녀의 집에 가지 않는다. → Je n'y vais plus. 나는 더 이상 거기에 가지 않는다.
en + 명사	Nous habitons en Suisse. 우리는 스위스에 산다. → Nous y habitons. 우리는 거기에 산다.

✓ Tip

사람을 나타내는 선행 명사는 중성 대명사로 대신할 수 없으니 주의해야 합니다. 그런 경우에는 전치사 다음에 해당 강세형 대명사를 쓰면 됩니다.

예) Je pense à mes parents. 나는 부모님에 대해 생각한다.
→ Je pense à eux. (O) 나는 그들에 대해 생각한다.
　　J'y pense. (×)

❗ 주의 Attention!

'부정 관사 + 명사' 또는 '부분 관사 + 명사' 구조는 중성 대명사로 대신 받을 수 있지만 '정관사 + 명사'는 중성 대명사로 대체할 수 없습니다.

예) Je veux un sac. 나는 가방 하나를 원해.
→ J'en veux un. 나는 그걸 원해.
　Je bois du lait. 나는 우유를 마신다.
→ J'en bois. 나는 그걸 마신다.
　Je veux la robe. 나는 이 원피스를 원해.
→ Je la veux. (O) 나는 그걸 원해.
　　J'en veux. (×)

연습 문제 Exercices

1 다음 문장에서 중성 대명사의 사용이 <u>틀린</u> 부분을 찾아 알맞게 고치세요.

① Tu me donnes un parfum. Tu en donnes vraiment un?

② Je téléphone à mon professeur. J'ai le droit d'y téléphoner?

③ Elle dessine des fleurs. Elle en dessine très bien.

④ Je veux aller en Nouvelle-Zélande. Tu veux y aller avec moi?

→ _____

2 다음 프랑스어 문장을 한국어로 번역해 보세요.

(1) Elle va à Paris et j'y vais aussi.

→ _____

(2) Nous mangeons de la soupe mais il n'y en a plus maintenant.

→ _____

(3) Mon petit frère achète un vélo mais moi, je n'en achète pas.

→ _____

3 빈칸에 알맞은 중성 대명사를 채우세요.

> A Il voyage où pendant les vacances?
>
> B Il part pour Lyon demain. Il (1) _____ passe ses vacances avec son cousin. Et elle?
>
> A Je ne sais pas. Elle reste peut-être à la maison. Elle (2) _____ fait de la cuisine tout seule.
>
> B Elle sait (3) _____ faire?
>
> A Oui, elle a beaucoup de livres de cuisine. Mais moi, je n'(4) _____ ai pas. Ses plats sont très bons.

Partie 5

의문문, 부정문, 감탄문

Unité 19. 의문문
Phrases interrogatives

Track **020**

- A D'où venez-vous?
  당신은 어디 출신입니까?
- B Je viens de Corée du Sud.
  저는 대한민국에서 왔습니다.
- A Vous restez combien de temps en France?
  당신은 프랑스에 얼마 동안 머물 건가요?
- B Je vais passer une semaine à Paris.
  저는 파리에 일주일을 머물 예정입니다.

문법 Grammaire

프랑스어로 의문문을 만들려면 의문사가 있는 경우와 없는 경우를 구별해서 쓰면 됩니다. 의문사가 있는 의문문은 앞에서 이미 배운 의문 형용사와 의문 대명사를 넣는 경우가 있고, 의문 부사를 쓰는 경우로 나뉩니다.

1 의문 형용사와 의문 대명사로 묻는 의문문

의문문에서 사람이나 사물에 대해 물어볼 때 쓰는 대명사를 의문 대명사라고 하는데, 사람을 나타낼 때는 qui, 사물을 나타낼 때는 que를 씁니다.

(1) 의문 형용사 quel / quelle / quels / quelles을 쓰는 경우는 의문 형용사 다음에 명사를 넣어서 묻고 싶은 대상에 대해 물어볼 수 있습니다.

주어 + 동사 + 의문 형용사 + 명사?	Tu aimes **quel** genre de film?
	너는 어떤 장르의 영화를 좋아하니?
= 의문 형용사 + 명사 + 동사 + 주어?	= **Quel** genre de film aimes-tu?
= 의문 형용사 + 명사 + est-ce que + 주어 + 동사?	= **Quel** genre de film est-ce que tu aimes?

(2) 의문 대명사 lequel / laquelle / lesquels / lesquelles을 쓰는 경우는 의문 대명사로 묻고 싶은 대상을 명사 생략 구조로 물어볼 수 있습니다.

주어 + 동사 + 의문 대명사 + 명사?	Tu aimes **lequel**?
	너는 어떤 걸 좋아하니?
= 의문 대명사 + 동사 + 주어?	= **Lequel** aimes-tu?
= 의문 대명사 + est-ce que + 주어 + 동사?	= **Lequel** est-ce que tu aimes?

2 의문 부사로 묻는 의문문

(1) 의문 부사는 기본적으로 육하원칙을 잘 기억하면 됩니다. 앞에서 배운 의문 대명사 중 사람을 물을 때 쓰는 의문 대명사인 qui(누가/누구를), que / quoi (무엇이/무엇을)에 이어서 시간을 묻는 의문 부사 quand, 장소를 묻는 où, 방법을 묻는 comment, 이유를 묻는 pourquoi, 수와 양을 묻는 combien과 같은 의문 부사도 함께 익혀 두도록 합니다.

언제	어디	어떻게	왜	얼마나
quand 언제 depuis quand 언제부터	où 어디 d'où 어디서부터	comment 어떻게	pourquoi 왜	combien 얼마나(수나 양) combien de temps 얼마의 기간 동안에(기간)

D'où venez-vous? 당신은 어디에서 오셨습니까?

Pourquoi travaillez-vous ici? 당신은 왜 여기에서 일합니까?

(2) 수나 양을 나타내는 의문 부사 combien 다음에 명사가 올 때는 그 다음에 전치사 de를 붙이고 무관사 명사를 넣습니다.

Combien de sacs as-tu? 너는 가방을 얼마나 가지고 있니?

Tu fais du tennis pour **combien de** fois par mois? 너는 한 달에 테니스를 몇 번 치니?

(3) 프랑스인들은 '어떤 일, 무언가를 하는 데 얼마의 시간이 걸린다'를 물을 때 combien de temps 표현으로 묻습니다. 이에 대한 답을 표현할 때, 다음과 같은 표현을 사용합니다.

① 먼저, 'Cela fait + 시간 표현 + que + 주어 + 동사'의 구문을 자주 쓰며 회화 속에서 구어체로 'Ça fait + 시간 표현+ que + 주어 + 동사' 구문도 빈번하게 씁니다.

Cela fait déjà deux ans qu'on est ensemble. 우리가 함께한 지 벌써 2년째야.

Ça fait trois mois que j'apprends le français. 내가 불어를 배운 지 3달이 되었다.

Ça fait combien de temps qu'il travaille ici? 그가 여기에 일한 지 얼마나 된 거죠?

② 또는 'Il y a + 시간 표현 + que + 주어 + 동사'를 써서 '~이/가 ~을/를 한 지 (얼마) 되었다'는 표현도 자주 쓰입니다.

Il y a trois mois **que** j'apprends le français. 내가 불어를 배운 지 3달이 되었다.

연습 문제 Exercices

1 다음 한국어 의문문을 프랑스어로 옮기세요.

(1) 그녀는 왜 프랑스어를 공부합니까?

➡ _____

(2) 그들은 언제 미국에 도착합니까?

➡ _____

(3) 너는 어디에 사니?

➡ _____

2 다음 프랑스어 의문문을 한국어로 옮기세요.

(1) Depuis quand regardez-vous la télévision?

➡ _____

(2) Combien de livres as-tu chez toi?

➡ _____

(3) Pourquoi vivez-vous avec des chats?

➡ _____

3 여러분이 처음 만난 프랑스인 또래 친구에게 묻고 싶은 질문 4개를 아래와 같이 작문해 보세요.

Salut!
Comment tu t'appelles?

(1) _____

(2) _____

(3) _____

(4) _____

부정문
Phrases négatives

Track **021**

A Franchement, je n'aime pas Sylvie.
솔직히 난 실비가 너무 싫어.

B Pourquoi? Vous n'êtes pas amies?
왜? 너희 친구 사이 아니야?

A Plus maintenant.
이제 더 이상 아니야.

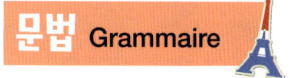 **Grammaire**

1 부정문

(1) 동사를 이용한 단순 부정문

프랑스어로 가장 일반적인 부정문을 만들려면 동사 양쪽에 부정의 표현인 ne … pas를 넣으면 됩니다. 따라서 단순 부정문의 형태는 'ne + 동사 + pas(~ 아니다, 않다)'입니다.

Je **ne** suis **pas** bouddhiste. 저는 불교 신자가 아닙니다.

Il **n'**est **pas** catholique. 그는 가톨릭 신자가 아닙니다.

(2) 동사를 이용한 다른 부정문

ne + 동사 + plus 더 이상 ~아니다	Je **ne** l'aime **plus**. 나는 더 이상 그를 사랑하지 않는다.
ne + 동사 + jamais 결코 ~아니다	Il **ne** m'appelle **jamais**. 그는 결코 나에게 전화하지 않는다.
ne + 동사 + pas encore 아직 ~아니다	Il **n'**est **pas encore** majeur. 그는 아직 성인이 아니다.

ne + 동사 + guère 거의 ~아니다	Il **ne** va **guère** au cinéma. 그는 거의 극장에 가지 않는다.
ne + 동사 + personne 아무도 ~아니다	**Personne ne** vous aime. 아무도 당신을 사랑하지 않는다
ne + 동사 + rien 아무 것도 ~아니다	**Rien ne** me plaît dans ce magasin. 이 가게에서는 아무것도 내 마음에 들지 않는다.
aucun(e) 명사 + ne + 동사 어떤 ~도 ~ 아니다	Tu **ne** parles **aucune** langue étrangère. 너는 그 어떤 외국어도 말하지 못한다.
ne + 동사 + point 이제 ~아니다(문어체)	Je **ne** vois **point**. 나는 이제 앞이 안 보인다.

2 기타 부정 표현

(1) 동사 원형의 부정문은 부정사를 동사 앞에 놓으면 됩니다.

Ne pas fumer, c'est important pour la santé. 담배를 피우지 않는 것은 건강에 좋다.

Ce n'est pas facile de **ne plus** penser à lui. 그를 더 이상 생각하지 않기란 쉽지 않다.

(2) 부정문 다음에 동사 없이 그 부정을 다시 강조하고 싶을 때는 '강세형 대명사 + non plus'를 쓰면 됩니다. 긍정문의 강조 표현인 aussi의 반대말입니다.

Je **ne** me lave **pas** le matin, **lui non plus**.   나는 아침마다 씻지 않아요. 그도 마찬가지예요.

(3) 의문문에 대한 대답으로 동사 없이 단답형으로 짧게 부정으로 답하고 싶을 때는 'pas + 강세형 대명사'를 쓰면 됩니다.

A Je recherche un travail. 나는 일을 찾아.

B **Pas moi**. 나는 아니야.

(4) 전치사 sans(~없이)도 부정사로써 인칭을 그 다음에 쓰고 싶을 때는 강세형 대명사를 넣으면 됩니다.

Il part pour Tokyo **sans** elle. 그는 그녀 없이 도쿄로 떠난다.

Je voyage **sans** argent. 나는 돈 없이 여행을 한다.

(5) 부정사 'ni ~ ni(~도, ~도 아니다)'를 붙일 때, 해당 품사가 명사일 경우에는 관사를 붙이지 않으니 주의하시기 바랍니다.

Je n'ai **ni** frère **ni** sœur. 나는 남자 형제도, 여자 형제도 없다.

Il n'est **ni** petit **ni** grand. 그는 작지도, 크지도 않다.

> **! 주의 Attention!**
>
> 프랑스어의 ne ~ que(단지 ~만이다)는 부정문이 아니고 '오로지 ~만 해당된다'는 강조 표현이므로, 부정문으로 오해하지 않도록 합니다.
>
> 예 Je n'ai pas d'argent. 나는 돈이 없다. (부정)
>   Je n'ai que de l'argent. 나는 돈 밖에 없다. (강조)

연습문제 Exercices

1 다음 한국어 부정문으로 프랑스어로 옮기세요.

(1) 나는 더 이상 그를 사랑하지 않습니다.

→ _____

(2) 아무도 그녀를 초대하지 않습니다.

→ _____

(3) 나는 당신 없이는 살 수가 없답니다.

→ _____

2 다음 프랑스어 부정문을 한국어로 옮기세요.

(1) Il n'y a rien dans le sac.

→ _____

(2) Aucun ami ne me prête de l'argent.

→ _____

(3) Elle n'est ni moche ni jolie.

→ _____

3 여러분이 가장 싫어하는 것은 무엇인가요? 세 가지를 예로 들어 부정문을 만들어 보세요.

> 예 Je n'aime pas conduire. 나는 운전하는 것을 싫어해요.
>
> (1) _____
>
> (2) _____
>
> (3) _____

Unité 20

Unité 21 ★ 감탄문
Phrases exclamatives

Track **022**

A C'est agréable de se promener au parc!
공원에 함께 산책 나오니 기분이 너무 좋다!

B Si tu veux, on peut revenir pique-niquer la prochaine fois.
네가 원한다면, 다음에 또 소풍 오자.

문법 Grammaire

프랑스어로 감탄문을 만드는 방법은 크게 명사구와 문장으로 만드는 두 가지 방법이 있으며, 감탄사 없이도 감탄문을 만드는 예외 형태도 있습니다.

1 명사구 감탄문

> Quel(le)(s) + 명사! ┐
> Que de + 명사!   ┘ 참으로 ~로구나!

(1) 명사구로 감탄문을 만들 때는 의문 형용사를 수식하는 명사의 성·수에 일치시킵니다.

    Quel beau temps! 참 화창한 날씨구나!
    Quelle surprise! 어머, 깜짝이야!
    Quels beaux garçons! 참 잘생긴 소년들이군!

(2) 명사구 que de를 쓸 때는 뒤에 관사를 동반한 명사를 넣으면 됩니다. 이때 경우에 따라 축약 관사를 넣어야 할 수도 있으니 주의해야 합니다.

    Que du bonheur! 참으로 행복한 일이로구나! Que de le bonheur! (×), Que de bonheur! (×)

2 문장으로 된 감탄문

> Comme + 주어 + 동사! ~이/가 ~하네!
> Que + 주어 + 동사!
> = Qu'est-ce que + 주어 + 동사! ┐ ~이/가 ~하는구나!
> = Ce que + 주어 + 동사!
> Combien + 주어 + 동사! 얼마나 ~이/가 ~하다니!

(1) 문장인 절로 감탄문을 만들 때는 문장 맨 앞에 Comme 또는 Que를 넣으면 됩니다. 좀 더 구체적인 표현을 쓰고 싶을 때는 Qu'est-ce que나 Ce que를 쓰면 됩니다.

   Comme il fait beau! = Qu'il fait beau! 날씨가 참 좋구나!

   Qu'est-ce qu'elle est belle! = Ce qu'elle est belle! 그녀는 기가 막히게 아름답군!

(2) Combien을 쓰는 감탄문은 해당 품사에 대한 빈도 수가 많거나 그 정도가 매우 강하다는 것을 강조할 때 쓰는 표현입니다.

   Combien je pleure à cause de toi! 내가 너 때문에 얼마나 눈물을 흘리는가!

   Combien elle est contente de mon succès! 그녀는 내 성공에 어찌나 만족해하던지!

3 감탄사 없이 만드는 감탄문

(1) 평서문으로 만드는 감탄문

   프랑스인들은 강조하고 싶은 표현을 문장 마지막에 위치시킴으로써 그 표현에 강세를 주어 감탄문을 만들기도 합니다.

   Tu es vraiment bête, toi! 정말 멍청하구나, 넌!

   Il me touche, ce film! 이 영화, 진짜 감동적이야!

(2) 강세 억양으로 만드는 감탄문

   프랑스인들은 일상적으로 평서문의 끝에 힘을 주어서 감탄문을 만들기도 하는데, 일반 평서문의 끝을 내리지 말고 강조점을 찍어서 세게 말해 주면 자신의 의사를 감탄문으로 표현할 수 있습니다. 이때 억양과 함께 vraiment(정말), beaucoup(많이), absolument(확실히), trop(너무) 등과 같이 감정을 강조하는 부사를 첨가해서 말을 하면, 강세 억양으로 만드는 감탄문의 효과를 더욱 극대화시킬 수 있습니다.

   Elle est vraiment belle! 그녀는 진짜 예쁘다!

   Il boit tous les jours! Même beaucoup comme d'habitude! 그는 매일 술을 마셔! 그것도 늘 그렇듯 많이!

   Tu as absolument raison! 너의 말이 확실히 옳아!

   Il y a trop de voitures sur la route! 도로에 웬 차가 이렇게나 많은지!

연습 문제 Exercices

1 다음 프랑스어 감탄문을 한국어로 옮기세요.

(1) Comme c'est loin d'ici!
→ _____

(2) Quel livre intéressant!
→ _____

(3) Qu'est-ce que c'est bon comme dessert!
→ _____

2 주어진 단어들을 바르게 배열하여 알맞은 감탄문을 만들어 보세요.

(1) Qu'est-ce / manteau / ce / que / cher / est
→ _____!

(2) temps / mauvais / Quel
→ _____!

(3) chance / Quelle/ a / il
→ _____!

3 한국어 내용을 참고하여 빈칸에 알맞은 감탄사를 넣으세요.

A	Regarde! (1) _____ jolie fille!	A	저기 좀 봐! 정말 예쁜 여자군!
B	Malheureusement, pour toi, elle a un copain.	B	너에게는 안 됐지만, 그녀에겐 남자 친구가 있어.
A	(2) _____ malheur! Je veux lui parler quand-même.	A	정말 불행한 일이군! 그래도 그녀에게 말을 걸어 볼래.
B	Arrête! Il arrive, juste derrière elle.	B	그만해! 남자 친구가 그녀 바로 뒤에 오고 있어.
A	(3) _____ je n'ai pas de chance!	A	난 참 운도 없구나!

Partie 6*
직설법 과거

Unité 22 ★ 근접 과거
Passé récent

Track 023

A Je viens de déjeuner. Et toi, que fais-tu?
   난 방금 점심을 먹었어. 넌 뭐 하니?

B Moi, je viens de finir mes devoirs!
   난 방금 숙제를 다 끝냈어!

문법 Grammaire

근접 과거는 화자가 말하는 순간 바로 직전에 일어난 과거나 시기적으로 일어난 지 얼마 안 된 상황을 말할 때, 즉 현재 시점을 기준으로 방금 일어난 일을 나타낼 때 씁니다. 우리말로는 '방금/좀 전에 ~했다'는 뜻입니다.

1 근접 과거의 형태

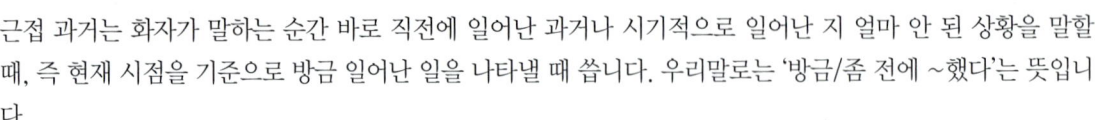

venir의 현재형 + de + 동사 원형

동사 venir를 주어에 맞춰 현재형으로 격 변화하여 전치사 de를 이어 쓴 뒤에 동사 원형을 넣으면 근접 과거 시제가 완성됩니다. 이때 동사 venir를 준조동사라고 합니다.

	manger 먹다
je	viens de manger
tu	viens de manger
il/elle	vient de manger
nous	venons de manger
vous	venez de manger
ils/elles	viennent de manger

Je **viens de sortir** du bureau.
나는 방금 사무실에서 나왔다.

Ils **viennent de voir** un film.
그들은 막 영화를 보았다.

2 근접 과거 부정문

ne + venir의 현재형 + pas + de + 동사 원형

근접 과거의 부정문은 준조동사 역할을 하는 venir 양쪽을 ne … pas로 에워싸면 됩니다.

	manger 먹다
je	ne viens pas de manger
tu	ne viens pas de manger
il/elle	ne vient pas de manger
nous	ne venons pas de manger
vous	ne venez pas de manger
ils/elles	ne viennent pas de manger

Tu **ne viens pas de prendre** une douche.
너는 방금 샤워를 하지 않았다.

Elle **ne vient pas d'envoyer** un message.
그녀는 방금 메세지를 보내지 않았다.

3 대명 동사 근접 과거

대명 동사를 근접 과거로 쓸 때에는 주격 보어를 주어의 성과 수에 일치시키는 것을 잊지 않도록 합니다.

	se laver 씻다
je	viens de me laver
tu	viens de te laver
il/elle	vient de se laver
nous	venons de nous laver
vous	venez de vous laver
ils/elles	viennent de se laver

> **❗ 주의 Attention!**
>
> 준조동사 venir를 쓰는 근접 과거에서 주어와 동사의 어순을 바꾸는 도치 의문문을 만들때, '전치사 de + 동사 원형'은 도치시키지 않으니 주의해야 합니다!
>
> 예 Qu'est-ce que tu viens de boire?
> 너 방금 뭐 마셨니?
> → Que viens-tu de boire? (○)
> → Tu viens de boire quoi? (○)
> → Que viens de boire-tu? (×)

연습 문제 Exercices

1 다음 빈칸을 괄호 안의 동사의 알맞은 근접 과거형으로 넣으세요.

(1) On _____ (laisser) un colis devant la porte.

(2) Tu _____ (faire) la vaisselle?

(3) Ils _____ (ne pas finir) leur travail.

(4) Nous _____ (se promener) au bord de la mer.

2 다음 의문문을 근접 과거 시제에 맞게 우리말로 해석해 보세요.

(1) Vous venez de voir ces séries américaines?

➡ _____

(2) Est-ce que tu viens d'écrire à ta grande sœur?

➡ _____

(3) Vient-il de téléphoner à sa fiancée?

➡ _____

3 주어진 동사의 근접 과거형으로 빈칸을 채워 글을 완성하세요.

Adrien (1) _____ (nager) à la piscine près de chez lui. Ensuite, il (2) _____ (se laver) avant de sortir. Pour déjeuner avec ses amis en ville, il (3) _____ (prendre) le bus numéro 110. Enfin, il (4) _____ (arriver) au restaurant italien. Comme il a très faim, il (5) _____ (commander) une pizza sans les attendre.

Unité 23 복합 과거
Passé composé

Track **024**

A **Qu'est-ce que tu as fait le weekend dernier?**
너는 지난 주말에 무엇을 했니?

B **Je suis allée à la campagne chez mon cousin. Nous nous sommes promenés dans la forêt.**
나는 시골에 있는 사촌 집에 갔어. 우리는 숲속을 산책했어.

문법 Grammaire

복합 과거는 화자가 말하는 순간보다 과거에 일어난 사실이나 이미 완료된 행동을 나타냅니다.

1 복합 과거

일반적으로 복합 과거는 조동사 avoir와 함께 쓰지만, 왕래 발착 동사와 대명 동사는 조동사로 être를 씁니다. 조동사 다음에 과거 분사를 넣으면 복합 과거가 만들어지는데, 과거 분사는 과거의 완료 시제에 들어가는 분사 형태를 말합니다. 복합 과거는 조동사의 현재형 다음에 동사의 과거 분사를 넣어 '완료'된 시제를 나타냅니다.

> **avoir 혹은 être의 현재형 + 과거 분사**

J'**ai passé** une bonne journée. 나는 좋은 하루를 보냈다.
Il **est allé** à Rome. 그는 로마에 갔다.

> **! 주의 Attention!**
>
> 조동사 avoir를 쓰는 복합 과거에서 직접 목적 보어가 과거 분사 앞에 나오는 경우, 과거 분사는 직접 목적 보어의 성·수에 일치하니, 반드시 유의해야 합니다.
>
> 예 Il a aimé ta peinture. 그가 너의 그림을 좋아했다.
> → Il l'a aimé**e**. 그는 그것을 좋아했다.

2 과거 분사 만드는 방법

(1) 1군 규칙 동사는 동사 원형의 -er을 없애고 é를 붙입니다.

동사 원형	과거 분사
pass**er** 시간을 보내다	pass**é**
aim**er** 좋아하다	aim**é**

J'**ai passé** du temps. 나는 시간을 보냈다.
J'**ai aimé** la maison. 나는 그 집을 좋아했다.

(2) 2군 규칙 동사는 동사 원형의 r을 없앱니다.

동사 원형	과거 분사
fini**r** 끝내다	fin**i**
réussi**r** 성공하다	réuss**i**

Il **a réussi** l'examen. 그는 시험에 붙었다.
Tu **as fini** la relation avec moi. 너는 나와의 관계를 끝냈다.

(3) 3군 불규칙 동사는 동사에 따라 과거 분사가 달라지니 꼭 기억해 두도록 합니다.

동사 원형	과거 분사	동사 원형	과거 분사	동사 원형	과거 분사
faire 하다, 만들다	fait	pouvoir 할 수 있다	pu	vouloir 원하다	voulu
prendre 타다, 얻다	pris	devoir 해야 한다	dû	voir 보다	vu
mettre 놓다, 입다	mis	croire 믿다	cru	écrire 쓰다	écrit
avoir 가지다	eu	savoir 알다	su	lire 읽다	lu
être ~이다	été	connaitre 알다	connu	dire 말하다	dit

3 조동사 être를 쓰는 복합 과거

(1) 장소나 상황의 이동을 뜻하는 동사들의 복합 과거는 조동사 être를 쓰고, 과거 분사는 주어의 성·수와 일치시켜야 합니다. aller(가다), venir(오다), arriver(도착하다), partir(떠나다), entrer(들어오다), sortir(나가다), monter(올라가다), descendre(내려가다), tomber(떨어지다), rester(머물다), passer(지나가다), naître(태어나다), mourir(죽다) 등이 있습니다.

venir 오다	Je **suis venu(e)**. 나는 왔다.	Nous **sommes venu(e)s**. 우리는 왔다.
	Tu **es venu(e)**. 너는 왔다.	Vous **êtes venu(e)(s)**. 당신들은 왔다.
	Il/Elle **est venu(e)**. 그/그녀는 왔다.	Ils/Elles **sont venu(e)(s)**. 그들/그녀들은 왔다.

(2) 대명 동사의 복합 과거도 조동사 être를 쓰며, 과거 분사는 주어의 성·수와 일치시켜야 합니다

se laver 씻다	Je **me suis lavé(e)**. 나는 씻었다.	Nous **nous sommes lavé(e)s**. 우리는 씻었다.
	Tu **t'es lavé(e)**. 너는 씻었다.	Vous **vous êtes lavé(e)(s)**. 당신들은 씻었다.
	Il/Elle **s'est lavé(e)**. 그/그녀는 씻었다.	Ils/Elles **se sont lavé(e)(s)**. 그들/그녀들은 씻었다.

연습문제 Exercices

1 다음 빈칸에 괄호 안의 동사의 알맞은 복합 과거형을 넣으세요.

(1) Elle _____(travailler) tard hier.

(2) Nous _____(ne pas finir) nos devoirs.

(3) Ils _____(aller) en France.

(4) Elles _____(se coucher) tôt?

2 다음 의문문에 대한 알맞은 대답을 넣어 보세요.

(1) Vous avez vu ce film?

→ Non, _____

(2) Quand avez-vous déjeuné? (à midi)

→ _____

(3) Où as-tu trouvé mon portefeuille? (dans la voiture)

→ _____

3 주어진 동사의 복합 과거형으로 빈칸을 채워 글을 완성하세요.

Amandine (1) _____ (devoir) déménager à Lyon où la banque
(2) lui _____ (proposer) de travailler. Mais son copain
(3) _____ (rester) à Paris pour faire ses études à l'université.
Elle lui (4) _____ (écrire souvent) et lui, il lui (5) _____
(beaucoup téléphoner).

Unité 23

Unité 24 ★ 반과거
Imparfait

 Track **025**

A **Comment étais-tu quand tu étais petit?**
너는 어렸을 때 어땠니?

B **Je faisais beaucoup de bêtises.**
나는 장난을 정말 많이 치는 아이였어.

문법 Grammaire

반과거는 화자가 과거에 일어났던 일을 회상하면서 구체적인 상황을 묘사하거나 주기적인 반복, 과거의 습관이나 행동의 진행 상태를 서술할 때 쓰는 시제입니다. 우리말로는 '~하곤 했었다', '~하는 중이었다'로 해석됩니다.

1 반과거 규칙형

반과거는 어간의 형태가 규칙형과 불규칙형으로 나뉘는데, 규칙형은 1인칭 복수인 nous의 현재형 어간에 아래 형태의 종결 어미가 붙어 만들어집니다.

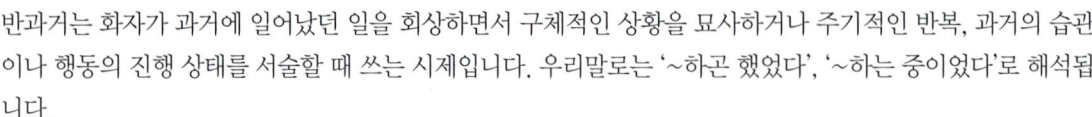

1인칭 복수의 현재형 어간 + 반과거 어미(-ais / ais / ait / ions / iez / aient)

jouer 놀다, 연주하다	Je jou**ais** du piano. 나는 피아노를 치는 중이었다. Tu jou**ais** du piano. 너는 피아노를 치는 중이었다. Il/Elle jou**ait** du piano. 그/그녀는 피아노를 치는 중이었다. Nous jou**ions** du piano. 우리는 피아노를 치는 중이었다. Vous jou**iez** du piano. 당신들은 피아노를 치는 중이었다. Ils/Elles jou**aient** du piano. 그들/그녀들은 피아노를 치는 중이었다.

2 반과거 불규칙형

	avoir 가지다	**pouvoir** 할 수 있다	**être** ~이다
je/j'	avais	pouvais	étais
tu	avais	pouvais	étais
il/elle	avait	pouvait	était
nous	avions	pouvions	étions
vous	aviez	pouviez	étiez
ils/elles	avaient	pouvaient	étaient

J'**avais** dix-huit ans. 나는 18살이었다.

Elle **pouvait** jouer de la guitare. 그녀는 기타를 칠 수 있었다.

Ils **étaient** musiciens. 그들은 음악가들이었다.

3 반과거의 용법

(1) 과거에 일어난 반복적인 습관을 나타낼 때 반과거를 씁니다.

Tous les dimanches, elle **allait** à l'église.
매주 일요일마다, 그녀는 교회를 가곤 했다.

(2) 과거의 어떤 인물의 나이나 성격, 모습을 묘사할 때 씁니다.

Quand il **avait** 18 ans, il **était** beau.
그가 18살이었을 때, 그는 잘생겼었다.

> ✅ **Tip**
>
> 과거 시제는 근접 과거, 복합 과거, 반과거 외에도 대과거가 있습니다. 화자가 말하는 기준이 된 과거 시점 이전에 이루어진 상황이나 행위를 나타낼 때, 조동사의 반과거 형태에 과거 분사를 붙이면 대과거가 되고, 우리말로 '~했었다'와의 의미로 쓰입니다.
>
> 예) Elle m'a dit qu'elle l'**avait aimé**.
> 그녀는 자신이 그를 사랑했었다고 나에게 말했다.

(3) 과거에 진행되고 있는 계속적인 행위를 나타낼 때나 과거 진행형으로 벌어지는 일을 묘사할 때, 반과거를 씁니다.

Pendant que je **me douchais**, on a frappé la porte. 내가 샤워하는 동안에 누군가 문을 두드렸다.

En savoir plus...

지금까지 배운 과거 시제를 총정리하면, 근접 과거, 복합 과거, 반과거, 대과거가 있었습니다. 과거에 완료된 행위가 이미 끝났을 때는 복합 과거, 과거의 반복되는 습관, 지속적인 상태는 반과거, 반과거나 복합 과거보다 앞서 일어난 행위나 사건은 대과거를 씁니다. 또 방금 일어난 가까운 과거는 근접 과거를 쓰면 됩니다.

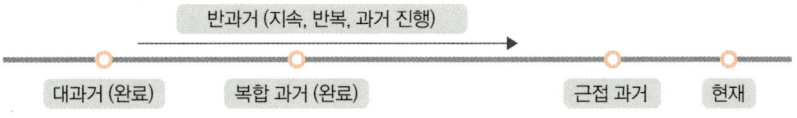

예) Je **viens de** me lever. 나는 막 일어났다. (근접 과거)　　J'**ai fini** mon devoir. 나는 내 숙제를 끝냈다. (복합 과거)
　　J'**étais** jeune. 나는 젊었다. (반과거)　　J'**avais eu** un chien. 나는 개 한 마리가 있었었다. (대과거)

연습 문제 Exercices

1 다음 빈칸을 괄호 안의 동사의 알맞은 반과거형을 넣으세요.

(1) On _____(jouer) au tennis le weekend.

(2) Je _____(faire) du sport plus souvent.

(3) Ils _____(ne pas s'entendre) après le mariage.

(4) Nous _____(se disputer) chaque fois.

2 복합 과거와 반과거 시제의 의미 차이를 생각하며 아래 문장을 우리말로 해석해 보세요.

(1) Vous mangiez souvent des pizzas à la cafétéria?

→ _____

(2) Combien de jour es-tu resté à Rome?

→ _____

(3) Est-ce qu'il avait de bonnes notes quand il était lycéen?

→ _____

3 한국어 내용을 참고하여 주어진 동사의 복합 과거 또는 반과거형으로 빈칸을 채워 글을 완성하세요.

Pendant les vacances d'été, je (1) _____ (aller) à Marseille en France. Le matin, je (2) _____ (se balader) en ville et l'après-midi, je (3) _____ (se bronzer) sur la plage. Le dernier jour, ma femme et moi, nous (4) _____ (faire) de la plongée. Soudain, une tortue de mer (5) _____ (passer) devant nous pendant que nous (6) _____ (nager) dans l'eau. C'(7) _____ (être) une expérience inoubliable!

Partie 7

직설법 미래

근접 미래
Futur proche

Track **026**

A   Tu vas faire quoi ce weekend?
　　너 이번 주말에 뭐 할 예정이니?

B   Je vais aller au centre commercial pour acheter des vêtements. Tu veux m'accompagner?
　　나는 옷 사러 쇼핑몰에 가려고 해. 너 나랑 같이 갈래?

문법 Grammaire

근접 미래는 화자가 곧 일어날 미래, 임박한 미래를 표현하고자 할 때 쓰는 시제입니다. 우리말로는 '곧 ~할 예정이다', '이제 ~할 것이다'를 뜻합니다.

1 근접 미래의 형태

> aller의 현재형 + 동사 원형

가까운 미래를 뜻하는 근접 미래는 aller의 현재형 동사에 동사 원형을 붙이면 됩니다.

	réussir 성공하다
je	vais réussir
tu	vas réussir
il/elle	va réussir
nous	allons réussir
vous	allez réussir
ils/elles	vont réussir

Je **vais réussir** un jour.
나는 언젠가 꼭 성공할 것이다.

Il **va travailler** en Afrique.
그는 아프리카에서 곧 일할 것이다.

Nous **allons partir** en vacances.
우리는 곧 휴가를 떠날 것이다.

Elles **vont réussir** au concours de piano.
그녀들은 피아노 경연 대회에서 성공할 것이다.

2 근접 미래의 부정문

> ne + aller의 현재형 + pas + 동사 원형

근접 과거의 부정문은 준조동사 역할을 하는 aller 양쪽에 ne … pas를 붙입니다.

	se maquiller 화장하다
je	ne vais pas me maquiller
tu	ne vas pas te maquiller
il/elle	ne va pas se maquiller
nous	n'allons pas nous maquiller
vous	n'allez pas vous maquiller
ils/elles	ne vont pas se maquiller

Je **ne** vais **pas** dormir tout de suite. 나는 곧바로 안 잘 예정이다.
Tu **ne** vas **pas** te maquiller demain. 너는 내일 화장을 안 할 예정이다.
Nous **n'**allons **pas** voir le directeur. 우리는 부장님을 보지 않을 예정이다.
L'avion **ne** va **pas** décoller. 비행기는 곧 이륙하지 않을 것이다.

3 가까운 미래를 나타내는 현재 시제

가까운 미래는 꼭 근접 미래를 쓰지 않고 현재 시제로 대신 쓸 수도 있습니다. 다음 과에서 배울 단순 미래와 비교해 볼 때, 확실한 미래의 행동, 즉 뚜렷한 계획을 구체적으로 밝힐 때에 근접 미래를 쓰는 경향이 있으나 일상 회화에서는 근접 미래와 현재 시제를 혼용해서 사용하는 경우가 많습니다.

A À quelle heure tu **vas sortir** du bureau aujourd'hui? 너는 몇 시에 오늘 사무실에서 나갈 예정이니?
B Je **vais sortir** vers 19 heures. 나는 저녁 7시 경에 나갈 예정이야.
 = Je **sors** vers 19 heures. 나는 저녁 7시 경에 나가.

> ❗ 주의 Attention!
> 근접 미래 시제와 'aller + 동사 원형(~하러 가다)'의 문장 형태가 똑같지만 문맥상 의미가 다르니, 문맥에 맞는 정확한 표현으로 이해해야 합니다.
>
> 예 Je **vais acheter** du pain après le sport.
> 나는 운동을 마치고 빵을 살 예정이다. (근접 미래, 곧 ~할 것이다)
>
> Pendant qu'il **va pêcher** à la rivière le weekend, elle **va donner** des cours de français dans un institut.
> 그가 주말마다 강가에 낚시를 하러 가는 동안 그녀는 학원에 프랑스어 강의를 하러 간다. (목적, ~하러 가다)

연습 문제 Exercices

1 빈칸에 주어진 동사의 근접 미래 시제를 넣어 문장을 완성하세요.

(1) Je _____(voyager) bientôt en Europe.

(2) Tu _____(cuisiner) pour ta famille.

(3) Il _____(ne pas inviter) ses cousins pour son anniversaire.

(4) On _____(pique-niquer) au parc quand?

2 다음 의문문에 대해 직접, 간접 목적 보어 대명사와 함께 근접 미래 시제로 대답을 완성하세요.

(1) Tu vas envoyer un colis à ta mère? (demain)

→ Oui, _____

(2) Elle va avoir son permis de conduire?

→ Non, _____

(3) Pour combien de temps vas-tu quitter la capitale? (une semaine)

→ _____

3 주어진 동사의 근접 미래형으로 빈칸을 채워 글을 완성하세요.

Dès que nous arriverons au Japon, je (1) _____ (aller) au supermarché pour faire les courses. Ensuite, mon copain (2) _____ (réserver) un billet de train pour aller à Osaka. On (3) _____ (visiter) les sites touristiques. En plus, comme il a des amis japonais là-bas, nous (4) _____ (rencontrer) de nouvelles personnes. Avant de partir, je (5) _____ (acheter) des souvenirs pour ma famille.

Unité 26 단순 미래
Futur simple

 Track 027

A **Quels seront vos projets après la retraite?**
퇴직 후에 어떤 계획이 있으세요?

B **J'irai aux Etats-Unis pour vivre avec ma famille. Ma femme et mes deux fils habitent actuellement à Boston.**
저는 가족과 함께 살기 위해 미국에 갈 겁니다.
제 아내와 두 아들이 현재 보스톤에 살아요.

문법 Grammaire

단순 미래는 미래의 표현으로, 우리말로는 '~할 것이다'로 해석합니다. 근접 미래보다 확실성이 더 떨어지는 경우 사용합니다.

1 단순 미래 규칙형

규칙형은 어간이 동사 원형으로, 단순 미래 규칙형은 동사 원형 뒤에 단순 미래 어미를 붙여 만듭니다.

동사 원형의 어간 + 단순 미래 어미 (-ai / as / a / ons / ez / ont)

	finir 끝내다
je	finir**ai**
tu	finir**as**
il/elle	finir**a**
nous	finir**ons**
vous	finir**ez**
ils/elles	finir**ont**

Je **mangerai** beaucoup de fruits.
나는 과일을 많이 먹을 것이다.

Nous **danserons** dans la comédie musicale.
우리는 뮤지컬 공연에서 춤을 출 것이다.

Elles **voyageront** en Croatie.
그녀들은 크로아티아에서 여행을 할 것이다.

(1) 동사가 -re로 끝나는 일부 3군 동사들은 동사 원형 끝에 있는 모음 e를 떼고 단순 미래 어미를 붙입니다.

	dire 말하다	mettre 놓다	prendre 잡다, 먹다, 타다
je	dirai	mettrai	prendrai
tu	diras	mettras	prendras
il/elle	dira	mettra	prendra
nous	dirons	mettrons	prendrons
vous	direz	mettrez	prendrez
ils/elles	diront	mettront	prendront

Tu **diras** la vérité. 너는 진실을 말할 것이다.

Je **mettrai** un bouquet de fleurs sur la table. 나는 탁자 위에 꽃다발을 놓을 것이다.

Nous **prendrons** le déjeuner ensemble. 우리는 함께 점심을 먹을 것이다.

(2) 악센트가 붙는 주의해야 할 1군 동사들은 단순 미래의 어간에 악상 그라브(è)가 붙으니 주의해야 합니다.

	acheter 사다	lever 들어올리다	se promener 산책하다
je/j'	achèterai	lèverai	me promènerai
tu	achèteras	lèveras	te promèneras
il/elle	achètera	lèvera	se promènera
nous	achèterons	lèverons	nous promènerons
vous	achèterez	lèverez	vous promènerez
ils/elles	achèteront	lèveront	se promèneront

Elle **achètera** de la confiture. 그녀는 잼을 살 것이다.

Ils **lèveront** la voiture. 그들은 자동차를 들어올릴 것이다.

Je **me promènerai** avec les chiens. 나는 개들과 함께 산책할 것이다.

2 단순 미래 불규칙형

단순 미래의 어간이 동사 원형이 아니라 특수 형태로 바뀌는 불규칙형은 모두 외워야 하니 주의하도록 합니다.

	être ~이다	avoir 가지다	savoir 알다
je/j'	serai	aurai	saurai
tu	seras	auras	sauras
il/elle	sera	aura	saura
nous	serons	aurons	saurons
vous	serez	aurez	saurez
ils/elles	seront	auront	sauront

3 단순 미래의 용법

(1) 단순 미래는 앞으로 다가올 미래의 일을 나타낼 때 씁니다.

Il **fera** peut-être beau la semaine prochaine.
어쩌면 다음 주에 날씨가 좋을 거야.

Notre université **augmentera** les frais d'inscription à partir de 2020.
우리 대학교는 2020년부터 등록금을 올릴 것이다.

(2) 화자가 미래에 할 행동이나 상황을 가정할 때에도 단순 미래를 씁니다.

Un jour, j'**irai** en France pour continuer mes études!
언젠가 나는 내 공부를 이어가기 위해 프랑스에 갈 거야.

Quand il **sera** grand, il deviendra professeur de japonais.
그는 커서 일본어 선생님이 될 거야.

(3) 청자에게 명령을 하거나 부탁을 할 때 명령문 형태 대신 단순 미래를 사용하기도 합니다.

Tu **m'apporteras** un café et un croissant!
너는 나에게 커피 한 잔과 크루아상 빵 한 개를 가져올 것이다.
(= 나에게 커피랑 크루아상 빵 한 개를 가져다 줘.)

En savoir plus...

지금까지 배운 미래 시제를 총 정리하면 단순 미래와 근접 미래가 있습니다. 불확실한 앞날을 아무도 장담할 수는 없겠지만 화자가 미래에 일어날 일에 대해 확신하거나 그 일이 발생하는 시기가 가까운 미래에 있을 때 근접 미래를 씁니다. 단순히 앞으로 무엇을 할 예정인지를 막연하게 계획하거나 일이 이뤄질 시점이 상대적으로 먼 미래일 경우에는 단순 미래를 씁니다.
단순 미래와 근접 미래의 용법이 헷갈릴 경우 미래에 일어날 일에 대해 화자가 확신성이 있으면 근접 미래를 더 자주 사용한다고 이해하면 쉽습니다. 바로 내일 일어날 일이더라도 그 일이 일어날 확률이 낮거나 말하는 화자가 확실히 그 여부를 알지 못하면, 근접 미래보다는 단순 미래를 씁니다. 또 일반적으로 회화체에서는 단순 미래보다는 표현법이 더 간단한 근접 미래를 더 선호하는 것이 사실입니다.

예) S'il fait beau demain, j'**irai** à la montagne. 내일 날씨가 좋으면 산에 가겠어.
(내일 날씨가 좋을지에 대해 확신성이 상대적으로 떨어지는 경우)

Comme il va faire beau demain, je **vais faire** une randonnée. 내일 날씨가 좋을 때 트래킹을 할 거야.
(내일 날씨가 좋을 것이 미리 예상되는 상황에서 내일 트래킹을 할 예정인 경우)

연습 문제 Exercices

1 다음 단순 미래형 동사가 **틀린** 것을 바르게 고치세요.

(1) Elle travaillera à l'hôpital.

(2) Tu ne raterai pas ton examen.

(3) Il vous manquez beaucoup.

(4) Vous serez plus belle avec le temps.

→ _____

2 다음 의문문에 대해 적절한 소유 형용사와 단순 미래 시제로 대답을 완성해 보세요.

(1) Tu laisseras ta clé à la maison?

→ Oui, _____

(2) Qu'est-ce qu'il y aura comme boisson dans votre frigo? (de la bière)

→ _____

(3) Où est-ce que vous achèterez votre voiture? (marché de l'occasion)

→ _____

3 주어진 동사의 단순 미래형으로 빈칸을 채워 글을 완성하세요.

Quand je serai grande, je (1) _____ (être) vétérinaire parce que j'adore les animaux. Je (2) _____ (travailler) avec les animaux sauvages. Comme j'aime découvrir la nature, je (3) _____ (voyager) dans le monde entier pour protéger les espèces en voie de disparition. Surtout je les (4) _____ (sauver) contre la chasse illégale. Ainsi, mon rêve (5) _____ (se réaliser)!

Partie 8

명령문

Unité 27 긍정 명령문
Phrases impératives affirmatives

A **Si tu es libre ce soir, viens chez moi.**
오늘 저녁에 한가하면 우리 집에 와.

B **Je préfère sortir!**
나는 외출하고 싶은데.

A **Alors, allons au cinéma!**
그럼 영화관에 가자!

문법 Grammaire

1 긍정 명령문

긍정 명령문은 크게 세 가지 유형이 나타낼 수 있는데, 반말로 '~해라', 권유하는 형태로 '~합시다', 존댓말로 '~하세요'가 있습니다.

(1) 1군 규칙 동사의 tu에 해당하는 동사 어미의 es에서 s를 빼면 명령형이 됩니다. 예외적으로 3군 동사인 aller도 예외적으로 tu의 격 변화형에서 s를 빼고 명령형을 만듭니다.

	평서문	명령형
manger 먹다	Tu manges. 너는 먹는다. Nous mangeons. 우리는 먹는다. Vous mangez. 당신(들)은 먹는다.	Mang**e**. 먹어라. Mang**eons**. 먹읍시다. Mang**ez**. 드세요.
aller 가다	Tu vas. 너는 간다. Nous allons. 우리는 간다. Vous allez. 당신(들)은 간다.	**Va.** 가라. **Allons.** 갑시다. **Allez.** 가세요.

(2) 위에 설명한 동사 다음에 중성 대명사 y나 en이 올 경우 어미에서 사라졌던 s가 동사 끝에 다시 붙으니 주의해야 합니다. 긍정 명령문에 중성 대명사를 넣을 때에는 동사 다음에 '- (trait d'union)'을 넣고 붙이면 됩니다.

Va**s**-y. (O) 거기에 가.   Va-y. (×)

Mange**s**-en. (O) 그것을 먹어. Mange-en. (×)

2 특수한 형태의 명령형

동사 être와 avoir의 명령형은 불규칙 변화를 합니다. 기존 현재 동사의 격 변화와 형태가 매우 다르니 주의하세요.

	평서문	명령형
être 이다	Tu es ~. 너는 ~이다. Nous sommes ~. 우리는 ~이다. Vous êtes ~. 당신(들)은 ~이다.	**Sois**. ~여라. **Soyons**. ~입시다. **Soyez**. ~이세요.
avoir 가지다	Tu as ~. 너는 가진다. Nous avons ~. 우리는 가진다. Vous avez ~. 당신(들)은 가진다.	**Aie**. ~을/를 가져라. **Ayons**. ~을/를 가집시다. **Ayez**. ~을/를 가지세요.
Vouloir 원하다	Tu veux ~. 너는 원한다. Nous voulons ~. 우리는 원한다. Vous voulez ~. 당신(들)은 원한다.	**Veuille**~. ~을/를 원해라. **Veuillons**~. ~을/를 원합시다. **Veuillez**. ~을/를 원하세요.
Savoir 알다	Tu sais~. 너는 안다. Nous savons~. 우리는 안다. Vous savez~. 당신(들)은 안다.	**Sache**~. ~을/를 알아라. **Sachons**~. ~을/를 압시다. **Sachez**~. ~을/를 아세요.

Ayons du courage. 용기를 가집시다.

Ayez du sang-froid. 냉정함을 가지세요.

Soyez belle. 예뻐지세요.

Sois patient. 인내심을 가져.

Veuillez patienter. 기다려 주세요.
(상대에게 완곡 어법으로 '기다리길 원하세요.'라고 말하며 프랑스어로 공손하게 표현할 수 있음.)

Sachons pourquoi. 왜인지 알아 봅시다.

Sache que je t'aime. 내가 널 사랑한다는 걸 알아 줘.

3 대명 동사의 긍정 명령문

대명 동사의 긍정 명령문은 주격 보어가 동사 뒤로 도치됩니다. 이때, me와 te는 각각 moi와 toi로 바뀌며 동사와 주어 사이에 '-(trait d'union)'을 삽입해야 하니 그 형태에 주의하시기 바랍니다.

	평서문	명령형
se promener 산책하다	Tu te promènes. 너는 산책한다. Nous nous promenons. 우리는 산책한다. Vous vous promenez. 당신(들)은 산책한다.	Promène-toi. 산책해. Promenons-nous. 산책합시다. Promenez-vous. 산책하세요.
se lever 일어나다	Tu te lèves. 너는 일어난다. Nous nous levons. 우리는 일어난다. Vous vous levez. 당신은 일어난다.	Lève-toi. 일어나. Levons-nous. 일어납시다. Levez-vous. 일어나세요.

Maquille-toi. 화장해.

Habillez-vous. 옷을 입으세요.

4 긍정 명령문의 여러 가지 의미

명령문은 화자가 청자에게 무언가를 시키거나 부탁할 때 주로 쓰는 문장 형태입니다. 직접적인 명령도 의미하지만, 경우에 따라 부탁이나 조언, 허락의 의미로도 쓰이며, 제안이나 권유를 대신하는 형태로도 쓰입니다.

(1) 부탁이나 조언을 할 때

　　Arrosez les plantes. 화단에 물을 주세요.

　　= Je vous demande d'arroser les plantes. 나는 당신에게 화단에 물을 주라고 요청한다.

(2) 제안이나 권유를 나타낼 때

　　Allons au théâtre. 극장에 갑시다.

　　= Je vous propose d'aller au théâtre avec moi. 나는 당신에게 나와 함께 극장에 가자고 제안한다.

En savoir plus…

문맥에 따라 어떤 상황에는 평서문이 명령문의 형태를 대신하기도 합니다. 상대에게 이래라저래라 명령을 하는 것이 상대의 기분을 상하게 할 것을 염려하여 완곡 어법으로 표현하는 것입니다.

　예) Tu peux parler lentement. 너는 천천히 말할 수 있다.

　　① Parle lentement, s'il te plaît. 천천히 말해.
　　② Je te demande de parler lentement. 나는 너에게 천천히 말하라고 당부한다.

연습 문제 Exercices

1 주어진 문장을 긍정 명령문으로 바꾸세요.

(1) Vous êtes sportifs. → _____ sportifs.

(2) Tu fais attention aux feux. → _____ attention aux feux.

(3) Nous avons du courage. → _____ du courage.

(4) Vous vous maquillez de temps en temps. → _____ de temps en temps.

2 다음의 평서문을 긍정 명령문으로 바꿀 때 올바른 문장을 고르세요.

(1) Nous allons au zoo.

① Y allons. ② Allons-y.

③ Vas-y. ④ Y vas.

(2) Nous sommes gentils.

① Sois gentils. ② Soyons gentils.

③ Sommes gentils. ④ Sommes-nous gentils.

3 아버지가 자녀들에게 오늘 해야 할 일을 메모로 붙여 두었습니다. 이 내용을 참고하여 오른쪽에 프랑스어로 명령문을 만들어 보세요.

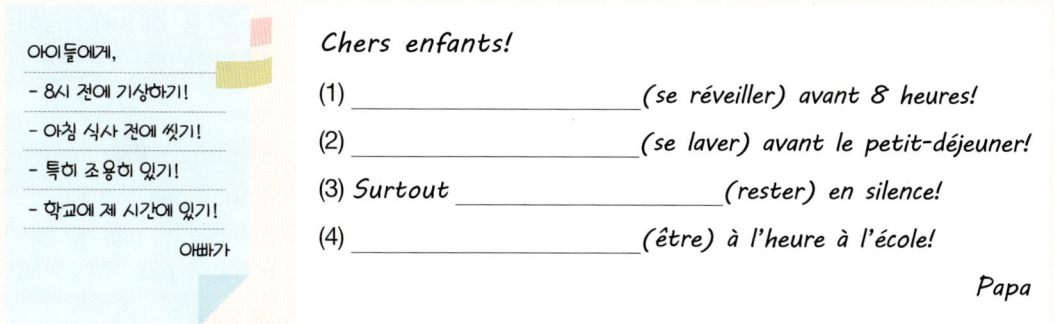

Chers enfants!

(1) _____ (se réveiller) avant 8 heures!

(2) _____ (se laver) avant le petit-déjeuner!

(3) Surtout _____ (rester) en silence!

(4) _____ (être) à l'heure à l'école!

Papa

Unité 28 부정 명령문
Phrases impératives négatives

Track **029**

A Ne regarde pas trop la télé le soir. Et, surtout ne grignote pas après le dîner. Ce n'est pas bon pour la santé.
저녁에 TV를 너무 오래 보면 안 돼. 특히 저녁 먹고 군것질 하지 말아라. 건강에 안 좋아.

B Je sais. Ne t'inquiète pas.
알아요. 걱정 마세요.

문법 Grammaire

1 부정 명령문

부정 명령문 역시 긍정 명령문과 마찬가지로 크게 세 가지 유형이 나타낼 수 있는데, 반말로 '~지 마라', 권유하는 형태로 '~지 맙시다', 존댓말로 '~지 마세요'가 있습니다.

(1) 부정 명령문의 ne … pas는 동사구 양쪽을 에워싸면 됩니다. 마찬가지로, 1군 규칙 동사의 tu에 해당하는 동사 어미의 es에서 s를 빼야 합니다. 1군 동사와 함께 3군 동사인 aller(가다)도 부정 명령문에서 동사 끝에 있는 s를 빼야 합니다.

	평서문	명령형
manger 먹다	Tu ne manges pas. 너는 먹지 않는다. Nous ne mangeons pas. 우리는 먹지 않는다. Vous ne mangez pas. 당신(들)은 먹지 않는다.	Ne mang**e** pas. 먹지 마라. Ne mang**eons** pas. 먹지 맙시다. Ne mang**ez** pas. 드시지 마세요.
aller 가다	Tu ne vas pas. 너는 가지 않는다. Nous n'allons pas. 우리는 가지 않는다. Vous n'allez pas. 당신(들)은 가지 않는다.	Ne **va** pas. 가지 마라. N'**allons** pas. 가지 맙시다. N'**allez** pas. 가지 마세요.

(2) 부정 명령문에 중성 대명사 y나 en이 올 경우, 긍정 명령문의 동사 끝에 붙었던 s를 다시 빼야 하니 주의해야 합니다. 부정 명령문에 중성 대명사를 넣을 때는 동사 앞으로 와야 합니다. 그런 다음에 중성 대명사와 동사 양쪽에 ne … pas를 붙입니다.

N'y va pas. (O) 거기에 가지 마. N'y vas-pas. (×)

N'en mange pas. (O) 그것을 먹지 마. N'en manges-pas. (×)

2 대명 동사의 부정 명령형

대명 동사의 부정 명령문은 주격 보어가 동사 앞에 옵니다. 그렇기 때문에 긍정 명령문처럼 me와 te가 moi와 toi로 바뀌지 않습니다. 평서문에서 쓰던 기존 주격 보어가 그대로 쓰입니다.

	평서문	명령형
se promener 산책하다	Tu ne te promènes pas. 너는 산책 안 한다. Nous ne nous promenons pas. 우리는 산책 안 한다. Vous ne vous promenez pas. 당신(들)은 산책 안 한다.	Ne te promène pas. 산책하지 마. Ne nous promenons pas. 산책하지 맙시다. Ne vous promenez pas. 산책하지 마세요.

En savoir plus…

긍정 명령문과 부정 명령문 안에 여러 개의 직접, 간접 목적 보어, 중성 대명사가 함께 쓰일 때는 순서가 정해져 있으니 그 순서를 꼭 기억해야 합니다.

(1) 긍정 명령문: 동사 뒤에 배치되는 순서는 직접 목적 보어 다음 간접 목적 보어가 옵니다. 이때, 간접 목적 보어인 me와 te는 moi와 toi로 각각 변합니다. 그 다음 중성 대명사 y와 en이 순서대로 옵니다.

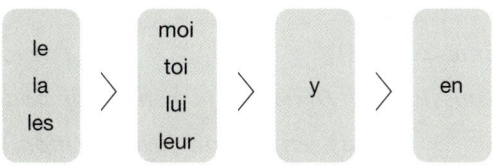

Donne-**le-moi**. 그것을 나에게 줘.
Envoyez-**les-leur**. 그것들을 그들에게 보내세요.
Emmène-**les-y**. 그들을 이곳에 데려와.

(2) 부정 명령문: 동사 뒤에 배치되는 순서는 간접 목적 보어 다음 직접 목적 보어가 옵니다. 그다음 중성 대명사 y와 en이 순서 대로 옵니다. 하지만 직접 목적 보어 le, la, les가 간접 목적 보어 lui, leur와 함께 쓰이는 경우는 예외적으로 직접-간접 어순으로 바뀌니 주의하도록 합니다.

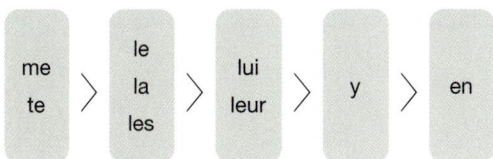

Ne **me le** donne pas. 나에게 그것을 주지 마.
Ne **les leur** envoyez pas.
그것들을 그들에게 보내지 마세요.
Ne **les y** emmène pas. 그들을 이곳에 데려오지 마.

연습 문제 Exercices

1 주어진 문장을 부정 명령문으로 바꾸세요.

(1) Vous buvez trop d'alcool. ➡ _____ trop d'alcool.

(2) Tu es méchante à ta fille. ➡ _____ à ta fille.

(3) Vous avez souvent peur. ➡ _____ peur.

(4) Tu te lèves très tard. ➡ _____ très tard.

2 다음의 평서문을 부정 명령문으로 바꿀 때 올바른 문장을 고르세요.

(1) Tu n'envoies pas la lettre à ton ex-copine.

① N'envoie pas-lui-la.   ② Ne lui la envoie pas.

③ Ne la lui envoie pas.   ④ Ne la lui envoies pas.

(2) Tu te promènes au parc.

① Ne promène-toi pas au parc.   ② Ne te promènes pas au parc.

③ Ne pas promènes-toi au parc.   ④ Ne te promène pas au parc.

3 괄호 안의 동사를 명령형으로 변화시켜 빈칸을 채워 보세요.

> Mon amour,
> J'espère que tu vas bien.
> Même si on n'est pas dans le même pays, (1) _____ (ne pas s'inquiéter)! Dès que je finis ma mission en Afrique, je rentrerai pour te voir. Surtout, (2) _____ (être) en forme jusqu'à mon retour. (3) _____ (ne pas oublier) nos souvenirs du passé. (4) _____ (m'écrire) le plus souvent possible.
> Je t'aime.
>
> Michaël

Partie 9*

접속법

Unité 29 접속법이 쓰이는 동사 구문
Verbes subjonctifs

 Track 030

A Je veux que tu viennes à ma fête d'anniversaire samedi prochain.
다음 주 토요일 내 생일 파티에 네가 왔으면 좋겠어.

B Avec plaisir! Je suis très content que tu me le dises.
좋아! 네가 그렇게 말해 줘서 너무 기분이 좋아.

문법 Grammaire

접속법은 개인적인 가치 판단을 표현할 때 쓰는 주관적인 표현법입니다. 접속법을 쓰는 경우는 매우 다양한데, 개인의 소원, 느낌, 판단, 평가를 내릴 때도 접속법 형태를 쓰지만 미래의 어떤 불확실한 상황을 가정하거나 추측할 때도 씁니다.

접속법은 시제 구분이 따로 없습니다. 주절 시제에 맞게 현재, 과거, 미래의 의미를 다 나타낼 수 있기 때문입니다. 물론, 과거 시제를 나타내는 접속법 과거형이 존재하기는 하지만, 접속법 현재가 그 용법을 대신할 수 있어서 용법에 있어서의 큰 차이는 없습니다.

1 접속법 형태 변화

(1) 접속법 규칙형

> 3인칭 복수 현재형 어간 + 접속법 어미 (-e / es / e / ions / iez / ent)

접속법 규칙형을 온전히 지키는 동사는 1군, 2군 규칙 동사입니다. 그러나 3군 불규칙 동사 중에서는 nous와 vous의 접속법 어간이 3인칭 복수형 형태가 아니라 nous와 vous의 현재형 어간으로 오는 예외적인 경우도 있습니다. 대표적인 예로 boire(마시다), 오다(venir), jeter(던지다), voir(보다), prendre(먹다, 취하다, 타다), acheter(사다), appeler(부르다) 등이 있습니다.

	écouter 듣다	venir 오다	prendre 먹다, 취하다, 타다
je/j'	écoute	vienne	prenne
tu	écoutes	viennes	prennes
il/elle	écoute	vienne	prenne
nous	écoutions	venions	prenions
vous	écoutiez	veniez	preniez
ils/elles	écoutent	viennent	prennent

Il veut que tu **viennes** à son anniversaire. 그는 네가 그의 생일에 오길 원한다.

Nous ne voulons pas qu'ils **prennent** la voiture. 우리는 그들이 자동차를 쓰지 않길 원한다.

(2) 접속법 불규칙형

접속법의 불규칙형은 동사 어간이 3군 불규칙 현재형이 아닌 전혀 다른 특수한 형태로 바뀌는 3군 불규칙 동사를 말합니다.

	être ~이다	faire 하다	avoir 가지다
je/j'	sois	fasse	aie
tu	sois	fasses	aies
il/elle	soit	fasse	ait
nous	soyons	fassions	ayons
vous	soyez	fassiez	ayez
ils/elles	soient	fassent	aient

Je préfère que tu **sois** indépendant. 나는 네가 독립적이길 더 선호한다.

Elle est contente que tu **fasses** le ménage. 그녀는 네가 집안일을 해서 뿌듯해한다.

2 접속법 용법

(1) 주관적인 생각, 개인적인 가치 판단에 따른 동사나 감정, 인상과 같은 느낌을 표현하는 동사, 개인적인 기대와 염원을 보여 주는 동사들은 '주관적 동사(verbe subjectifs)'로 구별되어 접속법과 함께 쓰입니다.

	이성적인 객관적 동사 (+ 직설법)	감성적인 주관적 동사 (+ 접속법)
①	penser, trouver, croire 생각하다	souhaiter, désirer 희망하다, 바라다
②	déclarer, constater 발표, 선언하다	aimer, préférer, adorer 좋아하다, 선호하다
③	affirmer, insister 단언, 주장하다	avoir peur, craindre 두려워하다
④	dire, parler 말하다	redouter, demander 의심하다, 물어보다
⑤	supposer, imaginer 가정하다	vouloir 원하다
⑥	observer, remarquer 관찰, 지적하다	exiger, supplier 강요, 간청하다

① 생각하다 vs 희망하다

Je pense qu'il **est** chez lui. 나는 그가 그의 집에 있다고 생각한다. (직설법)

Je souhaite qu'il **soit** chez lui. 나는 그가 그의 집에 있기를 바란다. (접속법)

② 선언하다 vs 선호하다

Il déclare que la réunion **est** commencée. 그는 회의가 시작되었음을 선언한다. (직설법)

Il préfère que la réunion **soit** terminée. 그는 회의가 끝나기를 원한다. (접속법)

③ 주장하다 vs 두려워하다

Elle insiste que ses parents **ont** raison. 그녀는 부모님이 옳다고 주장한다. (직설법)

Elle a peur que ses parents **aient** tort. 그녀는 부모님이 틀렸을까 봐 두렵다. (접속법)

④ 말하다 vs 의심하다

On a dit qu'il **avait gagné** une médaille d'or. 우리는 그가 금메달을 땄다고 말했다. (직설법)

On a douté qu'il **ait triché** ses records olympiques. 우리는 그가 올림픽 기록을 조작했는지 의심했다. (접속법)

⑤ 가정하다 vs 원하다

Je suppose que tu **as** raison. 나는 네가 옳다고 가정한다. (직설법)

Ils veulent que tout le monde **puisse** croire en Dieu. 그들은 모두가 신을 믿길 원한다. (접속법)

⑥ 지적하다 vs 강요하다

Les soldats ont observé que les blessés **étaient** nombreux. 군인들은 부상자가 많다고 지적했다. (직설법)

Le Président a exigé que les policiers **obéissent** à l'ordre.
대통령은 경찰들에게 그 명령에 복종하라고 강요했다. (접속법)

(2) 위의 표에서 설명한 이성적, 객관적 동사라도 부정문과 도치 의문문에서는 접속법으로 바꿔야 합니다.

Je ne pense pas qu'il **soit** chez lui. 나는 그가 그의 집에 있다고 생각하지 않는다.

Penses-tu qu'il **soit** chez lui? 너는 그가 그의 집에 있다고 생각하니?

(3) trouver + 형용사 + que + 주어 + 동사: ~이/가 ~하는 것을 ~라고 생각한다

trouver 다음에 형용사가 오는 구문은 접속법을 써야 합니다. 단, 형용사 없이 바로 que가 오는 'trouver que + 주어 + 동사(~이/가 ~하다고 생각한다)'의 경우에는 직설법을 쓰기 때문에 서로 헷갈릴 수 있으므로, 그 용법의 차이를 구별해서 외우도록 합니다.

Il **trouve** normal que je **doive** aider ma famille. 그는 내가 내 가족을 돕는 것이 당연하다고 생각한다. (접속법)

Il **trouve que** je **dois** aider ma famille. 그는 내가 내 가족을 도와야 한다고 생각한다. (직설법)

연습 문제 Exercices

1 다음 괄호 안의 동사를 접속법으로 채워 보세요.

(1) Vous voulez que je _____ (faire) la vaisselle?

(2) Tu ne penses pas qu'il _____ (être) absent.

(3) J'ai peur que nous _____ (perdre) le chemin.

(4) Nous souhaitons que vous _____ (avoir) une promotion.

2 다음 문장 중 접속법 형태가 <u>잘못</u> 쓰인 문장을 찾아 바르게 고치세요.

① Est-ce que vous croyez qu'elle soit célibataire?
② J'aimerais que tu viennes ici.
③ Il craint que son fils ne parte pas.
④ Elle trouve intéressant qu'il choisisse ce livre.

→ _____

3 아래 빈칸을 접속법으로 채운 다음 우리말로 해석해 보세요.

(1) 조언을 하는 경우

Je voudrais que vous me _____ (donner) quelques conseils.
해석 _____

(2) 옳고 그름을 판단하는 경우

Il n'est pas certain qu'elle _____ (être) une criminelle.
해석 _____

(3) 개인적인 감정을 표현하는 경우

Je suis triste que ce film _____ (ne pas avoir) une fin heureuse.
해석 _____

Unité 30

접속법이 쓰이는 종속절
Subjonctif dans les propositions subordonnées

Track 031

A Pour réussir le baccalauréat, il faut que nous soyons assidus.
수능에 성공하려면 우리는 부지런해야 해.

B Pour qu'on puisse aller à la même université de médecine, il vaut mieux que nous révisions ensemble le weekend.
우리가 같은 의대에 들어가려면 주말마다 함께 복습하는 게 더 좋을 것 같아.

문법 Grammaire

1 접속법이 쓰이는 비인칭 구문 형태 변화

3인칭 남자 단수형인 비인칭 주어 il로 시작하는 구문 중 종속절에 접속법을 쓰는 구문들이 있습니다.

(1) 의무, 당위성

  Il faut que: ~이/가 ~해야만 한다

  Il faut que les élèves ne **soient** pas en retard aux cours. 학생들은 수업에 지각해서는 안 됩니다.

(2) 가치 판단

  ① Il est important que: ~이/가 ~하는 것이 중요하다

  Il est important que tu ne **sois** pas malade pendant les examens.
  네가 시험 기간 동안에 아프지 않는 게 중요하다.

  ② Il est essentiel que: ~이/가 ~하는 것이 본질적이다

  Il est essentiel que les citoyens **puissent** revendiquer leurs droits et leurs obligations auprès de l'Etat. 국민들이 국가를 상대로 권리와 의무를 요구할 수 있다는 것은 본질적이다.

③ Il est dommage que: ~이/가 ~하는 것은 유감이다

　　Il est dommage que tu n'**aies** pas de vacances d'été. 너에게 여름 휴가가 없다니 유감이다.

④ Il vaut mieux que: ~이/가 ~하는 것이 더 낫다

　　Il vaut mieux que nous **rentrions** tôt. 우리가 일찍 귀가하는 게 더 낫다.

⑤ Il est nécessaire que: ~이/가 ~하는 것은 필수적이다

　　Il est nécessaire que nous **économisions** de l'argent. 우리가 돈을 절약하는 것은 필수다.

(3) 불확실한 가능성

　　Il est possible que: ~이/가 ~할 수도 있다

　　Il est possible qu'ils ne **viennent** pas ce soir. 오늘 저녁 그들이 오지 않을 수도 있다.

2 'être + 감정 형용사' 다음에 접속법이 쓰이는 구문

사람이 느끼는 희로애락의 다양한 감정 형용사 다음 종속절에 오는 동사는 접속법입니다. 단, 주절의 주어와 종속절의 주어가 동일할 때는 굳이 뒤에 절을 쓰지 않고 'de + 동사 원형' 구문을 쓰니 주의하시기 바랍니다.

	être + 형용사 + que + 주어 + 접속법
행복할 때	être heureux que ~이/가 ~하니 행복하다
슬플 때	être triste que ~이/가 ~하니 슬프다
만족할 때	être content/ravi/enchanté/satisfait que ~이/가 ~하니 만족하다
화날 때	être fâché/en colère que ~이/가 ~하니 화나다
걱정될 때	être inquiet que ~이/가 ~하니 걱정된다
우울할 때	être déprimé/découragé que ~이/가 ~하니 우울하다

Je **suis heureuse que** tu **aies réussi** ton examen. 나는 네가 시험에 합격해서 행복하다.

Il **est inquiet que** son fils ne lui **donne** plus de nouvelles. 그는 그의 아들이 더 이상 소식을 주지 않아 걱정한다.

> **❗ 주의 Attention!**
>
> 감정 형용사와 함께 쓰인 접속법 구문은 주절과 종속절의 주어가 서로 다른 경우입니다. 따라서 주어가 같을 때는 감정의 표현으로 접속절을 쓰지 않습니다.
>
> 예 Je **suis contente d'avoir** un permis de conduire. (○)
> 　　나는 운전 면허증을 획득해서 만족하다.
> 　　Je suis contente **que j'aie** un permis de conduire. (×)

3 접속법이 쓰이는 종속절 구문

	전치사구 + que + 주어 + 접속법
목적, 목표 Pour/Afin/De sorte que ~이/가 ~할 수 있도록	**Dépêchons-nous pour que nous arrivions à l'heure!** 우리가 제시간에 도착할 수 있도록, 서두릅시다! **Afin que vous soyez à l'heure, il faut partir maintenant.** 당신이 제시간에 있을 수 있도록 지금 떠나야 합니다.
두려움 De crainte/De peur que ~이/가 ~할까 두려워	**Je n'ose pas vous le dire, de crainte que vous me quittiez.** 당신이 날 떠날까 두려워 나는 감히 그것을 당신에게 말하지 못한다. **De peur qu'il fasse mauvais, j'hésite à annuler le rendez-vous.** 날씨가 안 좋을까 우려되어 나는 약속을 취소할지 망설인다.
기다림, 예상 Jusqu'à ce que ~이/가 ~할 때까지 En attendant que ~이/가 ~하기를 기다리며	**Jusqu'à ce que tu perdes dix kilos, je ne te donnerai pas de dessert.** 네가 10킬로를 뺄 때까지 나는 너에게 후식을 주지 않을 것이다. **En attendant qu'elle ait un bébé, ce couple profite de leur vie amoureuse.** 그녀가 아기를 가지길 기다리며, 이 커플은 연인으로서의 시간을 즐기고 있다.
조건 À condition/Pourvu que ~이/가 ~한다는 조건 하에 À moins que ~이/가 ~하지 않는 한	**Pourvu qu'il ne pleuve pas demain, je vais à la mer.** 내일 비가 오지 않으면 나는 바다로 나갈 것이다. **À moins qu'il m'appelle, je ne lui pardonnerai pas.** 그가 나에게 전화하지 않는 한, 나는 그를 용서하지 않을 것이다.
양보 Bien/Malgré/Quoi que ~이/가 ~할지라도	**Bien qu'on habite ensemble, je n'ai pas envie de me marier.** 비록 우리가 함께 살더라도 나는 결혼하고 싶지 않다. **Quoi qu'il fasse, je ne lui pardonnerai jamais.** 그가 무엇을 하든, 나는 결코 그를 용서하지 않을 거야.
미래의 시간적 제약 Avant que ~이/가 ~하기 전에	**Avant que tu viennes à Paris, je dois trouver un nouvel appartement.** 네가 파리에 오기 전에 나는 새 아파트를 찾아야 한다. **Mes parents doivent beaucoup économiser avant que j'obtienne mon diplôme.** 내가 학위를 수여하기 전에 내 부모님은 돈을 많이 모아 두셔야 한다.

연습 문제 Exercices

1 다음 괄호 안의 동사를 접속법으로 채워 보세요.

(1) Il faut que vous _____ (arrêter) de fumer.

(2) Avant qu'elle _____ (revenir), range ta chambre.

(3) Bien qu'il _____ (pleuvoir), tu dois rentrer.

(4) Je suis triste que tu _____ (ne pas recevoir) mon cadeau.

2 다음 문장 중 접속법이 잘못 쓰인 문장을 찾아 바르게 고치세요.

① Il n'est pas possible que je vous attende.

② Je regrette qu'elle soit absente.

③ Pensez-vous que j'aie raison?

④ Après que tu finisses ton travail, passe au bureau du directeur.

→ _____

3 아래 그림을 보고 인물의 감정 상태에 맞게 형용사를 넣은 다음 종속절에 알맞은 접속법 형태를 넣어 문장을 완성하세요.

(1) Elle est très _____
que _____.
그녀는 남자 친구가 그녀에게 결혼하자고 프로포즈를 해서 너무 행복해요.

(2) Le garçon est _____
que _____.
이 소년은 여동생이 자기 물건을 주지 않을 때 화가 납니다.

(3) Je me sens _____
que _____.
나는 학교에 친구가 없어서 우울해요.

Unité 30

연습 문제 Exercices

4 아래 빈칸을 접속법 현재 동사로 채운 다음 우리말로 해석해 보세요.

(1) 기다림, 예상을 나타내는 경우

Les salariés attendent que leurs rémunérations _____ (pouvoir) augmenter l'année prochaine.

해석 _____

(2) 목적, 목표를 나타내는 경우

Pour qu'elle _____ (réussir) le bac avec une bonne mention, elle travaille tous les soirs.

해석 _____

(3) 조건을 나타내는 경우

Mes parents m'autorisent à sortir demain à condition que je _____ (finir) mes devoirs.

해석 _____

5 각 빈칸에 알맞은 동사 변화를 골라 동그라미 하세요.

(1) Il est possible que Julien (aille / va) en Espagne.

(2) Je pense qu'elle me (dit / dise) la vérité.

(3) Pour que nous (réussissons / réussissions), travaillons beaucoup!

(4) Il n'est pas important qu'il (ne choisit pas / ne choisisse pas) ce métier.

Partie 10*
조건법

Unité 31

조건법 현재
Conditionnel présent

Track 032

A Je voudrais aller au bord de la mer. Tu pourrais m'accompagner?
나는 바닷가에 가고 싶어. 나랑 같이 갈래?

B Mais il pourrait pleuvoir dans la journée. S'il pleut, on ira à la piscine.
근데 오늘 비 올 것 같은데. 만약 비가 오면 수영장에 가면 되겠다.

문법 Grammaire

조건법은 미래에 일어날 일을 추측하거나 불확실한 상황을 예상할 때 쓰는 시제입니다. 조건법은 크게 조건법 현재와 조건법 과거가 있습니다. 먼저, 조건법 현재는 미래에 아직 일어나지 않은 상황을 가정하는 시제입니다. 우리말로 '~일지도 모른다'로 해석됩니다. 반면에, 조건법 과거는 과거에 이미 일어났던 상황에 대해 추측하는 시제입니다. 우리말로 '~였을지도 모른다'는 의미로 해석됩니다.

1 조건법 현재 형태

조건법 현재는 단순 미래 동사의 어간 다음에 조건법 어미를 뒤에 붙입니다. 프랑스어의 조건법 어미는 앞에서 이미 배운 반과거 시제의 어미와 형태가 같습니다.

> 단순 미래 어간 + 조건법 어미 (-ais / ais / ait / ions / iez / aient)

	pouvoir 할 수 있다	**devoir** 해야 하다	**être** ~이다
je	pourr**ais**	devr**ais**	ser**ais**
tu	pourr**ais**	devr**ais**	ser**ais**
il/elle	pourr**ait**	devr**ait**	ser**ait**

nous	pourr**ions**	devr**ions**	ser**ions**
vous	pourr**iez**	devr**iez**	ser**iez**
ils/elles	pourr**aient**	devr**aient**	ser**aient**

2 조건법 현재 용법

(1) 미래에 어떤 일이 이루어질 가능성이 높거나 그 일에 대해 화자가 확신이 가득 찬 경우 직설법을 쓰지만, 상황이 불확실하거나 이루어질 가능성이 작을 때는 조건법 현재를 씁니다.

On **ira** à l'école demain. 우리는 내일 학교에 갈 것이다. (직설법)

On **irait** à l'école malgré la tempête. 우리는 태풍에도 불구하고 학교에 갈지도 모른다. (조건법)

(2) 조동사 pouvoir(할 수 있다)와 devoir(해야만 한다)는 조건법 현재에서는 다른 의미로 쓰입니다. 먼저, 상대에게 무언가를 제안할 때, pouvoir의 조건법 현재를 사용할 수 있습니다. 그리고 상대에게 무언가에 대한 실현 가능성을 말하고 싶을 때는 devoir의 조건법 현재를 쓸 수 있습니다.

Tu **pourrais** aller au cinéma avec lui. 너는 그와 함께 극장에 가도 될 것 같아.
= **Ça serait bien que** tu ailles au cinéma avec lui. 너는 그와 함께 극장에 가는 것이 좋다.

Son train **devrait** arriver à l'heure. 그의 기차가 제시간에 도착할 것 같은데.
= **Il est probable que** son train arrivera à l'heure. 그의 기차가 제시간에 도착할 수도 있다.

(3) 상대에게 무언가를 완곡하게 요구하거나 공손하게 물어보고, 제안할 때에도 조건법 현재를 씁니다.

J'**aimerais** voir vos parents. 저는 당신의 부모님을 만나 뵙고 싶어요.

Je **voudrais** un café, s'il vous plaît. 커피 한 잔 부탁드려요.

(4) 화자가 개인적인 희망이나 미래의 소원을 염원할 때도 조건법 현재를 씁니다.

Je **ferais** mieux de réussir l'examen DALF. 나는 달프 시험에 꼭 붙고 싶어요.

Ce **serait** agréable de partir en vacances. 휴가를 떠나면 참 좋으련만.

(5) 직접 화법으로 말한 내용을 간접 화법으로 전달할 때, 과거 속의 미래를 뜻합니다.

Il m'a dit: "Tu **aimeras** ma maison." 그는 내게 말했다. "너는 내 집을 좋아하게 될걸."
→ Il m'a dit que j'**aimerais** sa maison. 그는 내가 그의 집을 좋아할 거라고 말했다.

En savoir plus...

단순 미래와 조건법 현재의 뉘앙스 차이를 구별해야 합니다. 단순 미래보다 확실성이 더 떨어지는 시제가 바로 조건법 현재로, 조건법 현재는 '~일지도 모르겠다', '~일 수도 있을 것이다'의 의미로 막연한 미래의 상황을 가정하는 시제입니다.

행위가 이뤄질 가능성의 정도: 조건법 현재 〈 단순 미래 〈 근접 미래

예 Marie **sortirait** avec Jean. 마리는 어쩌면 장과 앞으로 사귈지도 모르겠다.
　Marie **sortira** avec Jean. 마리는 앞으로 장과 사귈 것이다.　Marie **va sortir** avec Jean. 마리는 곧 장과 사귈 예정이다.

연습 문제 Exercices

1 다음 괄호 안의 동사를 조건법으로 채워 보세요.

(1) Tu _____ (avoir) un chat.

(2) Vous ne _____ (comprendre) pas.

(3) Je te _____ (prêter) de l'argent.

(4) Nous _____ (souhaiter) que vous vous guérissiez vite.

2 유치원에서 아이들이 돌아가며 장래 희망을 이야기하고 있어요. 아이들이 꿈꾸는 미래의 직업군을 명사 카드에서 찾은 다음 동사 카드에 있는 여러 동사를 조건법 시제로 바꿔 아이들의 장래 희망을 완성해 보세요.

명사 카드			동사 카드			
pompier	vétérinaire	chanteur	vouloir	aimer	préférer	souhaiter

(1) _____.
나는 수의사가 되고 싶어요.

(2) _____.
나는 가수가 되고 싶어요.

(3) _____.
나는 소방관이 되고 싶어요.

3 주어진 동사의 조건법 현재형으로 빈칸을 채워 글을 완성하세요.

Serveur	Vous désirez quelque chose, Madame?
Cliente	Je (1) _____ (vouloir) un steak avec des frites.
Serveur	Très bien. Quelle cuisson (2) _____ (aimer)-vous?
Cliente	Saignant, s'il vous plaît. Vous avez la carte des vins?
Serveur	Bien sûr. Je vous (3) _____ (recommander) une bouteille de Bordeaux. Mais comme vous venez seule, je (4) _____ (pouvoir) vous conseiller de prendre un verre de vin.

Unité 32 ★ 조건법 과거
Conditionnel passé

Track **033**

A **J'aurais dû passer plus de temps avec ma famille.**
난 더 많은 시간을 가족과 보냈어야 했었어.

B **Moi, j'aurais pu mieux travailler au bureau.**
나는 회사에서 일을 더 잘할 수 있었는데……

문법 Grammaire

조건법 과거는 과거에 있었던 일을 회상하면서 추측하거나 예상할 때 쓰는 시제입니다. 우리말로 '~이었는지 모른다', '~했었을 수도 있다'는 의미로 해석됩니다. 또 과거에 이미 일어난 일에 대해 후회하거나 아쉬움을 드러낼 때도 조건법 과거를 씁니다. 앞에서 배운 감탄문을 통해서도 개인적인 감정을 표출할 수 있고 이렇게 조건법 과거 시제를 써서 아쉬움을 표현할 수도 있습니다.

1 조건법 과거 형태

조건법 과거는 조동사 avoir 또는 être를 쓰고 그 다음에 과거 분사 형태를 붙입니다. 언제 조동사 avoir를 쓰고 être를 쓰는지는 앞에서 배운 복합 과거 시제의 경우와 동일합니다. 복합 과거 P. 97 참조

| avoir 또는 être의 조건법 현재 + 과거 분사 |

	aimer 좋아하다	**pouvoir** 할 수 있다	**partir** 떠나다
je/j'	aurais aimé	aurais pu	serais parti(e)
tu	aurais aimé	aurais pu	serais parti(e)

il/elle	aurait aimé	aurait pu	serait parti(e)
nous	aurions aimé	aurions pu	serions parti(e)s
vous	auriez aimé	auriez pu	seriez parti(e)(s)
ils/elles	auraient aimé	auraient pu	seraient parti(e)s

Il **aurait voulu** les aider. 그는 그들을 도와주고 싶었을 수도 있다.

On **serait partis** sans dire au revoir. 우리는 작별 인사를 하지 않고 떠났었는지도 모른다.

2 조건법 과거 용법

(1) 후회나 원망을 나타낼 때

과거에 있었던 일에 대한 후회나 원망을 나타낼 때도 씁니다. 조동사 **pouvoir**의 조건법 과거는 '~할 수도 있었다', 조동사 **devoir**의 조건법 과거는 의무적인 표현으로 '~했었어야만 했다'는 의미도 있습니다. 또 강한 확신의 표현으로 '~이었음이 틀림없었다'의 의미도 가집니다.

Tu **n'aurais pas aimé** ce film. 너는 그 영화를 좋아하지 않았을 수도 있다.

Vous **auriez pu** lui dire la vérité. 당신은 그녀에게 진실을 말했을 수도 있다.

(2) 추측이나 가정을 나타낼 때

과거에 있었던 일을 추측하거나 가정할 때도 씁니다. 조동사 **devoir**의 조건법 과거는 의무적인 표현만 있는 것이 아니라 강한 확신의 표현으로 '~이었음이 틀림없었다'의 의미도 가집니다.

Il **aurait dû** tuer son voisin parce qu'il le détestait depuis longtemps.
그가 이웃집 남자를 죽인 것이 틀림없다. 왜냐하면 그는 오래 전부터 그를 싫어했기 때문이다.

Cet écrivain **n'aurait pas dû** écrire sa propre histoire pour son roman.
이 작가는 소설을 위해 자신의 개인적인 이야기를 쓰지 않은 게 틀림없다.

En savoir plus...

조건법은 한마디로 현실로 일어나지 않은 일을 가정할 때 쓰는 가정법의 시제입니다. 미래에 일어날 일을 가정할 때는 조건법 현재를 쓰고, 과거에 일어났을 법한 일을 추측할 때는 조건법 과거를 씁니다. 그렇기 때문에 조건법 미래 시제는 따로 존재하지 않습니다.

(1) Si + 주어 + 반과거, 주어' + 조건법 현재 (~한다면, ~할지도 모른다)

Si j'étais riche, je **pourrais** faire un tour du monde. 내가 부자라면, 세계 여행을 할 텐데.

* 현실은 내가 지금 부자가 아니어서 여행을 할 수는 없지만, 막연한 희망과 꿈을 담아 이야기할 때 조건법 현재로 표현하는 것입니다.

(2) Si + 주어 + 대과거, 주어' + 조건법 과거 (~했었다면, ~했었을지도 모른다)

Si j'avais eu des enfants, j'**aurais pu** leur transmettre mon héritage.
내게 자식들이 있었더라면, 내 유산을 그들에게 물려줬을지도 모른다.

* 현실은 내가 자식이 없기 때문에 유산을 물려줄 사람이 없다는 과거의 후회와 한탄을 담아 이야기할 때, 조건법 과거로 표현하는 것입니다.

연습 문제 Exercices

1 다음 괄호 안의 동사를 조건법 과거로 채워 보세요.

(1) Tu _____ (avoir) un chien.

(2) Elle _____ (recevoir) notre invitation de mariage.

(3) Il _____ (falloir) qu'il neige.

(4) Cela _____ (augmenter) de 10%.

2 다음 빈칸에 들어갈 알맞은 동사형을 찾아 보세요.

(1) S'il avait vu sa nouvelle nièce, il _____ (l'aimer).

① l'aurait aimé ② l'aimerait
③ l'avait aimée ④ l'aurait aimée

(2) Si je lui avais dit la vérité, on _____ (se séparer).

① ne se séparait pas ② ne se séparera pas
③ ne se serait pas séparés ④ ne se sera pas séparés

3 아래 직설법으로 쓰인 글을 불확실한 상황에 대한 추측 기사로 바꾸어 쓰려고 합니다. 아래 빈칸을 상황에 맞는 조건법 현재 혹은 과거로 넣어 기사를 완성해 보세요.

> Selon le journaliste, leur avion devra atterrir à 19h. Les passagers rempliront une carte d'arrivée dans l'avion puis ils feront la queue devant le poste de contrôle de l'immigration. Certains pourront être refusés. Le processus pour entrer dans un pays va devenir de plus en plus stricte, car les attentats terroristes ont attaqué beaucoup de gens innocents dans les lieux publics.

⬇

> Selon le journaliste, leur avion (1)_____ atterrir à 19h. Les passagers (2)_____ une carte d'arrivée dans l'avion puis ils (3)_____ la queue devant le poste de contrôle de l'immigration. Certains (4)_____ être refusés. Le processus pour entrer dans un pays (5)_____ de plus en plus stricte, car les attentats terroristes (6)_____ beaucoup de gens innocents dans les lieux publics.

Unité 32

연습 문제 Exercices

4 다음의 각 문장의 빈칸에 알맞은 동사의 조건법 형태를 찾아 넣으세요.

| avais fait | pourrais | s'était excusé | aurait pu |

(1) Si j'étais mariée, je (　　　) avoir des enfants.

(2) Si on n'avait pas eu l'accident, on (　　　) vivre ensemble.

(3) Si tu (　　　) plus d'efforts, elle ne t'aurait pas quitté.

(4) S'il (　　　) de ses fautes, ses parents l'aurait pardonné.

5 다음 표를 조건법 과거형으로 채우고, 아래 문장을 표의 동사를 이용하여 프랑스어로 바꿔 보세요.

	venir 오다	se coucher 잠자리에 들다	ne pas attendre 기다리지 않다
je			
tu			
il/elle			
nous			
vous			
ils/elles			

(1) 그가 왔었더라면 나는 잠자리에 들지 않았을 텐데.

　→ _____.

(2) 내가 그를 기다렸었더라면, 그는 왔었을 텐데.

　→ _____.

Partie 11*
가정법

Unité 33

가정법 현재
Hypothèse sur le présent

Track **034**

A　Si j'avais assez d'argent, je pourrais partir faire du ski.
　내게 충분한 돈이 있다면 스키 타러 떠날 텐데.

B　C'est dommage. J'avais vraiment envie de passer le weekend avec toi.
　유감이네. 난 너와 주말을 함께 보내고 싶었는데.

문법 Grammaire

가정법 시제는 현재와 과거 그리고 미래가 있습니다. 먼저, 가정법 현재는 화자가 지금 상황과 다른 새로운 상황을 상상하며 '~한다면 ~할 텐데'로 가정하는 시제를 말합니다. 그리고 가정법 과거는 화자가 이미 과거에 일어난 일을 이야기하면서 과거에 '~했었다면 ~했었을 것이다'로 이미 지나간 일이지만 다른 가능성에 대해 이야기할 때 씁니다. 또 가정법 미래는 화자가 미래에 일어날 어떤 일을 예상하며 '~하면, ~할 것이다'로 추측하는 시제입니다. 즉, 가정법은 실제로 일어난 일을 말하는 것이 아니라 우리의 상상 속에서 일어날 일을 예상하며 여러 가지 가설들을 제시하는 시제를 말합니다.

1　가정법 현재 형태

가정법 현재는 주절과 본절의 시제 공식이 있습니다. Si 다음의 가정문은 반과거 시제로 해야 하고, 주절의 시제는 조건법 현재를 써야 합니다.

> **Si + 주어 + 반과거, 주어' + 조건법 현재** ~한다면 ~할 텐데

sortir 외출하다	S'il faisait beau, je **sortirais**. 날씨가 좋으면 난 외출할 텐데.	S'il faisait beau, nous **sortirions**. 날씨가 좋으면 우리는 외출할 텐데.
	S'il faisait beau, tu **sortirais**. 날씨가 좋으면 넌 외출할 텐데.	S'il faisait beau, vous **sortiriez**. 날씨가 좋으면 당신(들)은 외출할 텐데.
	S'il faisait beau, il/elle **sortirait**. 날씨가 좋으면 그(녀)는 외출할 텐데.	S'il faisait beau, ils/elles **sortiraient**. 날씨가 좋으면 그(녀)들은 외출할 텐데.

2 가정법 현재 용법

(1) 가정법 현재는 화자가 현재 시점에 존재하지 않는 대상이나 상황을 가정하는 화법입니다.

　Si tu **avais** des enfants, tu **comprendrais** mes difficultés quotidiennes.
　만약 너에게 자녀들이 있다면, 넌 내 일상적인 고충들을 이해할 거야.

　= Comme tu n'as pas d'enfants, tu ne comprends pas mes difficultés quotidiennes.
　너에게 자녀가 없기 때문에 너는 내 일상적인 고충들을 이해하지 못해.

　Si j'**étais** jeune, je **pourrais** battre le bon record du marathon.
　내가 젊었다면, 마라톤에서 좋은 결과를 얻었을 텐데.

　= Comme je ne suis pas jeune, je ne peux pas battre le bon record du marathon.
　나는 젊지 않기 때문에 마라톤에서 좋은 결과를 얻을 수 없었다.

(2) Si + 주어 + 반과거?: ~은/는 ~할까?/ ~하는 게 어때?
　무언가를 제안할 때, 청자에게 권유하는 문장으로 씁니다.

　Si on **allait** au restaurant ce soir? 우리 오늘 저녁에 식당에 갈까?

　Si tu **partais** en vacances avec moi? 너, 나와 함께 휴가를 떠나는 게 어때?

(3) au cas où + 주어 + 조건법: ~이/가 ~하는 경우에
　이 구문은 동사의 시제를 직설법, 접속법이 아닌 꼭 조건법을 써야 하는 특수 구문입니다.

　Au cas où tu ne **trouverais** personne pour t'aider, appelle-moi tout de suite.
　도움을 요청할 사람을 아무도 못 찾으면, 바로 나에게 연락해.

　Au cas où sa famille **déciderait** de vivre à l'étranger, ils devront se renseigner sur la procédure d'immigration.
　그의 가족이 해외로 나가 살기로 결정한 경우에는 이민 절차에 대해 잘 문의해야 한다.

> ✅ **Tip**
>
> 가정법 현재는 현재 이룰 수 없는 어떤 일이나 실현 불가능한 목표를 안타깝게 생각하거나 후회할 때 자주 쓰는 표현입니다. 그래서 자신이 바라는 꿈이나 소원을 상상하면서 현재의 결핍된 부분을 아쉬워하는 화자의 감정이 잘 드러나는 화법으로 이해하시면 됩니다.
>
> Si j'étais un oiseau, je pourrais voler dans le ciel. 내가 새라면, 저 하늘을 훨훨 날 텐데.
> 　　　Si j'étais jolie, il m'aimerait. 내가 예쁘다면, 그가 날 사랑해 줄 텐데.

연습 문제 Exercices

1 다음 괄호 안의 동사를 가정법 현재로 채워 보세요.

(1) S'ils _____(être) devant moi, je prendrais des photos.

(2) Si tu m'avouais la vérité, je _____(ne jamais te quitter).

(3) Si on était en été, on _____(se baigner) dans la mer.

(4) Si ça te _____(plaire), je l'achèterais pour toi.

2 다음 빈칸에 들어갈 알맞은 동사형을 찾아 보세요.

> Si elle était mariée, elle _____. (ne pas être traité comme ça)

① n'était pas traitée comme ça
② n'aurait pas été traitée comme ça
③ ne serait pas traitée comme ça
④ ne serait pas traité comme ça

3 다음 직설법 문장을 가정법 현재로 올바르게 바꾼 것을 고르세요.

> Comme il n'a pas d'argent il ne peut pas voyager avec elle.
> → S'il _____ de l'argent, il _____ voyager avec elle.

① avait / pourrait
② a / pourrait
③ aura / pourra
④ avait / pourra

4 아래 단어들을 알맞은 순서로 재배열하여 문장을 완성해 보세요.

(1) je, prêterais, argent, Si, lui, de l', avais, je, en

→ _____

(2) école, n', on, S', pleuvait, pas, il, irait, à l'

→ _____

(3) dictée, des, jouer à, tu, jeux vidéo, Si, finissais, la, pourrais, tu

→ _____

140

Unité 34

가정법 과거
Hypothèse sur le passé

Track **035**

A **Si on avait eu une voiture, on aurait pu voyager n'importe où en France.**
우리에게 자동차가 있었다면 프랑스 이곳저곳을 여행했을 텐데.

B **Tu as raison mais grâce à nos économies, on a acheté une grande maison.**
맞는 말이야. 하지만 우리가 절약한 덕분에 우리는 큰 집을 장만할 수 있게 되었어.

문법 Grammaire

1 가정법 과거 형태

가정법 과거는 주절과 본절의 시제 공식이 있습니다. Si 다음의 가정문은 대과거 시제를 써야 하고, 주절의 시제는 조건법 과거를 써야 합니다.

Si + 주어 + 대과거, 주어' + 조건법 과거 ~했다면 ~했을 텐데

ne pas rater 안 놓치다

Si j'**avais eu** mon passeport, je **n'aurais pas raté** l'avion.
내가 여권을 챙겼었다면, 비행기를 안 놓쳤을 텐데.
Si tu **avais eu** ton passeport, tu **n'aurais pas raté** l'avion.
네가 여권을 챙겼었다면, 비행기를 안 놓쳤을 텐데.
S'il/elle **avait eu** son passeport, il/elle **n'aurait pas raté** l'avion.
그(녀)가 여권을 챙겼었다면, 비행기를 안 놓쳤을 텐데.

Si nous **avions eu** notre passeport, nous **n'aurions pas raté** l'avion.
우리가 여권을 챙겼었다면, 비행기를 안 놓쳤을 텐데.

Si vous **aviez eu** votre passeport, vous **n'auriez pas raté** l'avion.
당신(들)이 여권을 챙겼었다면, 비행기를 안 놓쳤을 텐데.

S'ils/elles **avaient eu** leur passeport, ils/ elles **n'auraient pas raté** l'avion.
그(녀)들이 여권을 챙겼었다면, 비행기를 안 놓쳤을 텐데.

2 가정법 과거 용법

(1) 가정법 과거는 화자가 과거에 일어나지 않았던 일을 가정하거나 또는 이미 일어난 일에 대해 다른 가설을 제시하며 상상할 때 쓰는 화법입니다.

S'il n'**était** pas **sorti** hier, il n'**aurait** pas **eu** son accident de voiture.
그가 어제 외출하지 않았다면 차 사고를 당하지 않았을 텐데.

= Il est sorti hier et il a eu son accident de voiture.
그는 어제 외출했고 차 사고를 당했다.

Si j'**avais accepté** sa proposition, mon salaire **aurait augmenté** deux fois plus.
내가 그의 제안을 수락했었다면 내 월급은 두 배 이상 올랐을 텐데.

= Je n'ai pas accepté sa proposition et mon salaire n'a pas augmenté deux fois plus.
나는 그의 제안을 수락하지 않았고 내 월급은 두 배 이상 오르지 않았다.

(2) 단, 가정하는 내용이 과거에만 한정되어 있지 않고 현재에도 그 상황이 계속 이어질 경우 대과거가 아닌 반과거를 쓸 수도 있습니다. 단, 가정한 상황에 대한 결과는 반드시 과거에 일어난 경우여야 합니다.

Si j'**étais riche**, je lui **aurais proposé** le mariage.
내가 부자라면 그녀에게 청혼을 했었을 텐데.

= Je n'étais pas riche et je le suis encore. Je ne lui ai pas proposé un mariage.
나는 그때나 지금이나 부자가 아니다. 나는 그에게 청혼을 하지 못했다.

Si j'**avais été** riche, je lui **aurais proposé** le mariage.
내가 부자였었다면 그녀에게 청혼을 했었을 텐데.

= Je n'étais pas riche à l'époque, je ne pouvais pas lui proposer un mariage.
나는 그때 부자가 아니었다. 그래서 그녀에게 청혼을 할 수가 없었다.

> ✅ **Tip**
> 가정법의 종속절과 주절의 위치를 바꿔서 표현해도 상관없습니다. 가정법 현재든 과거든 주절을 먼저 써도 됩니다.
>
> J'**aurais pu** faire le tour du monde si j'**avais gagné** au loto!
> = Si j'**avais gagné** au loto, j'**aurais pu** faire le tour du monde.
> 만약 내가 로또에 당첨됐었다면 나는 세계 여행을 했었을 것이다.

연습 문제 Exercices

1 다음 괄호 안의 동사를 가정법 과거로 채워 보세요.

(1) S'il _____ (prendre) son portable, il aurait pu m'appeler.

(2) Si tu avais arrêté de boire, ta santé _____ (ne pas s'aggraver).

(3) Si j'avais fait les courses, on _____ (ne pas avoir) faim.

(4) Je n'aurais pas abandonné mes études si ma famille _____ (me soutenir) financièrement.

2 다음 빈칸에 들어갈 알맞은 동사 형태를 찾아 보세요.

Si elle _____ (ne pas divorcer), elle aurait vu ses enfants.

① n'avait pas divorcé   ② n'avait pas divorcée
③ n'aurait pas divorcé   ④ n'aurait pas divorcée

3 다음 한국어 문장에 맞는 가정법 과거 형태를 찾아 보세요.

내가 시험 준비를 더 잘했었다면, 나는 델프 B2에 붙었을 거야.

① Si je préparais mieux l'examen, je réussirais le DELF B2.
② Si j'avais mieux préparé l'examen, j'aurais réussi le DELF B2.
③ Si j'ai mieux préparé l'examen, j'aurais réussi le DELF B2.
④ Si j'avais mieux préparé l'examen, je réussirais le DELF B2.

4 아래 단어들을 알맞은 순서로 재배열하여 문장을 완성해 보세요.

(1) mon, j', très, Si, aviez, pas, anniversaire, malheureuse, aurais, fêté, été, vous, n'

→ _____

(2) il, eu, on, aurait, y, rentrer, taxi, S', n', avait, de, pas, pluie, pu, en

→ _____

(3) sa, vendue, elle, Si, été, maison, été, pas, aurait, n', ruinée, avait

→ _____

Unité 35

가정법 미래
Hypothèse sur le futur

🎧 Track **036**

A Qu'est-ce que tu vas faire pendant les vacances de Pâques?
넌 부활절 방학 때 뭐 할 거니?

B S'il fait beau, je vais aller à la plage. Si tu veux, on peut y aller ensemble.
날씨가 좋으면 바닷가로 놀러 갈 거야. 네가 원한다면 함께 떠나도 돼!

문법 Grammaire

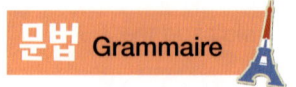

1 가정법 미래 형태

가정법 미래 역시 주절과 본절의 시제 공식이 따로 있습니다. Si 다음의 가정문은 현재 시제를 써야 하고, 주절의 시제는 단순 미래 또는 근접 미래를 써야 합니다. 지금까지 배운 가정법 현재와 과거, 미래의 시제 공식이 각각 다르니 헷갈리지 않도록 시제별로 잘 숙지하시길 바랍니다.

Si + 주어 + 현재, 주어 + 미래 ~한다면 ~할 것이다

sortir 외출하다

S'il pleut demain, je ne **sortirai** pas. 내일 비가 오면, 난 외출하지 않을 거야.
S'il pleut demain, tu ne **sortiras** pas. 내일 비가 오면, 넌 외출하지 않을 거야.
S'il pleut demain, il/elle ne **sortira** pas. 내일 비가 오면, 그(녀)는 외출하지 않을 거야.

S'il pleut demain, nous ne **sortirons** pas. 내일 비가 오면, 우리는 외출하지 않을 거야.
S'il pleut demain, vous ne **sortirez** pas. 내일 비가 오면, 당신(들)은 외출하지 않을 거야.
S'il pleut demain, ils/elles ne **sortiront** pas. 내일 비가 오면, 그(녀)들은 외출하지 않을 거야.

2 가정법 미래 용법

(1) 가정법 미래는 화자가 미래에 일어날 일이 확실하지 않을 때 가정하거나 그 일이 일어날 경우에 대해 상상할 때 쓰는 화법입니다. 미래 시제는 근접 미래, 단순 미래 둘 다 사용할 수 있습니다.

Si tu ne **finis** pas ton repas, tu **auras** faim après.
네가 식사를 끝내지 않으면, 넌 나중에 배고플 거야. (단순 미래)

Si tu ne **fais** rien, tu **vas** sûrement le **regretter**.
네가 아무것도 하지 않으면, 넌 분명히 후회할걸. (근접 미래)

(2) Quand + 주어 + 단순 미래, 주어 + 단순 미래: ~하게 될 때, ~할 것이다

이 구문은 미래의 상황을 가정할 때, 일어날 일이 벌어질 가능성이 높을 때 Si 대신에 접속사 Quand을 사용합니다.

Quand je **serai** diplômé de l'université, je **commencerai** un stage à Paris.
나는 대학교를 졸업하게 될 때, 파리에서 인턴십을 시작할 것이다.

Si je réussis mon permis de conduire, ma mère m'achètera une voiture neuve.
내가 운전 면허 시험에 합격하면, 어머니가 나에게 새 차를 사 주실 것이다.

(3) Si + 주어 + 현재, 주어 + 현재: ~하면 ~한다

이 구문은 기정 사실, 불변의 진리를 나타낼 때 씁니다. 당연한 인과 관계를 이야기하는 가정법이기 때문입니다. 그래서 가정법 미래 시제임에도 불구하고 주절의 동사를 미래 대신 현재로 쓰는 것입니다.

Si on **mange** trop de sucre tous les jours, on grossit. 우리가 매일 너무 많은 단 것을 먹으면 우리는 살찐다.

Si l'homme **vieillit**, il **meurt** un jour. 인간은 늙으면 언젠가 죽는다.

(4) Si + 주어 + 현재, 명령문: ~한다면, ~해라/하세요/합시다

이 구문은 상대에게 무언가를 조언하거나 추천하고 싶은 내용이 있을 때 쓰는 가정법입니다.

Si tu **veux** sortir demain, **finis** tous tes devoirs. 네가 내일 외출하고 싶다면 모든 숙제를 끝마치렴.

Si nous **voulons** partir en vacances, **travaillons** beaucoup pour gagner plus d'argent.
우리가 휴가를 떠나고 싶다면, 돈을 더 벌 수 있도록 더 많이 일합시다.

> ✓ **Tip**
>
> 가정법 표현인 Si tu veux(네가 원하면)이란 표현을 프랑스인들이 일반 회화에서 자주 씁니다. 상대가 원하는대로 하자는 말로 동의를 나타낼 때 씁니다.
>
> 예 A On prendra l'air dimanche prochain? 우리 다음 주 일요일에 바람 좀 쐬러 갈까?
>   B **Si tu veux!** 그래, 네가 원한다면!
>   (= Si tu veux, on prendra l'air dimanche prochain.)
>
> 위의 예에서 Si tu veux 표현은 '네가 원한다면, 우리는 다음 주 일요일에 바람을 쐬러 갈 것이다.'라는 가정법 현재 문장을 간단하게 줄여서 표현한 것입니다.

연습 문제 Exercices

1 다음 괄호 안의 동사를 가정법 미래로 채워 보세요.

(1) S'il _____ (neiger) la semaine prochaine, je ferai du ski.

(2) Si elle travaille demain, elle _____ (devoir) recevoir un bonus.

(3) Si on achète cet appartement, je _____ (être) très contente.

(4) Ils n'iront pas à Bali si le vieux volcan _____ (exploser) encore cette semaine.

2 다음 빈칸에 들어갈 알맞은 동사형을 찾아 보세요.

> Si nous décidons d'avoir un enfant, je _____ (vouloir) en avoir au moins deux.

① voudrais   ② veux
③ voudrai   ④ veuille

3 확실한 미래와 불확실한 미래를 가정할 때를 비교한 두 문장을 보고, 빈칸에 들어갈 알맞은 동사 형태를 짝 지은 것을 고르세요.

> Quand tu _____ la télé, je t'interdirai de manger en même temps.
> 네가 TV를 볼 때, 동시에 밥을 먹는 것을 이제부터 금지시킬 것이다.
>
> Si on _____ au cinéma, je choisirai un film d'amour.
> 우리가 영화관에 가게 된다면, 나는 로맨스 영화를 선택할 거야.

① regardes / va   ② regarderas / allait
③ regardes / ira   ④ regarderas / va

4 아래 단어들을 알맞은 순서로 재배열하여 문장을 완성해 보세요.

(1) Si, donnerai, cadeau, es, sage, je, un, tu, te

→ _____

(2) jour, s', On, se, toujours, mariera, aime, un, si on

→ _____

(3) argent, pourra, d', Si, loyer, elle, ne, son, trop, elle, plus, payer, dépense

→ _____

Partie 12

관계사

Unité 36 ★ 단순 관계 대명사
Pronoms relatifs simples

 Track **037**

A Voici mon entreprise qui importe des vêtements japonais.
여기는 일본 옷을 수입하는 우리 회사야.

B Ce sont tes collègues qui sont dans la salle de réunion?
저기 회의실에 있는 분들이 너의 동료들이니?

A Non, ce sont de bons clients que nous connaissons depuis longtemps.
아니, 우리가 오랫동안 알고 지내는 훌륭한 고객 분들이야.

문법 Grammaire

1 선행사가 있는 단순 관계 대명사

관계 대명사는 두 문장을 이어 주는 역할을 합니다. 어떤 단어가 두 문장에서 반복되면 다시 언급하는 것을 피하기 위해 관계사를 씁니다. 즉, 선행하는 단어를 받아 종속절을 연결시키는 대명사를 뜻합니다.

(1) 관계 대명사 qui는 선행 명사(사람 또는 사물) 다음에 쓰이며 그 뒤에 동사가 옵니다. 두 문장을 이어 주는 종속절의 주어 역할을 하기 때문에 주격 관계 대명사라고 합니다.

> 선행 명사 + qui + 동사

① C'est mon copain. 이 사람은 내 남자 친구야.
② Mon copain est originaire de Marseille. 내 남자 친구는 마르세이유 출신이야.
  → C'est mon copain qui est originaire de Marseille. 이 사람은 마르세이유 출신의 내 남자 친구야.

① C'est un vase. 이것은 꽃병이야.
② Ce vase est sur la table. 이 꽃병은 탁자 위에 있어.
   → C'est un vase qui est sur la table. 탁자 위에 있는 것은 꽃병이야.

(2) 관계 대명사 que는 선행 명사(사람 또는 사물) 다음에 쓰이며 그 뒤에 '주어 + 동사'가 오는 경우, 두 문장을 이어 주는 종속절의 직접 목적 보어 대명사 역할을 하기 때문에 목적격 관계 대명사라고 합니다.

선행 명사 + que + 주어 + 동사

① Il fait un gâteau. 그는 케이크를 만든다.
② J'aime ce gâteau. 나는 그 케이크를 좋아한다.
   → Il fait un gâteau que j'aime. 그는 내가 좋아하는 케이크를 만든다.

① C'est Sophie. 그 사람은 소피이다.
② Il appelle Sophie. 그는 소피에게 전화한다.
   → C'est Sophie qu'il appelle. 그가 전화한 사람은 소피이다.

(3) 관계 대명사 dont은 선행 명사(사람 또는 사물)가 종속절에서 전치사 de를 동반하는 동사, 형용사일 때 선행 명사 뒤에 쓸 수 있습니다. 또 전치사 de를 동반하는 명사를 대신해서 쓸 때는 소유격 관계 대명사라고 합니다.

dont + 주어 + 동사

① Je te présente mon collègue. 나는 내 동료를 너에게 소개한다.
② Le fils de mon collègue est avocat. 내 동료의 아들이 변호사다.
   → Je te présente mon collègue dont le fils est avocat. 변호사인 아들을 둔 내 동료를 너에게 소개할게.

① Il a suivi un cours de français. 그는 불어 수업을 들었다.
② Il était déçu de ce cours de français. 그는 그 수업에 대해 실망했다.
   → Il a suivi un cours de français dont il était déçu. 그는 불어 수업을 들었고, 그 수업은 그에게 실망을 안겨 주었다.
   (être déçu de/par + 명사: ~에 대해 실망하다)

① Il ne se souvient plus de ses amis. 그는 그의 친구들을 더 이상 기억하지 못한다.
② Ses amis le cherchent. 그의 친구들이 그를 찾는다.
   → Ses amis dont il ne se souvient plus le cherchent. 자신이 더 이상 기억하지 못하는 친구들이 그를 찾는다.
   (se souvenir de + 명사: ~을/를 기억하다)

(4) où는 시간 또는 장소를 나타내는 선행 명사 다음에 쓰이는 관계사입니다. 프랑스어에서는 시간과 장소 관계사를 구분해서 쓰지 않기 때문에 quand을 쓰지 않고 où만 쓰니 주의하시기 바랍니다.

> où + 주어 + 동사

① C'est une maison. 이것은 집이다.
② Il habite dans cette maison. 그는 이 집에 살고 있다.
　→ C'est la maison où il habite. 이것은 그가 살고 있는 집이다.

① C'était l'année 1999. 그 해는 1999년이었다.
② Je l'ai rencontrée cette année-là. 나는 그녀를 그 해에 만났다.
　→ L'année où je l'ai rencontrée était en 1999. 내가 그녀를 만났던 해가 1999년이었다.

2 선행사가 없는 단순 관계 대명사

종속절 앞에 선행사가 없을 때 관계 대명사 앞에 ce를 붙이면 됩니다.

> 선행사가 없는 주격 관계 대명사: ce qui + 동사
> 선행사가 없는 목적격 관계 대명사: ce que + 주어 + 동사
> 선행사가 없는 전치사 de를 수반하는 관계 대명사: ce dont + 주어 + 동사

Tu aimes ce qui est cher. 너는 비싼 것을 좋아한다.

Ce que Femme veut, Dieu le veut.
여자가 원하는 것이라면 신도 그것을 원한다. ('여자가 한을 품으면 오뉴월에도 서리가 내린다'는 한국 속담과 비슷한 의미를 가진 프랑스 속담)

C'est ce dont j'ai vraiment envie. 이게 바로 내가 갖고 싶었던 거야.

연습 문제 Exercices

1 다음 빈칸에 단순 관계 대명사를 쓰세요.

(1) C'est lui _____ je t'ai parlé.

(2) Vous pouvez manger dans le restaurant _____ vous voulez.

(3) C'est le jour _____ il est né

(4) Je ne connais pas bien le pays _____ tu veux visiter.

2 다음 빈칸에 들어갈 알맞은 단순 관계 대명사를 고르세요.

Je dois acheter _____ j'ai besoin pour travailler.

① ce dont   ② ce que

③ que   ④ dont

3 다음 두 문장을 단순 관계 대명사로 연결해서 문장을 완성해 보고 우리말로 해석하세요.

J'ai acheté un livre. J'avais besoin de ce livre.

➡ _____

해석 _____

4 다음 문장의 빈칸에 알맞는 단순 관계 대명사를 아래에서 골라 넣으세요.

| que | qui | ce que | ce dont |

(1) Tu pourras acheter _____ tu veux.

(2) On vous présente un produit _____ on vend.

(3) Il y a des vaches _____ broutent de l'herbe.

(4) C'est exactement _____ mes parents sont fiers.

Unité 36   151

Unité 37

복합 관계 대명사
Pronoms relatifs composés

Track 038

A J'ai perdu mon sac dans lequel il y avait plus de 1 000 euros en espèces!
제가 1,000유로 이상의 현금이 들어 있는 가방을 분실했어요.

B Madame, où l'avez-vous perdu?
부인, 어디서 그걸 잃어버리셨나요?

A Je ne sais pas à quel moment il a disparu.
정확히 언제 사라졌는지 잘 모르겠네요.

문법 Grammaire

1 복합 관계 대명사

복합 관계 대명사는 전치사와 함께 쓰이는 관계 대명사를 말합니다. 이때, 선행 명사가 사물이면 전치사 다음에 대명사 lequel을 써야 합니다. 선행 명사의 성·수에 따라 대명사의 성·수도 일치시켜야 합니다.

전치사 + lequel / laquelle / lesquels / lesquelles

(1) 복합 관계 대명사 앞에는 다양한 전치사가 올 수 있습니다. 전치사 pour(~을/를 위하여), sur(~ 위에), sous(~ 아래에), par(~을/를 통해), d'après/selon(~에 따라), dans(~ 안에), avec(~와/과 함께), sans(~ 없이), comme(~처럼), parmi(~ 가운데) 등과 함께 쓰입니다.

C'est une société française **pour laquelle** il veut travailler. 이곳은 그가 일하고 싶어 하는 프랑스 회사야.

Je vais m'inscrire à la fac **dans laquelle** un professeur a reçu un prix de Nobel.
노벨상을 수상한 교수님이 있는 학부에 내가 입학할 예정이다.

Apporte bien son jouet **sans lequel** il va pleurer. 그 애가 가장 좋아하는 장난감이라 없으면 울 거니까 꼭 가져와.

Il y a plusieurs styles différents **parmi lesquels** tu peux choisir.
여기 다양한 스타일이 있으니 네가 그중에서 선택할 수 있다.

152

(2) 특히 전치사 à와 de 다음에 lequel / laquel / lesquels / lesquelles이 올 때, 축약 관사로 형태가 바뀌는 것들이 있으니 주의해야 합니다.

à + lequel = auquel	de + lequel = duquel
à + laquelle = à laquelle	de + laquelle = de laquelle
à + lesquels = auxquels	de + lesquels = desquels
à + lesquelles = auxquelles	de + lesquelles = desquelles

On utilise le smartphone grâce **auquel** les réseaux sociaux sont devenus plus pratiques.
우리는 스마트폰을 사용하고 있으며 그것 덕분에 SNS가 더 편리해졌다.

J'aime ce film à la fin **duquel** tout le monde rit.
나는 이 영화가 좋은데 그것이 끝날 때 모든 사람들이 웃는다.

2 전치사 + 단순 관계 대명사 qui

전치사를 수반하는 관계 대명사의 선행 명사가 사물이 아니라 사람인 경우 전치사 다음에 qui를 쓰면 됩니다.

à qui ~에게	de qui ~(으)로부터, ~에 대하여	sur qui ~에 관하여	pour qui ~을/를 위하여
sauf qui ~을/를 제외하고	avec qui ~와/과 함께	sans qui ~ 없이	

Je n'ai pas d'amis **sur qui** je peux compter. 내가 믿고 신뢰할 수 있는 친구들이 없다.

J'ai perdu ma fille **sans qui** ma vie n'a pas de sens. 내 딸을 잃었는데 그녀 없이는 내 삶에 의미가 없다.

3 전치사 + 단순 관계 대명사 quoi

전치사를 수반하는 관계 대명사의 선행 명사가 사람이 아니라 사물인 경우 전치사 다음에 quoi를 쓰면 됩니다.

à quoi ~에게	de quoi ~(으)로부터, ~에 대하여	sur quoi ~에 관하여	pour quoi ~을/를 위하여
sauf quoi ~을/를 제외하고	avec quoi ~와/과 함께	sans quoi ~ 없이	

Dis-moi **avec quoi** tu as payé ces chaussures. 이 신발을 무엇을 가지고 계산했는지 내게 말해 줘.

J'ai retrouvé mon portable **sans quoi** je n'aurais pas pu bien travailler toute la journée.
나는 핸드폰을 되찾았다. 그것 없이는 하루 종일 일을 잘할 수가 없었다.

> ✅ **Tip**
> 일반적인 사람들을 뜻하는 les gens은 전치사를 수반하는 관계 대명사 qui를 써도 되고, lesquels을 써도 표현해도 됩니다.
> 예 Les gens **avec qui** je travaille sont très intelligents.
> 나와 함께 일하는 사람들은 매우 똑똑하다.
> = Les gens **avec lesquels** je travaille sont très intelligents.

연습 문제 Exercices

1 다음 두 문장을 적절한 복합 관계 대명사로 연결해 보세요.

| avec lequel | pour laquelle | auxquelles | à qui |

(1) C'est mon amie française _____ •   • ① on doit participer?

(2) Je te prêterai mon appareil photo _____ •   • ② les employés travaillent dur.

(3) C'est une société française _____ •   • ③ tu peux prendre des photos.

(4) Ce sont des conférences _____ •   • ④ je donnerai un bouquet de fleurs.

2 다음 빈칸에 들어갈 알맞은 복합 관계 대명사를 고르세요.

Paris est la ville à côté _____ je suis née.

① duquel
② de qui
③ pour laquelle
④ de laquelle

3 다음 문장의 빈칸에 알맞는 복합 관계 대명사를 아래에서 골라 넣으세요.

| avec qui | sur lequel | auquel | dans lequel |

(1) C'est un sujet _____ on continue de travailler.

(2) L'homme _____ je parle est très gentil.

(3) Tu veux voir un film _____ je m'intéresse?

(4) Auvers-sur-Oise est un petit village _____ Vincent Gogh est mort.

154

Partie 13*
전치사와 접속사

Unité 38 ★ 전치사
Prépositions

Track **039**

A **Où est mon portable? Ah, zut!
Je n'arrive pas à le retrouver!**
내 휴대폰 어디 있지? 이런! 도통 찾을 수가 없네!

B **Il est sur la table de la cuisine.**
식탁 위에 있잖아.

문법 Grammaire

전치사는 명사나 대명사 앞에서 다른 품사와의 관계를 나타내는 역할을 하는 품사입니다. 그렇기 때문에 전치사는 독립적으로 문장 안에서 혼자 쓰일 수 없습니다. 전치사는 상황에 따라 여러 종류로 나뉠 수 있는데 장소와 위치, 시간, 상태, 이동 수단, 원인, 수와 양을 나타내는 등 문장 안에서 다양한 역할을 합니다.

전치사는 명사와 명사를 연결해 주는 품사로 쓰일 뿐만 아니라 자동사 다음에 목적어를 수반할 때도 쓰입니다. 즉, '자동사 + 전치사' 구문이 타동사 역할을 하기도 합니다.

1 장소와 관련된 전치사

(1) 도시와 국가, 대륙을 나타낼 때 여러 전치사가 쓰입니다.

'~에(서)'를 뜻하는 장소 전치사가 남성 단수 국가 앞에 쓰일 때는 au, 여성 단수 국가 앞에서는 en, 복수 국가 앞에서는 aux로 쓰입니다. 단, 남성 단수 명사가 모음으로 시작하면 예외적으로 en을 쓰고, 섬나라의 경우는 à, 도시 앞에서는 à를 씁니다. 대륙명(Afrique, Asie, Amérique, Océanie, Europe)은 모두 여성 명사이므로 en을 씁니다.

à (도시, 섬)에서	aux (복수형 국가)에서
en (여성형 국가, 대륙)에서	au (남성형 국가)에서

Je ne suis jamais allé(e) **en** France. 나는 한 번도 프랑스에 가 본 적이 없다.

Julien est né **au** Maroc **en** Afrique. 줄리앙은 아프리카 모로코에서 태어났다.

Nous avons voyagé **en** Europe de l'Est; **en** Pologne, **en** République Tchèque.
우리는 폴란드, 체코와 같은 동유럽을 여행했다.

(2) 장소의 안과 밖, 가깝고 먼 거리를 나타낼 때 다음과 같은 전치사를 씁니다.

dans ~안에	jusqu'à ~까지	en dehors de ~의 밖에
chez ~의 집에	à l'intérieur de ~의 안쪽에	près de ~의 가까이에
à l'extérieur de ~의 바깥쪽	loin de ~에서 멀리에	

Sylvie et moi sommes **dans** un café. 나와 실비는 커피숍 안에 있다.

Tu es **chez** toi? 너는 집에 있니?

La terrasse est **à l'extérieur de** l'immeuble. 테라스는 건물 바깥쪽에 있다.

2 위치와 관련된 전치사

(1) 동서남북 방향과 앞, 뒤, 상, 하와 같이 위치를 묘사할 때 쓰이는 전치사는 아래와 같습니다.

sur ~위에	au milieu de ~의 한 가운데에	au nord de ~의 북쪽에서
sous ~아래에	à droite de ~의 오른쪽에	à l'est de ~의 동쪽에서
devant ~앞에	à gauche de ~의 왼쪽에	au sud de ~의 남쪽에서
derrière ~뒤에	en face de ~의 건너편에	à l'ouest de ~의 서쪽에서
	à côté de ~옆에	
	entre A et B A와 B사이에	

Le cinéma est **devant** la poste. 극장은 우체국 앞에 있다.

Les acteurs sont **derrière** la scène. 그 배우들은 무대 뒤에 있다.

La banque est **entre** le cinéma **et** la pharmacie. 은행은 극장과 약국 사이에 있다.

Cette île se situe **à l'est de** Cuba. 이 섬은 쿠바 동쪽에 위치해 있다.

(2) 또한 거리가 '~만큼 떨어져 있는' 경우에는 전치사 **à**를 쓰면 됩니다. 이 전치사는 장소를 나타내는 뜻도 있지만 떨어져 있는 길이를 구체적으로 표현할 때도 쓰입니다.

La boulangerie est **à** 100 mètres d'ici. 빵집은 여기서 100미터만큼 떨어져 있다.

Il est **à côté de** moi. 그는 내 옆에 있다.

3 시간과 관련된 전치사

(1) 시간과 관련하여 기간을 나타낼 때 쓰이는 전치사는 다음과 같습니다. 지속적으로 이어지는 시간에는 **depuis**(~이래로)를 쓰고, 완료된 상황에서 기간을 나타내는 시간에는 **pendant**(~ 동안에)를 씁니다. 두 전치사의 용법을 사용할 때 의미 차이를 주의해야 합니다. 또 정해진 기간을 목표로 할 때는 전치사 **pour**를 씁니다.

depuis ~이래로	pendant, durant ~동안	pour ~을/를 위하여

Cet été, nous sommes partis en vacances **pendant** une semaine. 올 여름 우리는 일주일 동안 휴가를 갔다.
Depuis 3 mois, j'apprends à nager. 3개월째 나는 수영을 배우고 있다.
Il cherche un stage **pour** six mois. 그는 6개월 기간을 위한 인턴십을 찾고 있다.

(2) 주기적인 반복을 나타내는 시간에는 **par**(~마다)를 씁니다. 또 정관사 **le**를 시간 표현 앞에 붙이면 반복의 의미를 나타낼 수 있습니다.

Il gagne deux mille euros **par** mois. 그는 매달 2천 유로를 번다.
Le dimanche, il fait du jogging. 그는 일요일마다 조깅을 한다.

(3) 시간을 대략적으로 어림잡아 표현할 때 쓰는 전치사들입니다. vers, environ, à peu près, près de 등을 숫자 앞에 붙이면 '약', '대략적으로'를 뜻합니다.

sur ~에 걸쳐, ~즈음에		en fin de ~이/가 끝날 즈음에
vers, environ, à peu près, près de 약, 대략적으로		

On s'est réunis **en fin d'**année. 연말에 우리는 모였다.
Nous sommes arrivés **vers** 18 heures. 우리는 저녁 6시경에 도착했다.
Elle a terminé sa mission **sur** deux jours. 그녀는 임무를 이틀에 걸쳐 끝냈다.

(4) 시간의 전과 후를 나타내는 전치사와 부사를 구별해서 써야 합니다. 전치사 il y a(~전에)와 부사 avant(이전에), après(후에), dans(~안에)나 plus tard(~후에)를 씁니다.

il y a ~전에	avant 이전에	après 이후에
dans ~안으로, ~안에	plus tard ~후에	

Je l'ai vu **il y a** un mois. 나는 그를 한 달 전에 보았다.
La carte bancaire sera envoyée **dans** quatre jours. 은행 카드는 4일 안으로 발송될 것이다.
Avant, tu étais gentille avec moi. 전에 너는 나에게 친절했다.

4 상태의 전개 과정을 나타내는 전치사

상태의 전개 과정을 나타내는 전치사로 전치사 à가 자주 쓰입니다.

> petit à petit 조금씩　　goutte à goutte 한 방울씩　　pas à pas 한 걸음씩

Il a versé du lait petit **à** petit. 그는 우유를 조금씩 부었다.
L'enfant monte l'escalier pas **à** pas. 아이가 한 걸음씩 계단을 오른다.

5 이동 수단을 나타내는 전치사

장소를 이동할 때 모터가 달린 동력원을 이용하는 경우는 전치사 en을 쓰지만, 인간의 신체적인 힘을 이용하여 움직이는 경우는 전치사 à를 씁니다.

> en voiture 자동차로　　　　en train 기차로
> à pied 걸어서　　　　　　à vélo 자전거로

On a voyagé **en** avion. 우리는 비행기로 여행을 했다.
Je suis venue **à** pied. 나는 걸어서 왔다.

6 원인을 나타내는 전치사

어떤 행위의 이유를 설명할 때 전치사 de(~(으)로 인하여)를 씁니다. 아래와 같은 관용 표현에서 주로 쓰입니다.

> mourir de soif 목말라 죽는다　　crier de joie 기뻐서 소리지르다

Je vais mourir **de** faim. 나는 배고파 곧 죽을 것 같아.
Vous tremblez **de** froid. 당신은 추위로 덜덜 떤다.

7 수와 양을 나타내는 전치사

수와 양을 대략적으로 지칭할 때, 대상의 정확한 숫자를 모를 때 전치사를 수반한 명사구 표현들로 대신할 때가 있습니다. 또 물건을 구입할 때 무게나 길이를 나타내는 특수 단위와도 쓰이는데, 이때 전치사 de를 씁니다.

> une dizaine de voitures 차 10여 대　　un kilo de porc 돼지고기 1킬로그램

Je veux acheter une boîte **de** chocolats. 나는 초콜릿 한 상자를 사고 싶다.
Ma mère lui a donné 500 grammes **de** farine. 내 어머니는 그녀에게 밀가루 500그램을 주었다.

연습 문제 Exercices

1 빈칸에 알맞은 전치사를 넣어 문장을 완성하세요.

(1) Je veux vivre _____ Madagascar _____ hiver.

(2) Loin _____ yeux, loin _____ cœur!

(3) Les canards sont _____ gauche _____ toi.

(4) Le kayak vient de passer _____ le pont.

2 동물들이 어디에 있나요? 그림을 보고 알맞은 위치의 전치사구를 넣으세요.

(1) Il y a trois chats _____ le panier.

(2) Ce chien est _____ la canapé.

(3) Le poussin est _____ de l'œuf.

(4) La tortue de mer nage _____ la mer.

3 다음 문장의 빈칸에 알맞는 전치사를 아래에서 골라 넣으세요.

| en | par | depuis | à |

(1) Il a couru le 100 mètres _____ 12 secondes.

(2) _____ quand êtes-vous en couple?

(3) Je lui ai parlé _____ gentillesse.

(4) Qu'est-ce que tu as fait _____ Noël?

160

Unité 39 ★ 접속사
Conjonctions

Track 040

A Bonjour! Je voudrais changer de portable. Est-ce qu'il y a un nouveau modèle?
안녕하세요! 휴대폰을 바꾸고 싶은데, 새 모델 있나요?

B Bien sûr! De plus, il est en promotion ces jours-ci. Nous offrons 15% de réduction sur tous les produits.
물론이죠! 게다가 요즘 할인 행사를 하고 있어요. 특히, 모든 제품을 15% 할인해 드립니다.

문법 Grammaire

프랑스어 문장 구조에서 접속사는 여러 품사들을 연결하는 역할을 합니다. 접속사는 크게 등위 접속사와 관계 접속사로 나뉩니다. 등위 접속사는 단어와 단어, 문장과 문장을 연결하는 접속사로서 독립적으로 사용되는 부사를 말합니다. 반면에 관계 접속사는 전치사구나 관계절로 문장을 이어 주는 역할을 합니다. 이때 어떤 구문이냐에 따라 직설법과 접속법이 각각 사용됩니다.

1 등위 접속사

다음은 프랑스인들이 자주 사용하는 접속어로 빈도수가 높습니다. 예를 들 때, 단어를 열거하거나 대안을 제시할 때 쓰는 접속사, 시간의 경과, 반전, 인과 관계를 나타내는 접속사 등 등위 접속사는 그 종류도 다양합니다.

et 그리고	ou 또는	ensuite 그리고 나서
donc, ainsi, alors 그래서, 그러므로	mais, pourtant, toutefois, or, cependant 그러나, 하지만	

Je lis un roman **et** lui, il étudie le japonais. 나는 소설책을 읽고 그는 일본어를 공부한다.
Il s'est douché. **Ensuite**, il est sorti de la salle de bain. 그는 샤워를 했다. 그리고 나서 욕실에서 나왔다.
Je fais du sport **mais** je ne mincis pas. 나는 운동을 해요. 하지만 살은 안 빠져요.

2 종속 접속사

(1) 이유를 나타내는 접속사

① 아래 이유를 나타내는 접속사들은 그 다음에 직설법 시제를 씁니다.

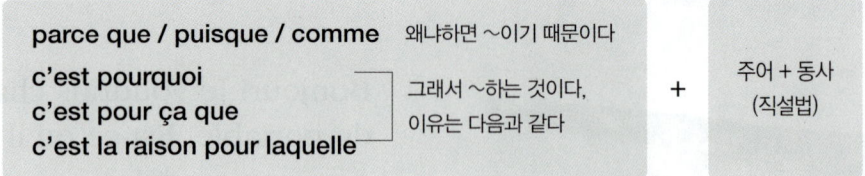

Je ne te quitterai jamais **parce que** je t'aime toujours.
나는 널 너무나도 사랑하기에 너를 결코 떠나지 않을 거야.

J'étais trop fatigué. **C'est pourquoi** je ne suis pas allé à la fête.
나는 너무 피곤했다. 그래서 파티에 가지 않은 것이다.

② 이유의 관계 접속사 'comme + 주어 + 동사(~이니까/~이므로)' 구문은 항상 문장 앞에서 써야 합니다.

Comme il est intelligent, il va entrer dans une université prestigieuse.
그는 똑똑하니까 명문대에 입학할 거야.

Il va entrer dans une université prestigieuse **comme** il est intelligent. (×)

③ 이유를 나타내는 접속사 역할을 하는 전치사 구는 다음과 같습니다.

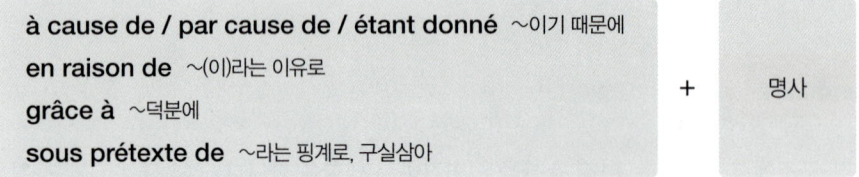

À cause de toi, j'ai manqué le dernier bus. 너 때문에 내가 막차를 놓쳤어.

En raison de travaux, il n'y a plus d'électricité dans cet immeuble.
공사를 이유로 이 건물에는 더 이상 전기가 들어오지 않는다.

(2) 결과를 나타내는 접속사

① 아래 결과를 나타내는 접속사들은 이미 알려진 결과를 말하는 것이므로 직설법을 씁니다.

```
si bien que   그래서 ~하다, 그 결과 ~하다
tellement que 너무 ~해서 ~하다
```
+ 주어 + 동사 (직설법)

Il a fait beaucoup d'effort **si bien qu'**il est devenu champion du monde.
그는 최선을 다했어요. 그 결과, 세계 챔피언이 되었지요.

Elle chante **tellement qu'**elle a mal à la gorge. 그녀는 너무 노래를 불러서 목이 아파요.

② 결과를 일목요연하게 정리할 때, 한 마디로 요약할 때 프랑스인들이 쓰는 접속어들입니다.

> en bref 요약하자면, 요컨대
> enfin, finalement 마침내
> par conséquent, en conséquence 결과적으로

En bref, je ne suis pas d'accord sur cette réforme. 요컨대, 나는 이 개혁에 동의하지 않아요.

En conséquence, le réchauffement climatique s'est aggravé. 결과적으로 지구 온난화는 더 심각해졌어요.

③ 결과를 표현하는 접속사 역할을 하는 전치사구에는 'par la suite de + 명사(~에 따른 결과로서)', 'tellement de + 무관사 명사(너무도 ~해서)' 구문 등이 있습니다.

Par la suite de l'accident de voiture, il y avait deux blessés sur place.
차 사고에 잇따른 결과로 현장에 두 명의 부상자가 생겼다.

Il a **tellement de** talent qu'il peut réussir dans n'importe quel domaine.
그는 재능이 너무 많아서 어떤 분야에서도 성공할 수 있어요.

(3) 목적을 나타내는 접속사

아래 목적을 나타내는 접속사들은 아직 일어나지 않은 목표를 나타내는 것이므로 접속법을 써야 합니다.

> pour que / afin que / de sorte que ~이/가 ~하기 위하여
> pourvu que 제발(꼭) ~이/가 ~할 수 있도록
> + 주어 + 동사 (접속법)

Ses parents lui ont payé des cours privés de dessin **pour qu**'il puisse entrer à l'école des Beaux Arts. 그가 미술 학교에 입학하기 위해 그의 부모님들이 미술 학원 수업료를 지불했다.

Il y a beaucoup de neige sur la route. **Pourvu qu**'on puisse rentrer sans accident!
거리에 눈이 많이 쌓였다. 제발 우리가 사고 없이 귀가해야 할 텐데.

(4) 양보를 나타내는 접속사

'비록 ~일지라도'를 의미하는 양보 구문 가운데 malgré que, bien que는 뒤에 접속법 동사를 쓰지만 même si는 뒤에 직설법 동사를 쓰니 구별해야 합니다. 반면에 quoi que는 '무엇을 ~하든'을 뜻하는 구문이므로 뒤에 반드시 목적어를 필요로 하는 타동사가 와야 합니다.

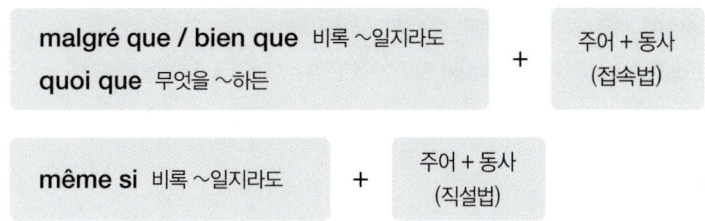

Bien qu'il soit tard, je veux te voir. 비록 시간이 늦었지만, 나는 너를 보고 싶다.

Quoi qu'elle me dise, je ne veux pas l'écouter. 그녀가 나에게 무엇을 말하든 나는 귀기울이고 싶지 않다.

Même si tu ne m'écris plus, je pense à toi. 네가 나에게 더 이상 편지를 쓰지 않더라도 나는 너를 생각한다.

(5) 시간을 나타내는 접속사

시간의 지속성 또는 주기나 기간, 어떤 상황이 발생하기 전과 후를 구분하는 경우 등이 있습니다. 이때, avant que(~하기 전에)는 뒤에 나오는 동사가 접속법이지만 après que(~한 후에)는 뒤에 직설법을 쓰니 헷갈리지 않도록 주의합니다. 어떤 일이 발생하기 전이므로 그 일이 실제로 발생할지 아닐지 불확실하기 때문에 접속법을 쓰는 것입니다. 반면에 어떤 일이 이미 벌어지고 난 후이므로 직설법을 쓰는 겁니다. 그 외에도 아래 언급한 시간을 나타내는 다른 접속사들 역시 직설법을 씁니다.

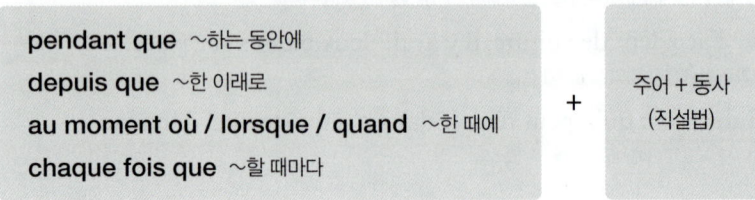

Pendant qu'il faisait la cuisine, je regardais la télé. 그가 요리를 할 때마다 나는 텔레비전을 보곤 했다.

Depuis qu'on se voit, je travaille moins. 우리가 서로 만나게 된 이후로 나는 전보다 공부를 덜 한다.

Chaque fois que je vais à la piscine, j'y croise mon ex.
내가 수영장에 갈 때마다 나는 그곳에서 이전 남자 친구를 마주친다.

(6) 비유를 나타내는 접속사

어떤 대상과 비교하면서 '~처럼'을 나타낼 때 en tant que 다음에는 반드시 '무관사 + 명사'가 와야 합니다. comme은 경우에 따라 관사가 오거나 예외적으로 생략되는 경우가 있지만 전자의 경우에는 무조건 관사를 빼야 합니다. 또 comme si를 쓸 때는 뒤에 동사 시제로 반과거를 써야만 합니다. 비유를 나타내는 접속사 구문으로써, 현재나 미래와 같은 다른 시제는 절대 오지 않습니다.

comme / en tant que + 명사 ~처럼
comme si + 주어 + 동사 마치 ~인 것처럼

En tant que femme, je ne suis pas d'accord sur l'inégalité des salaires entre homme et femme au même poste.
저는 한 여성으로서 같은 직위에 있는 남녀의 월급이 균등하지 않다는 것에 대해 동의하지 않습니다.

Je n'en reviens pas! C'est **comme si** je rêvais! 믿을 수가 없군! 마치 내가 꿈을 꾸고 있는 것 같아!

연습 문제 Exercices

1 빈칸에 알맞은 접속사 혹은 전치사를 넣어 문장을 완성하세요.

(1) J'ai réussi l'examen _____ mon professeur.

(2) Je n'ai pas de clé. _____ j'ai sonné chez la voisine.

(3) _____ ta lettre de motivation soit convaincante, tu devras utiliser un vocabulaire soutenu.

(4) _____ argent, tu ne peux pas voyager en Europe.

2 아래 문장에서 접속사의 쓰임이 <u>틀린</u> 것을 골라 알맞게 고치세요.

① <u>À cause de</u> ses parents, elle est malheureuse.

② <u>Comme</u> tu es belle, tout le monde t'aimera.

③ Il faut sortir avec un parapluie <u>puisqu'</u>il pleut dehors.

④ <u>Même si</u> je n'aie pas le temps, je peux y aller avec vous.

➜ _____

3 다음 문장의 빈칸에 알맞는 접속사 혹은 전치사를 아래에서 골라 넣으세요.

| donc | comme si | tellement de | à cause de |

(1) J'ai _____ choses à faire que je vais passer la nuit blanche.

(2) Il n'est pas arrivé à l'heure _____ des embouteillages.

(3) On s'est rencontrés dans l'avion _____ c'était le destin.

(4) Je pense _____ je suis.

연습 문제 Exercices

4 한국어 내용을 참고하여 빈칸에 알맞은 접속사를 넣으세요.

(1) Il est tombé amoureux _____ il a vu Amandine.
   그는 아만딘을 보는 순간 바로 사랑에 빠졌대요.

(2) Tu n'es pas venu à la fête _____ travailler le lendemain.
   너는 다음 날 일을 해야 한다는 핑계로 파티에 오지 않았어.

(3) _____ elle est sympathique, ses collègues l'aimeront aussi.
   그녀는 상냥하니까 그녀의 동료들도 그녀를 좋아할 거야.

(4) _____ tout se passe bien!
   제발 모든 것이 잘 진행되기를!

(5) Ce millionnaire a _____ argent qu'il ne pourra pas tout dépenser avant de mourir!
   이 백만장자는 돈이 너무 많아서 죽기 전에 다 못 쓸 거야!

5 아래 등위 접속어 중 알맞은 것을 골라 불어로 작문해 보세요.

| et | ou | donc | mais |

(1) 나는 생각한다. 고로 존재한다.
_____

(2) 그녀는 집에 고양이와 강아지를 키웁니다.
_____

(3) 너는 이번 여행을 북미나 남미로 가고 싶니?
_____

(4) 나의 오빠는 담배를 많이 피운다. 하지만 그는 술을 전혀 안 마신다.
_____

Partie 14*
간접 화법과 수동태

Unité 40  직접/간접 화법
Discours direct/indirect

 Track 041

Cher papa,
Ça fait longtemps qu'on s'est pas vus. Maman m'a dit que tu avais commencé à faire du sport. Je lui ai répondu que c'était une très bonne idée! Prends soin de toi!
À bientôt!
Young Mi

사랑하는 아빠께,
못 만난 지 오래됐네요. 아빠가 운동을 시작했다고 엄마가 말했어요. 아주 좋은 생각이라고 엄마에게 대답했답니다. 건강 잘 챙기세요. 곧 봬요.
영미 올림.

문법 Grammaire

1 직접 화법

직접 화법은 말 그대로 다른 사람의 말을 '직접' 전달하는 화법을 말합니다. 상대가 한 말을 문장 그대로 인용하는 방법도 있고, 그 말을 직접 화법 동사로 전달하는 방법도 있습니다.

(1) 상대가 한 말을 그대로 인용하는 방법

　　Il m'a dit : "Est-ce que tu m'aimes?" 그는 나에게 말했다 : "넌 날 사랑하니?"

(2) 직접 화법 동사로 전달하는 방법

　　인용 부호를 떼고 직접 화법 동사를 써서 전달할 수도 있습니다. 대표적인 직접 화법 동사는 다음과 같습니다.

| demander 물어보다 | vouloir savoir 알고 싶다 | interroger 질문하다 |

　　Il m'a **demandé** si je l'aimais. 그는 나에게 내가 그를 사랑하는지 물었다.

(3) 다른 사람이 한 말을 직접 전달하면 직접 화법이 되는데, 이때 어떤 행위 여부를 묻거나 질문하는 동사들 다음에 의문사나 조건문의 si(~인지 아닌지), 관계절의 ce qui/ce que(~에 대한 것)이 함께 사용됩니다.

« À quelle heure tu sors du travail? » "너는 언제 퇴근하니?"

→ Il **veut savoir à quelle heure** tu sors du travail. 그는 네가 언제 퇴근하는지 알고 싶어 한다.

« Vous êtes sud-coréenne? » "당신은 대한민국 여자인가?"

→ On me **demande si** je suis sud-coréenne. 사람들은 내가 대한민국 여자인지 물어본다.

« Qu'est-ce qui s'est passé hier? » "어제 무슨 일이 있었죠?"

→ Il m'a demandé **ce qui** s'était passé hier. 그는 내게 어제 무슨 일이 있었는지 질문했다.

2 간접 화법

간접 화법은 다른 사람이 한 말을 간접적으로 옮겨 전달하는 것으로, 직접 화법 주어에 맞게 종속절의 인칭을 맞춰야 합니다. 주절 동사가 현재인 경우 종속절의 시제는 직접 화법 시제와 일치하지만, 주절 동사가 과거인 경우는 종속절 시제가 한 시제 앞선 시제로 바뀝니다. 대표적인 간접 화법 동사는 다음과 같습니다.

dire 말하다	**affirmer** 단언하다	**promettre** 약속하다
ordonner 명령하다	**suggérer** 제안하다	

(1) 직접 화법이 현재일 때

« Je t'aime. » "난 널 사랑해."

① 주절이 현재일 때는 종속절의 동사도 현재입니다.
Il dit qu'il m'**aime**. 그는 날 사랑한다고 말한다.

② 주절이 복합 과거일 때는 종속절의 동사는 반과거입니다.
Il a dit qu'il m'**aimait**. 그는 날 사랑한다고 말했다.

③ 주절이 반과거일 때는 종속절의 동사 역시 반과거입니다.
Il disait qu'il m'**aimait**. 그는 날 사랑한다고 말했다.

(2) 직접 화법이 미래일 때

« Je t'aimerai pour toujours. » "난 널 영원히 사랑할 거야."

① 주절이 현재일 때는 종속절의 동사는 단순 미래입니다.
Il dit qu'il m'**aimera**. 그는 날 영원히 사랑할 거라고 말한다.

② 주절이 복합 과거일 때, 종속절의 동사는 조건법 현재입니다.
Il a dit qu'il m'**aimerait**. 그는 날 영원히 사랑할 거라고 말했다.

③ 주절이 반과거일 때, 종속절의 동사는 조건법 현재입니다.
Il disait qu'il m'**aimerait**. 그는 날 영원히 사랑할 거라고 말했다.

Unité 40

(3) 직접 화법이 복합 과거일 때

« Je t'ai aimée. » "난 널 사랑했어."

① 주절이 현재일 때는 종속절의 동사는 복합 과거입니다.
Il dit qu'il m'a aimée. 그는 날 사랑했다고 말한다.

② 주절이 복합 과거일 때, 종속절의 동사는 대과거입니다.
Il a dit qu'il m'avait aimée. 그는 날 사랑했었다고 말했다.

③ 주절이 반과거일 때, 종속절의 동사는 대과거입니다.
Il disait qu'il m'avait aimée. 그는 날 사랑했었다고 말했다.

3 명령문의 간접 화법

명령문으로 된 직접 화법을 간접 화법으로 바꿀 때는 'de + 동사 원형' 구조를 씁니다. 동사 원형 구조를 쓰기 때문에 주절 시제에 영향을 받지 않습니다.

« Aime-toi. » "너 자신을 사랑해라."

→ Il dit de m'aimer. 그는 나 자신을 사랑하라고 말한다.

→ Il a dit de m'aimer. 그는 나 자신을 사랑하라고 말했다.

→ Il disait de m'aimer. 그는 나 자신을 사랑하라고 말하곤 했다.

4 의문문의 간접 화법

의문문으로 된 직접 화법을 간접 화법으로 바꿀 때는 '의문사 + 주어 + 동사' 구조를 주절의 시제에 맞추어 넣으면 됩니다.

« Quand tu finis le travail? » "너는 일이 언제 끝나니?"

→ Il demande quand je finis le travail. 그는 내가 일이 언제 끝나는지 묻는다.

→ Il a demandé quand je finissais le travail. 그는 내가 일이 언제 끝나는지 물었다.

5 감탄문의 간접 화법

감탄문으로 된 직접 화법을 간접 화법으로 바꿀 때는 앞에서 배운 간접 화법의 시제 공식이 그대로 적용됩니다. 이때 admirer(감탄하다)와 같이 감탄이나 탄성을 자아내는 동사를 주절 동사로 넣으면 됩니다.

« Il fait très beau! » "날씨 진짜 좋다!"

→ Il admire le beau temps. 그는 날씨가 정말 좋다고 감탄한다.

→ Il a admiré le beau temps. 그는 날씨가 정말 좋았다고 감탄했다.

> **Tip**
> 직접 화법에서 간접 화법으로 전환될 때, 주절이 과거 시제이면 시간을 나타내는 표현도 바뀝니다. 직접 화법에서 aujourd'hui(오늘), hier(어제), demain(내일)과 같은 시간 표현이 있었다면, 간접 화법의 과거 시제에서는 à ce jour-là(그날), la veille(그 전날), le lendemain(그다음 날)으로 바뀝니다.
>
> 예 « Je suis allée à la patinoire hier. » "나는 어제 스케이트를 타러 갔다."
> → Elle m'a dit qu'elle était allée à la patinoire la veille. 그녀는 내게 그 전날 스케이트를 타러 갔다고 말했다.

연습 문제 Exercices

1 다음 의문문을 간접 화법으로 바꿔 써 보세요.

(1) Où as-tu mis ton ordinateur?

   → Il veut savoir _____.

(2) Qu'est-ce que tu vas faire ce weekend?

   → Elle demande _____.

(3) Les enfants, vous avez bien compris?

   → Elle veut savoir _____.

(4) Quelle boisson préfères-tu?

   → Il me demande _____.

2 다음 빈칸에 들어갈 알맞은 간접 화법 문장을 고르세요.

Tu peux venir avec nous demain?

→ Il m'a demandé si _____.

① je peux venir avec eux le lendemain

② je pourrais venir avec nous le lendemain

③ je pouvais venir avec eux le lendemain

④ je peux venir avec eux demain

3 다음의 직접 화법 문장을 간접 화법으로 바꿔 써 보세요.

(1) Je suis arrivé à la gare.

   → Il m'a écrit _____.

(2) Je te remercie de ton aide.

   → Il m'a écrit _____.

(3) Tu pourrais acheter du pain ce soir?

   → Il m'a demandé _____.

(4) Je te raconterai tous mes secrets.

   → Il m'a dit _____.

Unité 41

수동태
Forme passive

Track 042

A Ces tournesols ont été peints par le peintre, Van Gogh. C'est un tableau magnifique.
이 해바라기들은 화가 반 고흐가 그린 거야. 아주 훌륭한 그림이지.

B Tu aimes l'art impressionniste? Moi, j'aime lire un roman.
넌 인상파 예술을 좋아하니? 난 소설 읽는 걸 좋아해.

문법 Grammaire

1 수동태의 형태

직접 목적 보어를 수반하는 타동사가 들어가 있는 능동태 문장을 수동태로 바꿀 수 있습니다. 능동태를 수동태로 바꿀 때, 조동사 être의 시제는 능동태의 시제와 일치시켜야 합니다. 전치사 par 다음에 인칭 대명사는 잘 쓰지 않으며, 일반적인 사람들을 나타내는 on을 사용한 par on은 수동태에서 생략됩니다.

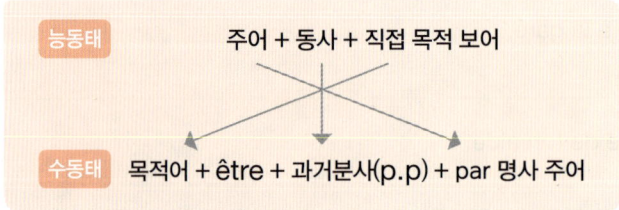

능동태: 주어 + 동사 + 직접 목적 보어

수동태: 목적어 + être + 과거분사(p.p) + par 명사 주어

Les professeurs organiseront une manifestation. 교사들은 시위 집회를 할 것이다.
→ Une manifestation **sera organisée par** les professeurs. 시위 집회가 교사들에 의해 일어날 것이다.

J'ai écrit ce poème. 내가 이 시를 썼다.
→ Ce poème a été écrit ~~par moi~~. (✗) 이 시는 나에 의해 쓰였다. (par 다음에 인칭 대명사 안 씀.)

On a construit le monument. 사람들이 그 기념비를 만들었다.
→ Ce monument **a été construit** en 1890. (par on은 생략!) 그 기념비는 1890년에 만들어졌다.

2 전치사 de와 함께 행위자를 나타내는 수동태

(1) 기호 동사는 수동태 구문에서 전치사 par 대신 de를 씁니다.

aimer 좋아하다	
admirer 경탄하다	
respecter 존경하다	
apprécier 좋게 평가하다	
détester 싫어하다	
adorer 예찬하다	
haïr 증오하다	

Il **a été respecté de** tout le monde.
그는 모든 사람에게 존경받았다.

La chanteuse **est appréciée de** ses fans.
그 여가수는 팬들에게 존경을 받는다.

(2) 어떤 대상을 묘사할 때 쓰는 동사의 수동태 구문에서도 전치사 par 대신 de를 씁니다.

être couvert de ~(으)로 덮이다
être rempli de ~(으)로 가득 차다
être orné de ~(으)로 장식되다
être composé de ~(으)로 이뤄지다
être décoré de ~(으)로 꾸며지다

Ce champ **est couvert de** neige.
이 들판은 눈으로 덮여 있다.

La statue **est ornée de** bronze.
이 동상은 청동으로 장식되어 있다.

(2) 인지 동사의 수동태 구문도 전치사 par 대신 de를 씁니다.

connaitre ~을/를 알다
oublier ~을/를 잊다
ignorer ~을/를 모르다, 무지하다 등
reconnaitre ~을/를 인식하다

Cet artiste **était connu de** tout le pays.
이 예술가는 나라 전체에 알려졌다.

Ce groupe de musique **est** de plus en plus **oublié de** public. 이 음악 밴드는 대중에 의해 점점 더 잊히고 있다.

3 수동태의 의미로 쓰이는 대명 동사

주격 보어를 수반하는 대명 동사가 그 자체로 수동태의 의미를 가질 수 있습니다. 그래서 수동태 구문에서 전치사 par 이하는 쓸 필요가 없습니다. 대명 동사 P. 44 참조

Ce magazine **se lit** facilement.
이 잡지는 쉽게 읽힌다.

= Ce magazine **est lu** facilement.

Cette robe doit **se laver** à l'eau tiède.
이 원피스는 미지근한 물로 세탁되어야 한다.

= Cette robe doit **être lavée** à l'eau tiède.

✅ **Tip**

대명 동사 'se faire + 동사 원형'은 '스스로 ~하게 내버려두다/만들다'의 뜻으로 수동태 구문으로 잘 쓰입니다. 하지만 시제가 복합 과거일 때, 과거 분사가 주어의 성·수에 일치하지 않습니다.

Elle **s'est fait couper** les cheveux par la coiffeuse. (○)
그녀는 미용사가 그녀의 머리를 자르도록 만들었다.

Elle **s'est faite couper** les cheveux par la coiffeuse. (×)

연습 문제 Exercices

1 다음 능동태를 수동태로 바꿔 보세요.

(1) Tous mes amis aiment cet acteur.

→ _____.

(2) Mes parents ont organisé une soirée.

→ _____.

(3) On peut voir la mer de l'hôtel.

→ _____.

(4) Des jeunes cambrioleront ton appartement.

→ _____.

2 다음 빈칸에 들어갈 알맞은 수동태 문장을 고르세요.

> La petite fille a été renversée par la moto.
> → Elle _____.

① s'est renversé par la moto

② s'est faite renverser par la moto

③ s'est fait renverser par la moto

④ est faite de renverser par la moto

3 우리말 표현에 맞게 빈칸에 들어갈 알맞은 수동태 표현을 고르세요.

> 그는 어제 병원에서 주사를 맞았다.
> _____ hier à l'hôpital.

① Une piqure a été faite par lui

② Il a été piqué

③ Une piqure s'est faite

④ Il s'est fait une piqure

174

Partie 15*
비교급과 최상급, 부사

Unité 42

우등/열등/동등 비교급
Comparatifs (Supériorité, Infériorité, Égalité)

Track **043**

A On va préparer un plat coréen pour ce soir. 오늘 저녁에 한국 요리를 준비해 보자.

B Je trouve que la cuisine coréenne est plus piquante que la cuisine française. 한국 음식은 프랑스 음식보다 더 매운 것 같아.

A C'est vrai. Les Coréens utilisent souvent plus de piment que les Français.
맞아. 한국인들이 프랑스인들보다 고추를 더 많이 사용하니까.

문법 Grammaire

비교급은 크게 세 가지 경우로 나뉩니다. 우등, 동등, 열등이 있으며 비교하는 내용의 품사가 형용사/부사, 동사, 명사냐에 따라 비교급의 표현이 달라지니 헷갈리지 않도록 주의하시기 바랍니다. 형용사의 비교급에서 형용사는 주어의 성·수에 일치시켜야 합니다.

1 형용사/부사의 비교급

프랑스어에서는 형용사나 부사 앞에 우등일 때는 plus, 동등일 때는 aussi, 그리고 열등일 때는 moins 을 쓰고, 비교 대상은 que 다음에 써서 비교급 표현을 만듭니다.

우등 비교급	plus + 형용사/부사 + que + 비교 대상 ~보다 더 ~하다
동등 비교급	aussi + 형용사/부사 + que + 비교 대상 ~만큼 ~하다
열등 비교급	moins + 형용사/부사 + que + 비교 대상 ~보다 덜 ~하다

Sophie est **plus** jolie **que** Marie. 소피는 마리보다 더 아름답다.

Sophie est **aussi** jolie **que** Marie. 소피는 마리만큼 아름답다.

Sophie est **moins** jolie **que** Marie. 소피는 마리보다 덜 아름답다.

2 동사의 비교급

동사의 비교급은 동사 뒤에 위치시켜야 합니다. 이때, 우등 비교급에서 plus의 끝 자음 s를 발음해야 합니다. 앞에서 배운 형용사/부사의 우등 비교급의 plus는 끝 자음을 발음하지 않는 차이가 있습니다.

우등 비교급	동사 + plus que + 비교 대상 ~보다 더 V하다
동등 비교급	동사 + autant que + 비교 대상 ~만큼 V하다
열등 비교급	동사 + moins que + 비교 대상 ~보다 덜 V하다

Adrien travaille **plus que** son patron. 아드리앙은 그의 사장보다 더 일한다.
Adrien travaille **autant que** son patron. 아드리앙은 그의 사장만큼 일한다.
Adrien travaille **moins que** son patron. 아드리앙은 그의 사장보다 덜 일한다.

3 명사의 비교급

명사의 비교급에서는 비교급 다음에 전치사 de와 함께 무관사 명사를 써야합니다.

우등 비교급	plus de + 무관사 명사 + que + 비교 대상 ~보다 더 많은 N
동등 비교급	autant de + 무관사 명사 + que + 비교 대상 ~만큼의 N
열등 비교급	moins de + 무관사 명사 + que + 비교 대상 ~보다 덜 많은 N

J'ai **plus d**'argent **que** toi. 나는 너보다 돈이 더 많다.
J'ai **autant d**'argent **que** toi. 나는 너만큼 돈이 있다.
J'ai **moins d**'argent **que** toi. 나는 너보다 돈이 덜 많다.

4 불규칙 비교급

위에서 설명한 우등 비교급의 plus 대신에 형용사나 부사 자체의 비교급이 새로운 표현으로 바뀌는 특수 형태도 있습니다. 이때는 특수 형태를 써야 하는데 대표적인 형용사로 bon(좋은), mauvais(나쁜)를 예로 들 수 있으며, 부사로는 bien(잘), beaucoup(많이)가 있습니다.

(1) bon의 우등 비교급 meilleur	Elle est **meilleure** que l'autre femme. (○) 그녀가 다른 여자보다 더 낫다. Elle est plus bonne que l'autre femme. (×)
(2) mauvais의 우등 비교급 pire	Ce film est **pire** que l'autre. (○) 이 영화가 다른 것보다 더 형편없다. Ce film est plus mauvais que l'autre. (×)
(3) bien의 우등 비교급 mieux	Tu chantes **mieux** que lui. (○) 너는 그보다 노래를 더 잘한다. Tu chantes plus bien que lui. (×)
(4) beaucoup의 우등 비교급 davantage	J'ai pris **davantage** de photos que mon petit-frère. (○) 나는 내 남동생보다 훨씬 더 많은 사진들을 찍었다. J'ai pris plus beaucoup de photos que mon petit-frère. (×)

Unité 42

연습 문제 Exercices

1 다음 상황에 맞게 빈칸에 비교급을 채우세요.

(1) Ce vélo-ci est _____ ce vélo-là. (+, cher)

(2) Dans le café, il y a _____ sur la terrasse extérieure. (=, chaises)

(3) Chez moi, je fais la cuisine _____ lui. (+, bien)

(4) Les danseuses ont _____ leur professeur. (–, talent)

2 다음 문장의 비교급 표현 중 틀린 표현을 맞게 고치세요.

① La qualité de l'eau est aussi mauvaise qu'ailleurs.

② Ce pain est moins cher que l'autre.

③ Vous travaillez autant que mon père.

④ Je joue du piano plus bien que ma petite sœur.

➡ _____

3 다음 우리말에 맞게 빈칸에 들어갈 알맞은 비교급 표현을 고르세요.

> 기차에서의 서비스가 비행기보다 더 좋지 않다.
> Les services dans un train ne sont pas _____ dans un avion.

① plus bons que   ② meilleurs que

③ pires que   ④ meilleures que

4 다음 비교급 표현에 맞게 문장을 완성해보세요.

(1) 이 빨간 가방이 검정 가방보다 덜 비싸다.
    Le sac rouge est _____ que le sac noir.

(2) 그녀의 머리카락이 니꼴라의 머리카락보다 더 길다.
    Ses cheveux sont _____ que les cheveux de Nicolas.

(3) 이 소녀는 소년만큼 키가 크다.
    La fille est _____ que le garçon.

Unité 43 최상급
Superlatifs

Track **044**

A J'ai vu une mannequin russe.
Elle était la plus belle du défilé.
러시아 출신의 모델을 봤는데 무대에서 가장 아름다웠어.

B Ah bon? Je trouve les mannequins trop maigres.
아, 그래? 나는 모델들이 너무 마른 것 같던데.

A Pour devenir la meilleure,
il lui faudra manger le moins et travailler le plus.
최고가 되기 위해 가장 적게 먹고 가장 많이 일해야 하겠지.

문법 Grammaire

최상급은 우등 최상급과 열등 최상급만 있습니다. 형용사, 부사, 동사, 명사냐에 따라 최상급을 만드는 법이 달라지니 형태에 주의하도록 합니다.

1 형용사의 최상급

비교급과 달리 최상급은 형용사와 부사가 서로 다릅니다. 먼저, 형용사의 최상급은 수식하는 명사의 성·수에 따라 정관사가 le/la/les로 달라집니다. 또 소속된 집단, 어떤 대상들 사이에서 최상급인지를 명시해 줄 때는 전치사 de를 사용합니다.

| 우등 최상급 | le / la / les plus + 형용사 + de + 그룹(단위) ~에서 최고로 ~하다 |
| 열등 최상급 | le / la / les moins + 형용사 + de + 그룹(단위) ~에서 최하로 ~하다 |

Sophie est **la plus** riche **de** la classe. 소피가 교실에서 최고로 부자다.
Marie est **la moins** riche **de** la classe. 마리가 교실에서 최하로 부자다.
=Marie est **la plus** pauvre **de** la classe. 마리가 교실에서 최고로 가난하다.

2 부사의 최상급

부사는 성과 수가 없는 품사이므로, 최상급에서 정관사 le만 결합합니다.

| 우등 최상급 | le plus + 부사 + de + 그룹(단위) ~에서 최고로 ~하다 |
| 열등 최상급 | le moins + 부사 + de + 그룹(단위) ~에서 최하로 ~하다 |

Adrien court **le plus vite** des copains de lycée. 아드리앙이 고등학교 친구들 중에 가장 빨리 뛴다.
Tu chantes **le moins** bien des amis d'enfance. 네가 유년기 친구들 중에서 노래를 가장 못 부른다.

3 동사의 최상급

동사의 최상급은 동사 뒤에 위치합니다. 우등 최상급에서 plus의 끝 자음 s를 발음해야 합니다.

| 우등 최상급 | 동사 + le plus de + 그룹(단위) ~에서 최고로 ~하다 |
| 열등 최상급 | 동사 + le moins de + 그룹(단위) ~에서 최하로 ~하다 |

Il travaille **le plus** pour réussir. 그는 성공하기 위해 가장 많이 일한다.
C'est Marie qui dort **le moins** de nous deux. 우리 둘 중에서 가장 잠을 덜 자는 사람은 마리이다.

4 명사의 최상급

명사의 최상급은 비교급과 마찬가지로 무관사 명사를 써야 하며 셀 수 없는 명사는 끝에 복수형 s를 붙이지 말아야 합니다.

| 우등 최상급 | le plus de + 무관사 명사 + de + 그룹(단위) ~에서 최고인 N |
| 열등 최상급 | le moins de + 무관사 명사 + de + 그룹(단위) ~에서 최하인 N |

C'est aux heures de pointe qu'il y a **le plus de** circulation. 교통 체증이 가장 심한 때는 출퇴근 시간이야.
Parmi nous, c'est ma mère qui a **le moins de** chaussures. 나의 어머니는 우리 중에서 신발이 가장 적다.

> ✅ **Tip**
>
> 명사를 수식하는 최상급의 위치는 명사 앞에 와도 되고, 뒤에 와도 된답니다. 위치가 달라진다고 해서 의미적인 차이는 없습니다. 단, 명사 앞에 놓을 때는 이미 최상급에 관사가 있으니, 명사 앞에는 관사를 쓰지 않는 것에 주의하기 바랍니다.
>
> C'est **le meilleur** vin de France. 이것은 프랑스에서 가장 좋은 와인이다.
> C'est **la plus connue** actrice de la Corée du Sud. (O)
> = C'est **la plus connue** l'actrice de la Corée du Sud. (x)

연습 문제 Exercices

1 다음 상황에 맞게 빈칸에 올바른 형태의 최상급을 채우세요.

(1) Usain Bolt court _____(vite) du monde.

(2) C'est la femme _____(vieux) de la France.

(3) Rapunzel a les cheveux _____(long).

(4) Les baobabs vivent _____(longtemps) de tous les arbres.

2 다음 문장의 최상급 표현 중 틀린 표현을 맞게 고치세요.

① C'est ma meilleure amie.

② Il gagne le plus parmi ses amis.

③ Ils dansent les mieux de nous.

④ C'est le chien le plus fidèle à son maître.

➡ _____

3 다음 우리말 해석에 맞게 빈칸에 들어갈 알맞은 최상급 표현을 고르세요.

당신의 발표가 오늘 내가 본 것 중에 가장 좋다.
Votre exposé est _____ de ceux que j'ai vus aujourd'hui.

① la meilleure   ② le meilleur
③ le plus bon   ④ le mieux

Unité 43　181

Unité 44 부사
Adverbes

Track **045**

Il était une fois, la princesse Miranda qui avait un chien et un chat. Ils vivaient ensemble dans un château merveilleusement féerique.

옛날 옛적에 미란다 공주는 개와 고양이를 키웠어요.
그들은 기가 막히게 환상적인 성에서 함께 살았답니다.

문법 Grammaire

1 규칙형 부사

형용사에서 파생된 부사는 문장에서 다른 품사를 수식하는 역할을 합니다. 기본 형식은 여성형 단수 형용사에 -ment를 붙이는 것이나 예외적으로 남성형 단수 형용사에 -ment를 붙이는 경우도 있으니 구별해서 외워야 합니다. 대표적인 예로 joliment(예쁘게), gentiment(친절하게), vraiment(정말로), absolument(절대적으로)이 있습니다.

여성형 단수 형용사 + -ment		남성형 단수 형용사 + -ment	
triste 슬픈 → triste**ment** 슬프게		joli 예쁜 → joli**ment** 예쁘게	
heureuse 행복한 → heureuse**ment** 행복하게		gentil 친절한 → genti**ment** 친절하게	
active 능동적인 → active**ment** 능동적으로		vrai 진실한 → vrai**ment** 진실하게	
passive 수동적인 → passive**ment** 수동적으로		absolu 절대적인 → absolu**ment** 절대적으로	
folle 미친 → folle**ment** 미치게			
sérieuse 진지한 → sérieuse**ment** 진지하게			

Il aime **follement** le football. 그는 미칠 듯이 축구를 사랑한다.

Malheureusement, son mariage est annulé. 안타깝게도 그의 결혼식이 취소되었다.

2 불규칙형 부사

부사의 불규칙형은 종결 어미 -ment가 그대로 붙는 게 아니라 특수한 형태로 바뀌는 경우도 있고, 형용사에 없는 악센트(é)가 들어가는 특수한 경우도 있습니다. 대표적인 예로 énormément(엄청나게), précisément(정확하게), profondément(깊게) 등이 있습니다.

형용사가 -ent로 끝나는 경우 → -emment	violent 폭력적인 fréquent 빈번한 patient 참을성 있는	viol**emment** 폭력적으로 fréqu**emment** 빈번하게 pati**emment** 참을성 있게
형용사가 -ant로 끝나는 경우 → -amment	brillant 눈부신 suffisant 충분한 bruyant 시끄러운	brill**amment** 눈부시게 suffis**amment** 충분하게 bruy**amment** 시끄럽게
형용사에 없는 악센트(é)가 붙는 경우	énorme 엄청난 précis 정확한 profond 깊은	énorm**é**ment 엄청나게 précis**é**ment 정확하게 profond**é**ment 깊게

Le professeur a réagi **violemment** aux élèves. 선생님은 학생들에게 폭력적으로 반응했다.

Le malade a attendu son tour **patiemment**. 그 환자는 참을성 있게 자신의 차례를 기다렸다.

3 시간과 장소의 부사

(1) 시간 부사

시간 부사는 문장이 현재, 과거, 미래인지를 나타내는 중요한 단서를 제공할 뿐만 아니라 어떤 행위나 상태가 일어나기 전과 후를 구별해 주는 역할을 합니다.

tôt 일찍	tard 늦게	hier 어제	aujourd'hui 오늘
demain 내일	avant 이전에	après 나중에	déjà 이미
encore 여전히	autrefois 과거에, 옛날에	à l'avenir 미래에	maintenant 지금
tout à l'heure 조금 전에, 조금 후에			

Claire est arrivée **tôt**. 클레르는 일찍 도착했다.   Pierre est parti **tout à l'heure**. 피에르는 조금 전에 막 떠났다.

(2) 장소 부사

시간과 장소 부사는 문장 맨 앞에 오거나 맨 뒤에 올 수 있으며, 문장 중간에 넣을 때는 동사 다음이 가장 자연스러운 위치입니다.

ici 여기에	là 저기에	là-bas 그 너머에	ailleurs 다른 곳에
partout 사방에, 도처에	vis-à-vis 마주보고	alentour 주변에	dedans 안쪽에
dessus 위쪽에	dessous 아래쪽에	devant 앞쪽에	derrière 뒤쪽에
côte à côte 나란히, 옆에			

On a mis la clé **dedans**. 우리는 열쇠를 안쪽에 넣어 두었다.

Les appartements se trouvent **côte à côte**. 아파트들이 나란히 지어져 있다.

연습 문제 Exercices

1 다음 빈칸에 해당 형용사의 부사를 써 보세요.

(1) frais : _____　　(2) fier : _____

(3) apparent : _____　　(4) lumineux : _____

2 다음 문장의 부사 표현 중 <u>틀린</u> 표현을 맞게 고치세요.

① Il n'est pas déjà allé en France.

② Il m'a répondu sincèrement.

③ Son professeur s'assied derrière lui.

④ Dehors, il fait très chaud!

➡ _____

3 다음 부사 표현 중 <u>틀린</u> 표현을 맞게 고치세요.

① brillamment　　　　　② gentillement

③ heureusement　　　　④ follement

➡ _____

4 한국어 내용을 참고하여 빈칸에 알맞은 부사를 채우세요.

(1) Il y a _____ vingt oiseaux _____.
　　바깥에 약 20마리의 새들이 있다.

(2) Je vais _____ sans toi.
　　나는 너 없이는 아무 데도 안 가.

(3) Elle parle _____ de sa vie.
　　그녀는 자신의 삶에 대해 많이 말한다.

(4) Vous préférez vous promener _____.
　　당신은 천천히 산책을 하는 걸 더 선호한다.

(5) Ils vont _____ au théâtre.
　　그들은 극장에 거의 가지 않는다.

Partie 16*

Unité 45 기수
Nombres cardinaux

Track **046**

A **Bonjour! C'est combien, le bouquet de roses jaunes?**
안녕하세요! 여기 노란 장미 꽃다발 얼마예요?

B **Seulement vingt euros!**
단돈 20유로예요!

A **Combien de fleurs y a-t-il?**
그 안에 꽃이 몇 송이나 있죠?

B **Il y a environ dix roses dans le bouquet.**
약 10송이의 장미가 있을 겁니다.

문법 Grammaire

숫자를 나타내는 품사를 크게 수사라고 부릅니다 수사는 크게 기수와 서수로 나눕니다. 기수는 사람 또는 사물의 대상이 얼마나 있는지 그 양을 나타내는 숫자를 뜻합니다.

1 기수

일상적으로 숫자를 셀 때 쓰는 '하나, 둘, 셋…', '일, 이, 삼…'에 해당하는 것이 기수입니다.

1	un/une	11	onze
2	deux	12	douze
3	trois	13	treize
4	quatre	14	quatorze
5	cinq	15	quinze
6	six	16	seize
7	sept	17	dix-sept
8	huit	18	dix-huit
9	neuf	19	dix-neuf
10	dix	20	vingt

21	ving et un(e)	50	cinquante
22	vingt-deux	60	soixante
23	vingt-trois	70	soixante-dix
24	vingt-quatre	80	quatre-vingts
25	vingt-cinq	90	quatre-vingt-dix
26	vingt-six	100	cent
27	vingt-sept	101	cent un(e)
28	vingt-huit	110	cent dix
29	vingt-neuf	1000	mille
30	trente	1000,000	un million
40	quarante	1000,000,000	un milliard

2 주의해야 할 숫자

(1) 주의해야 할 숫자로 21, 31, 41, 51, 61, 71이 있습니다. 이 숫자들은 십 단위와 일의 자리 수 사이에 접속어 et(그리고)를 넣어야 합니다. 그러나 81부터는 et를 넣지 않으니 주의해야 합니다.

　　51: cinquante **et** un (○), cinquante-un (×)

　　71: soixante **et** onze (○), soixante-onze (×)

　　81: quatre-vingt-un (○), quatre-vingt et un (×)

　　91: quatre-vingt-onze (○), quatre-vingt et onze (×)

(2) 숫자의 성별은 1에만 있습니다. 수사 1이 꾸며 주는 대상이 남성이면 un, 여성이면 une으로 표시하고 그 다음부터는 수는 성·수에 상관없이 동일합니다.

　　un chat 고양이 한 마리　　**une** fleur 꽃 한 송이　　**trois** chats 고양이 세 마리　　**dix** fleurs 꽃 열 송이

(3) 100, 1000은 un을 붙이지 않습니다. 또 1000은 불변의 숫자이니 복수일 때도 s를 넣으면 안 됩니다. 그러나 큰 숫자 단위인 million(100만)과 milliard(10억)은 그 다음에 숫자가 와도 복수형의 s를 떼지 않습니다.

일백 앞에 숫자 1에 해당하는 un을 붙이지 않음	cent (○), un cent (×)
일천 앞에 숫자 1에 해당하는 un을 붙이지 않음	mille (○), un mille (×)
cent으로 끝나면 s를 붙임	deux cents (○), deux cent (×)
cent 다음에 숫자가 오면 s를 붙이지 않음	deux cent trois (○), deux cents trois (×)
mille은 복수여도 s를 붙이지 않음	deux mille (○), deux milles (×)
million 다음에 숫자가 와도 s를 빼지 않음	trois millions huit cents (○), trois million huit cents (×)

연습 문제 Exercices

1 다음 빈칸에 알맞은 기수를 프랑스어로 써 보세요.

(1) 365 : _____.

(2) 2019 : _____.

(3) 1억 : _____.

(4) 2만 3000 : _____.

2 다음 기수 표현 중 **틀린** 표현을 맞게 고치세요.

① huit-cents ② quatre-vingt

③ quatre-vingt-dix-neuf ④ un million

➜ _____

3 다음 수학 문제를 풀어서 정답을 프랑스어로 써 보세요.

(1) Quatre fois six font _____.

(2) Cent divisé par deux, c'est combien? C'est _____.

(3) (1) + (2) font _____.

> fois 곱하기, ~의 배수
> divisé par ~(으)로 나뉘는

4 한국어 내용을 참고하여 빈칸에 알맞은 기수를 채우세요.

(1) Vous avez _____ cahiers.
당신은 공책 6개를 가지고 있다.

(2) Tu as _____ crayon et _____ gomme.
너는 연필 1자루와 지우개 1개를 가지고 있다.

(3) Elle parle _____ langues étrangères.
그녀는 3가지의 외국어를 말한다.

(4) L'année compte _____ mois.
1년은 12개월로 이뤄진다.

(5) La population de Séoul représente plus de _____ personnes.
서울의 인구는 970만 명을 넘는다.

Unité 46 서수
Nombres ordinaux

Track **047**

A **Joyeux anniversaire, Jina! Je te félicite pour ton vingtième anniversaire!**
생일 축하해, 지나! 너의 20번째 생일을 축하해!

B **Merci! Ce soir, mon copain va faire un gâteau pour ma fête. C'est la première fois.**
고마워! 오늘 저녁에 남자 친구가 파티 케이크를 만들어 줄 거야. 이번이 처음이야!

문법 Grammaire

1 서수

'첫 번째, 두 번째, 세 번째…'와 같이 서열이나 순서를 나타내는 숫자를 '서수'라고 합니다.

1번째	**premier / première**	11번째	onzième
2번째	**deuxième / seconde**	12번째	douzième
3번째	troisième	13번째	treizième
4번째	quatrième	14번째	quatorzième
5번째	cinquième	15번째	quinzième
6번째	sixième	16번째	seizième
7번째	septième	17번째	dix-septième
8번째	huitième	18번째	dix-huitième
9번째	**neuvième**	19번째	dix-neuvième
10번째	dixième	20번째	**vingtième**

21번째	**vingt-et-unième**	50번째	cinquantième
22번째	vingt-deuxième	60번째	soixantième
23번째	vingt-troisième	70번째	soixante-dixième
24번째	vingt-quatrième	80번째	**quatre-vingtième**
25번째	vingt-cinquième	90번째	quatre-vingt-dixième
26번째	vingt-sixième	100번째	centième
27번째	vingt-septième	101번째	centunième
28번째	vingt-huitième	110번째	cent-dixième
29번째	vingt-neuvième	1000번째	millième
30번째	trentième	1000,000번째	millionième
40번째	quarantième	1000,000,000번째	milliardième

(1) 기수 다음에 -ième을 붙이는 것이 기본형이나 quatre나 onze, trente처럼 e로 끝나는 기수는 e를 빼고 -ième을 붙입니다. 그러나 neuf처럼 f로 끝나는 기수는 f를 v로 바꾸고 -ième을 붙여야 합니다.

neu**v**ième (○), neufième (×)

dix-neu**v**ième (○), dix-neufième (×)

(2) 또 quatre-vingts처럼 s로 끝나는 숫자의 경우에는 끝에 있는 s를 떼야 합니다.

quatre-**vingtième** (○), quatre-vingtsième (×)

trois-**centième** (○), trois-centsième (×)

(3) 첫 번째는 예외적으로 premier/première를 쓰며, 그다음에 un으로 끝나는 숫자들은 unième을 붙입니다. 대표적인 예로, 날짜를 말할 때, 그 달의 첫날만 서수로 쓰고 그다음 날짜부터는 기수를 씁니다.

Le Nouvel An, c'est le **premier** janvier. 새해는 1월 1일이다.

Nous sommes le **dix** septembre. 오늘은 9월 10일이다.

Ton **vingt-et-unième** anniversaire 너의 21번째 생일

연습 문제 Exercices

1 다음 빈칸에 알맞은 서수를 써 보세요.

   (1) 300번째: _____

   (2) 19번째: _____

   (3) 161번째: _____

   (4) 800만 번째: _____

2 엘리베이터 버튼을 보고 이 안에 탄 사람들이 누른 건물 층수를 맞혀 보세요.

   (1) _____ étage   (2) _____ étage   (3) _____ étage   (4) _____ étage

3 다음 문장의 서수 표현 중 틀린 표현을 맞게 고치세요.

   ① trente-seconde   ② millième   ③ neuf centième   ④ treizeième

   ➡ _____

4 한국어 내용을 참고하여 빈칸에 알맞은 서수를 넣으세요.

   (1) Elle était la _____ dans la classe.
   그녀는 반에서 1등이었다.

   (2) Il habite au _____ étage.
   그는 33층에 산다.

   (3) J'habite dans le _____ arrondissement de Paris.
   나는 파리 12구에 산다.

   (4) On a visité la _____ planète.
   우리는 9번째 행성을 방문했다.

   (5) Son record est enregistré en _____ position.
   그의 성적은 18위를 기록했다.

Unité 46

Unité 47 집합수 및 분수
Nombres approximatifs et fractions

Track **048**

A Quel embouteillage! Je pense qu'il y a une centaine de voitures devant nous.
차가 왜 이리 막힌담! 내 앞으로 차가 100대는 있는 것 같아.

B On risque d'arriver en retard chez mon cousin! Il est déjà huit heures moins le quart.
이러다가 사촌 집에 늦게 도착하겠어요. 벌써 8시 되기 15분 전이에요.

문법 Grammaire

1 집합수

> une + 집합수 + de + 무관사 명사

집합수란 숫자들을 어림잡아 대략적인 수로 표시할 때 쓰는 수를 말합니다. 기수 다음에 -aine을 붙이면 집합수가 되는데 사람이나 사물의 수를 대략적으로 짐작할 때 씁니다. 이때 기수가 e, 또는 s로 끝날 때는 해당 알파벳을 빼고, 그 자리에 -aine을 붙입니다.

약 10의	une dizaine de	약 60의	une soixantaine de
약 20의	une vingtaine de	약 70의	une soixante-dizaine de
약 30의	une trentaine de	약 100의	une centaine de
약 40의	une quarantaine de	약 1000의	un millier de
약 50의	une cinquantaine de		

수십의	des dizaines de / plusieurs dizaines de
수백의	des centaines de / plusieurs centaines de
수천의	des milliers de / plusieurs milliers de
수만의	des dizaines de milliers de / plusieurs dizaines de milliers de
수십만의	des centaines de milliers de / plusieurs centaines de milliers de
수백만의	des millions de / plusieurs millions de
수천만의	des dizaines de millions de / plusieurs dizaines de millions de

(1) 보통 나이를 대략적으로 표현할 때, 집합수를 씁니다. 예를 들어, 정확히 30살이 아니라 30살부터 39살까지 30대를 말하고 싶을 때 집합수로 나타냅니다.

　Elle a **trente** ans. 그녀는 30살이다.

　Elle a la **trentaine**. 그녀는 30대이다.

(2) 예외적으로 숫자 1000과 100만은 남성형 집합수 표현인 un milier de, un million de 써서 나타내니 주의해야 합니다. 또 수십, 수백과 같은 복수형의 집합수 표현은 plusieurs(여럿의) 를 써서 나타내기도 합니다.

　des miliers de fourmis = **plusieurs** milliers de fourmis 수천 마리의 개미들

　un million d'habitants 100만명의 주민들

2 분수

분수에서 분자는 '기수', 분모는 '서수'를 써야 합니다. 예외적으로 1/2, 1/3, 1/4은 특수 형태를 쓰기 때문에 분모에 서수가 아닌 un demi, un tiers, un quart를 씁니다.

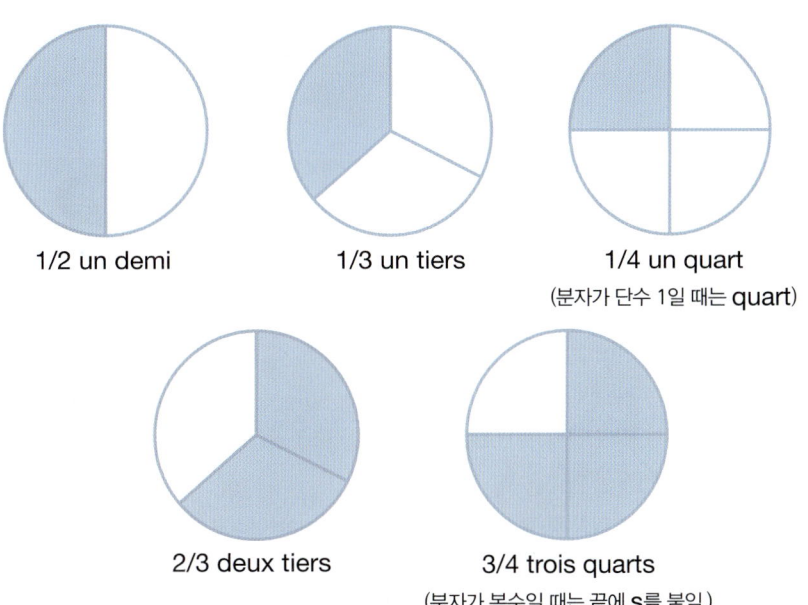

1/2 un demi　　1/3 un tiers　　1/4 un quart
　　　　　　　　　　　　　　　(분자가 단수 1일 때는 quart)

2/3 deux tiers　　3/4 trois quarts
　　　　　　　　(분자가 복수일 때는 끝에 s를 붙임.)

Unité 47

1/2	un demi	2¾	deux entiers et trois quarts
1/3	un tiers	3¼	trois entiers et un quart
2/3	deux tiers	5½	cinq et demi
1/4	un quart	1/10	un dixième
1/5	un cinquième	1/100	un centième
1/6	un sixième	1/1000	un millième
1/7	un septième	1/10000	un dix-millième

(1) 대분수를 나타낼 때는 해당 숫자 옆에 entiers를 붙이고 접속사 et 다음에 지금까지 배운 분자와 분모를 붙이면 됩니다.

2½ deux entiers et demi

8¼ huit entiers et un quart

(2) 일상적으로 시간을 말할 때, 30분이 한 시간의 1/2이므로 et demi(e)로 쓰며, 15분을 한 시간의 1/4이므로 et quart으로도 표현이 가능합니다.

Il est dix-sept heures trente. = Il est dix-sept heures **et demie**. 오후 5시 30분이다.

Il est onze heures quinze. = Il est onze heures **et quart**. 11시 15분이다.

En savoir plus...

프랑스어에서 소수는 기수로 읽으면 됩니다. 이때 프랑스어에서는 소수점을 마침표(.)가 아닌 쉼표(,)로 표시하며 virgule이라고 읽습니다.

3,8km ➡ trois **virgule** huit kilomètres

0,05% ➡ zéro **virgule** zéro cinq pour cent

10,5ℓ ➡ dix **virgule** cinq litres

따라서 1/4을 말할 때, 분수로 말할 것 같으면 서수를 써서 un quart이라고 하고, 소수점을 찍어서 말하고 싶으면 0,25에 해당하므로 zéro virgule vingt-cinq라고 하면 됩니다.

연습 문제 Exercices

1 다음 분수를 프랑스어로 써 보세요.

(1) 3/8: _____ (2) 1/11: _____

(3) 7¾: _____ (4) 9/10: _____

2 다음 집합수 표현 중 <u>틀린</u> 표현을 찾아 맞게 고치세요.

① deux millier de manifestants   ② une dixaine de fleurs

③ une quarantaine d'âge   ④ plusieurs centaines de portables

➜ _____

3 다음 소수를 프랑스어로 써 보세요.

(1) 0,5: _____

(2) 0,26: _____

(3) 10,1: _____

(4) 0,03: _____

4 한국어 내용을 참고하여 빈칸에 알맞은 분수 혹은 집합수 표현을 넣어 보세요.

(1) _____ kilomètres par heure
   시속 70킬로미터

(2) _____ chocolats dans la boîte
   상자 안에 초콜릿 약 12개

(3) _____ litre de lait froid
   찬 우유 1/2리터

(4) _____ est l'âge de départ à la retraite.
   60대는 퇴직할 나이다.

(5) Il est midi _____.
   낮 12시 반이다.

Unité 47

연습 문제 Exercices

5 아래에 수로 주어진 것을 프랑스어로, 프랑스어로 주어진 것은 수로 바꿔 써 보세요.

(1) 333: _____

(2) 29번째: _____

(3) 약 50의: _____

(4) 1/4: _____

(5) trois millions: _____

(6) deux mille vingt: _____

(7) trois entiers et un demi: _____

6 프랑스 디저트인 애플 타르트의 레시피 재료를 적은 메모지입니다. 필요한 재료의 양을 확인하시고 오른쪽 빈칸에 프랑스어 숫자를 직접 써 보세요.

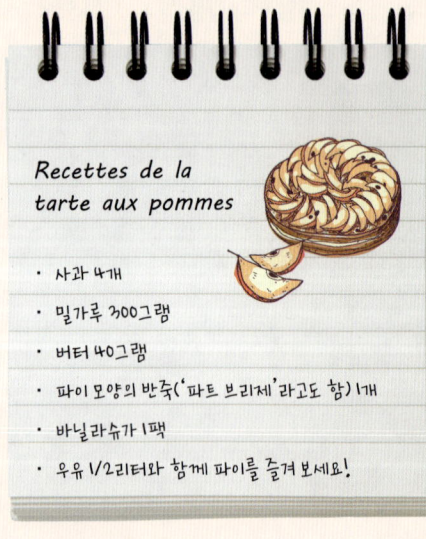

(1) _____ pommes

(2) _____ grammes de farine

(3) _____ grammes de beurre

(4) _____ pâte brisée

(5) _____ sachet de sucre vanillé

(6) _____ litre de lait

Partie 17*
상황별 표현

Unité 48 · 신체 및 건강과 관련된 표현
Corps et Santé

 Track 049

A **La semaine dernière, je me suis cassé l'orteil en descendant de la montagne.**
지난주에 산에서 내려오다 발가락이 부러졌어요.

B **Tu aurais dû faire plus attention.**
좀 더 조심했어야죠.

문법 Grammaire

1 움직임을 지시하는 명령문

(1) 신체 부위 표현을 사용하여 긍정 명령문을 만들 때는 주어를 생략하고 동사 다음에 신체 부위를 정관사와 함께 명사구로 넣으면 됩니다. 신체는 개개인에게 주어진 세상에 하나뿐인 고유한 대상이기 때문에 정관사(le, la, les)를 붙여 표현합니다.

Ouvrez **les yeux**. 눈을 뜨세요.

Fermez **les yeux**. 눈을 감으세요.

(2) 부정 명령문을 만들 때는 동사 양쪽에 'ne + 동사 + pas'를 넣어 주면 됩니다.

N'ouvre pas la bouche. 입을 열지 마.

Ne ferme pas la bouche. 입을 다물지 마.

2 아픈 부위에 대해 말할 때

> **avoir mal à + 정관사 + 신체 부위** ~이/가 아프다

동사 avoir(~을/를 가지다)를 활용하여 아픈 곳을 표현할 수 있습니다. 신체 상태를 말할 때도 이 표현을 씁니다.

Vous **avez mal au ventre**? 당신은 배가 아픈가요?
Hier j'**avais mal à la tête**. 어제 나는 머리가 아팠다.

3 의무 표현으로 건강 유의 사항 말하기

> **il faut + 동사 원형** ~을/를 해야 한다

조동사 devoir(~을/를 해야 한다)를 써서 의무를 표현할 수도 있지만 비인칭 구문인 'Il faut + 동사 원형' 구조가 빈번하게 쓰이니 기억해 두면 유용하게 사용할 수 있습니다.
즉, 상대에게 의무적인 사항을 강조할 때, 현재는 il faut~, 복합 과거는 il a fallu~, 반과거는 il fallait~, 단순 미래는 il faudra~, 조건법 현재는 il faudrait~로 화자가 원하는 시제를 사용하면 됩니다.

Il ne **faut** pas boire et fumer pendant un certain temps. 한동안 금주와 금연을 하셔야 한다.
Il **a fallu** me faire hospitaliser pour une opération. 수술을 위해 입원해야만 했었다.
Il **faudra** faire des examens médicaux régulièrement. 정기적으로 건강 검진을 받아야 할 것이다.

En savoir plus...

신체 부위 어휘

le cheveu 머리카락	l'œil/les yeux 눈	l'oreille 귀	le sourcil 눈썹
le cil 속눈썹	la bouche 입	la dent 치아	le nez 코
le cou 목	l'épaule 어깨	le bras 팔	la main 손
le doigt 손가락	le ventre 배	la hanche 허리	le dos 등
la jambe 다리	le genou 무릎	la cheville 발목	le talon 발뒤꿈치
le pied 발	l'orteil 발가락		

연습 문제 Exercices

1 다음 빈칸에 알맞은 신체 명사를 빈칸에 채우세요.

(1) 머리: _____   (2) 머리카락: _____
(3) 입: _____   (4) 어깨: _____
(5) 팔: _____   (6) 허리: _____
(7) 발: _____   (8) 발가락: _____
(9) 발뒤꿈치: _____   (10) 손가락: _____
(11) 손: _____   (12) 턱: _____

2 1번의 신체 표현 중에서 '~이/가 아프다'라는 문장을 표현할 수 있도록 우리말에 맞는 신체와 함께 프랑스어로 옮겨 보세요

(1) 나는 머리가 아픕니다. ➡ _____

(2) 그녀는 입이 아픕니다. ➡ _____

(3) 그들은 이가 아픕니다. ➡ _____

3 다음 각 상황에서 쓸 수 있는 프랑스어 문장을 찾아 연결하세요.

(1)    (2)    (3)    (4)

① J'ai mal au ventre.   ② J'ai faim.   ③ J'ai froid.   ④ J'ai sommeil.

4 빈칸에 들어갈 알맞은 표현을 아래에서 골라 프랑스어 문장을 완성하세요.

| s'enrhumer   être contaminé par   se faire une piqûre |

(1) 그녀는 지금 바이러스에 감염된 상태다. ➡ Elle _____ le virus maintenant.

(2) 그는 어제 주사를 맞았다. ➡ Il _____ hier.

(3) 우리는 감기에 걸리지 않았다. ➡ Nous _____.

Unité 49 가족 및 나라와 관련된 표현
Famille et Pays

Track **050**

A **Vous vivez en Asie?**
당신은 아시아에 사나요?

B **Oui, ma famille habite à Séoul en Corée du Sud. J'ai un grand frère et une petite sœur.**
나의 가족은 대한민국 서울에 살아요. 나는 형과 여동생이 있어요.

문법 Grammaire

1 손위와 손아래를 표현할 때

가족 관계에서 자기보다 손위와 손아래는 grand-와 petit-로 표현합니다. 할머니는 여자인데 grande-mère이 아니라 grand-mère를 쓰는데 남성형을 쓰는 호칭이 오랫동안 관습적인 표현으로 굳어졌기 때문입니다.
언니와 여동생, 형과 남동생처럼 형제 관계는 프랑스 문화에서는 평등한 관계이기 때문에 연결 부호 '-(trait d'union)'를 쓰지 않습니다.

C'est mon **petit** frère. 이쪽은 내 남동생이야.

C'est mon **petit**-fils. 이쪽은 내 손자야.

Sa **grande** sœur est aussi grande qu'elle. 그녀의 언니는 그녀만큼이나 키가 크다.

2 인척 관계를 표현할 때

결혼을 통해 인척 관계가 생기면 프랑스에서는 beau- / belle- 접두어를 붙입니다. 예를 들어, 시어머니와 장모는 '아름다운 어머니'인 belle-mère라고 하고, 시아버지와 장인은 '멋진 아버지'인 beau-père로 표현합니다.

Mon **beau-fils** est très gentil. 나의 사위는 매우 친절하다.
Ce sont leurs **beaux-parents**. 이분들이 그들의 시부모님들이에요.

3 특정 도시에 사는 사람들을 표현하기

프랑스 사람들은 지명에서 파생된 형용사와 명사가 따로 있을 정도로 고유 표현을 만들어 씁니다. 프랑스의 대표적인 도시와 세계 몇몇 도시를 예로 들어 설명하면 다음과 같습니다. 또한 도시는 성이 없는 무관사 명사이므로 관사를 붙이지 않습니다.

Lyon 리용 → **Lyonnais** 리용 사람들
Rennes 헨느 → **Rennais** 헨느 사람들
Lille 릴 → **Lillois** 릴 사람들
Nantes 낭트 → **Nantais** 낭트 사람들
Nice 니스 → **Niçois** 니스 사람들
New-york 뉴욕 → **New-yorkais** 뉴욕 사람들
Séoul 서울 → **Séouliens** 서울 사람들

En savoir plus...

가족을 지칭하는 어휘 표현

les grands-parents 조부모님	le grand-père 할아버지	la grand-mère 할머니
les parents 부모님	le père 아버지	la mère 어머니
le grand frère 형, 오빠	le petit frère 남동생	la grande sœur 언니, 누나
la petite sœur 여동생	les petits-enfants 손자들	le fils unique 외동아들
la fille unique 외동딸	le/la cousin(e) 사촌	le neveu/la nièce 조카
l'oncle 삼촌, 이모부, 고모부	la tante 이모, 고모, 외숙모	la belle-mère 시어머니, 장모
le beau-père 시아버지, 장인	la belle-fille 며느리	le beau-fils 사위

연습 문제 Exercices

1 다음 가족을 우리말로 옮기세요.

(1) le frère de ma mère : _____

(2) les enfants de sa fille : _____

(3) le mari de notre grande sœur : _____

(4) le fils de leur petite sœur : _____

2 위의 1번에서 알아본 가족 명사를 해당 화자에 맞게 소유 형용사를 써서 바꿔 보세요.

(1) le frère de ma mère ➡ _____

(2) les enfants de ma fille ➡ _____

(3) le mari de ma grande sœur ➡ _____

(4) le fils de ma petite sœur ➡ _____

3 한국어를 참고하여 서울을 소개하는 내용의 빈칸을 완성하세요.

(1) Séoul est la capitale de _____.
서울은 대한민국의 수도이다.

(2) À Séoul, les habitants s'appellent les "_____".
서울에서 사는 주민들을 '세울리엔'이라고 부른다.

(3) La superficie de Séoul est _____ que celle de Paris.
서울의 면적이 파리보다 더 크다.

(4) Les touristes trouvent la ville _____.
관광객들은 이 도시가 매우 역동적이며 역사가 깊다고 생각한다.

4 여행을 다녀온 후기 글의 빈칸을 완성하세요.

Je suis allée (1) _____ Cuba pour mes vacances d'hiver.

Comme je ne parle pas (2) _____ , ce n'était pas facile de communiquer avec

les (3) _____ .

Unité 49 203

면접에서 자기소개하기
Se présenter dans un entretien

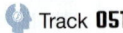 Track **051**

A **Pourquoi voulez-vous travailler ici?**
왜 이곳에서 일하고 싶으신 거죠?

B **Je suis très intéressée par le stage d'assistante comptable dans votre entreprise. J'ai fait des études de comptabilité à l'université.**
저는 당신의 회사에서 제안한 회계사 보조 인턴십에 관심이 아주 많습니다. 제 전공이 회계였거든요.

문법 Grammaire

1 학업과 관련하여 전공 물어보기

> ① 의문사 + est-ce que + 주어 + 동사? (est-ce que를 넣은 격식을 갖춘 의문문)
> ② 의문사 + 동사 + 주어? (도치 의문문)
> ③ 주어 + 동사 + 의문사? (구어체에서 가장 많이 쓰는 의문문)

상대가 무슨 공부를 하는지 물어보고 싶을 때는 의문사 que를 사용하여 Qu'est-ce que vous étudiez? 라고 물어보면 됩니다. 또는 의문 형용사 quel을 사용하여 Quelle est votre spécialité?(전공이 뭔가요?)라고 물을 수도 있지요.

Qu'est-ce que vous étudiez? 당신은 무엇을 공부합니까? (est-ce que를 넣은 격식체)
= **Qu'**étudiez-vous? (도치 의문문)
= Vous étudiez **quoi**? (구어체 의문문)

204

2 학업에 따라 달라지는 동사 형태 비교하기

학교에서 이론을 공부하는 학생은 주로 학문적인 공부를 하는 동사인 étudier(공부하다), faire des études en(~을/를 학업적으로 배우다)를 쓰지만, 실용적인 분야나 현장에서 몸을 움직이며 일을 배우는 학생은 se spécialiser dans(~을/를 전공으로 하고 있다)나 apprendre(배우다)가 더 어울립니다.

J'**étudie** la langue et la littérature françaises. 나는 불어불문학을 공부합니다.
Je **fais des études en** histoire d'art. 저는 미술사를 배워요.
Je **me spécialise dans** la peinture. 나는 회화를 전공하고 있어요.
J'**ai terminé mes études** il y a 10 ans. 저는 10년 전에 학교를 졸업했어요.

3 직업에 대해 여러 가지 의문사로 물어보기

직업을 묻는 방식 역시 다양합니다. 아래와 같이 의문사 que와 quel, où 등 여러 표현을 원하는 문법 구조에 맞춰서 쓸 수가 있습니다.

Qu'est-ce que vous faites dans la vie? 당신은 생계를 위해 무엇을 합니까?
Quel est votre métier? 직업이 어떤 거예요?
Dans **quel** domaine travaillez-vous? 어떤 분야에서 일하세요?
Vous travaillez **où**? 당신은 어디서 일해요?

4 대명 동사 s'appeler(스스로를 ~라고 부르다)를 활용하여 이름 말하기

프랑스어로 자신의 이름을 말하는 방법은 여러 가지가 있습니다. être(~이다) 다음에 바로 이름을 말하거나 대명 동사 s'appeler를 써서 이름을 말하는 방법도 있습니다. 혹은, 이름과 성을 구별 지어서 말하는 방법도 있습니다.

Je **suis** Suji Kim. 나는 김수지예요.
Je **m'appelle** Suji Kim. 제 이름은 김수지예요.
Mon **prénom** est Pierre et mon **nom de famille** est Montier. 나의 이름은 피에르, 성은 몽티에입니다.

5 나이 말하기: avoir + 무관사 + 숫자 + ans

나이를 말할 때는 그 해만큼 자신이 살았다는 것을 나타내기 때문에 자신이 그 나이를 소유하고 있다는 의미로 avoir 동사를 써서 말합니다. 이때, 동사 avoir 다음에 관사를 붙이지 않습니다.

J'**ai** 25 **ans**. 나는 25살이에요.
Est-ce qu'il **a** trente **ans**? 그는 30살인가요?

6 구사할 수 있는 언어 말하기

자신의 언어 실력을 소개할 때는 동사 parler(말하다)를 쓰는데, 이 동사에는 어떤 외국어를 말할 수 있다는 의미가 있기 때문입니다. 가능 동사인 조동사 pouvoir(~을/를 할 수 있다)를 앞에 넣으면 언어 실력을 더 강조할 수 있습니다. 하지만 동사 parler만 사용해도 무관합니다. 이때, 국적을 나타내는 남성 단수 명사가 곧 언어를 나타내는데, 언어를 의미할 때에는 그 앞에 관사를 붙이지 않습니다.

Vous **parlez** chinois couramment? 당신은 유창하게 중국어를 말합니까?
Je **parle** anglais, français et un peu japonais. 나는 영어, 프랑스어를 말하고 일본어도 조금 해요.
Vous **pouvez parler** chinois? 당신은 중국어를 말할 수 있습니까?

학업 및 직업을 지칭하는 명사 표현

(1) 학업

la littérature 문학	la philosophie 철학	la sociologie 사회학
la gestion 경영	le droit 법	la physique 물리학
les mathématiques 수학	l'histoire 사학	la psychologie 심리학
la mode 패션의상학과	l'économie 경제학	l'architecture 건축

(2) 직업

l'agriculteur 농민	l'artiste 예술가	l'avocat 변호사
le chanteur 가수	le coiffeur 미용사	le cuisinier 요리사
le danseur 무용수	le dentiste 치과의사	l'écrivain 작가
l'électricien 전기 수리공	l'employé de bureau 회사원	l'homme d'affaires 사업가

연습 문제 Exercices

1 다음 주어진 학업과 관련된 직업 명사를 남성 단수형으로 채우세요.

(1) La chimie : _____   (2) L'informatique : _____

(3) La musique : _____   (4) L'architecture : _____

2 한국어를 참고하여 직업을 소개하는 내용의 빈칸을 보기를 참고하여 완성하세요.

　　à la recherche d'un emploi　　à durée déterminée　　de français　　infirmières

(1) Il est _____ depuis 3 ans.
　　그는 3년째 취업 준비생이다.

(2) Je suis sommelier dans un restaurant avec un contrat _____.
　　나는 비정규직으로 레스토랑에서 소믈리에로 일하고 있다.

(3) Nous sommes professeurs _____ dans une université.
　　우리는 대학교에서 불어를 가르치는 교수들이다.

(4) Le médecin travaille en collaboration avec les _____.
　　그 의사는 간호사들과 함께 일한다.

3 다음 한국어로 쓰여진 경력 소개서를 참고하여 아래 프랑스어로 번역된 편지의 빈칸을 완성하세요.

> 안녕하십니까!
> 저는 한국의 대학에서 경영학과를 졸업하고 난 후, 5년 동안 무역 회사에서 일했습니다.
> 퇴사 후에는 네덜란드로 석사 과정을 밟았습니다.
> 지금 저는 런던에 있는 회사에 취직했습니다. (…)

> Bonjour!
> Après avoir fini mes études en (1)_____ dans une université en Corée, j'ai travaillé dans une entreprise de (2)_____ pendant 5 ans. Ensuite, j'ai démissionné pour continuer des études supérieures en (3)_____ aux Pays-Bas. Maintenant, j'ai réussi à (4)_____ à Londres. (…)

연습 문제 Exercices

4 다음 각 질문에 알맞은 대답을 찾아 연결하세요.

(1) D'où venez-vous?　　　　　　•　　　　　　•　① Je vis à Paris.

(2) Vous faites quoi dans la vie?　•　　　　　　•　② J'adore lire.

(3) Quels sont vos loisirs?　　　　•　　　　　　•　③ Je suis journaliste.

(4) Vous habitez dans quelle ville?　•　　　　　•　④ Je suis sénégalais.

5 여러분이 프랑스 사람을 처음 만났다고 가정해 보고 프랑스어로 자기를 소개하는 글을 써 보세요.

Je m'appelle _____

Unité 51

길 안내하기
Indiquer le chemin

Track **052**

A Excusez-moi, Monsieur! Je cherche la station de Saint-Michel.
실례합니다, 선생님! 제가 생미셸 지하철역을 찾고 있어요.

B Ce n'est pas loin! D'abord, prenez la première rue à gauche puis traversez le pont et continuez tout droit.
안 멀어요! 일단 왼쪽 첫 번째 길로 가다가 다리를 건너세요. 그리고 계속 직진하세요.

1 길 묻고 답하기

(1) 프랑스어로 길을 물어볼 때는 일단 상대방에게 예의를 갖추어서, 실례하지만 질문을 건네는 것에 대해 예의를 갖추는 것이 좋습니다.

Excusez-moi, madame / monsieur. Pour aller à … 실례합니다, 아저씨(아주머니), ~에 가려고 하는데요.

Pardon, madame! Comment je peux aller au musée du Louvre?
죄송합니다, 부인! 루브르 박물관에 가고 싶은데 어떻게 가나요?

(2) 자신이 길을 잃었다는 표현이나 이곳이 초행길인 이방인이라는 사실을 확실하게 전달하고 원하는 목적지를 찾는다는 의사를 명확히 표현할 수 있습니다.

Je suis perdu. (=J'ai perdu mon chemin.) 제가 길을 잃었어요.

Je suis étranger(étrangère) ici. 제가 이곳에 이방인이라서요.

Je cherche la rue Montbrun. Pourriez-vous me dire comment y aller?
제가 몽브헝 길을 찾고 있어요. 거기에 어떻게 가면 되는지 알려 주시겠어요?

Où se trouve le musée du Louvre? 루브르 박물관이 어디에 (위치하고) 있나요?

2 이동 과정 설명하기

(1) 'en + 교통수단' 표현으로 이동 수단을 타고 장소를 이동하는 것을 표현할 수 있습니다. 이동 수단을 타고 가는 경우 왕래 발착 동사와 같은 자동사 다음에 전치사 en을 쓰는 것이 일반적입니다. 물론, 동력원으로 엔진을 사용하지 않는 자전거나 걸어서 갈 때는 전치사가 예외적으로 à로 바뀌니 구별해서 써야 합니다. 전치사 P.159 참조

On est venus en voiture. 우리는 자가용으로 왔어요.

J'irai à pied. 나는 걸어서 갈 거예요.

(2) 타동사 prendre(~을/를 타다)를 써서 이동 과정을 설명할 수도 있습니다. 하지만 이동 과정을 설명할 때, 타동사 prendre(~을/를 타다)를 쓸 때는 교통수단 앞에 전치사를 넣지 않습니다. 보어가 아닌 목적어를 필요로 하는 타동사이기 때문입니다.

J'ai pris un bus. 나는 버스를 탔어요.

Il prendra son scooter. 그는 자신의 스쿠터를 탈 거예요.

3 Combien de + 무관사 명사 : 목적지까지 걸리는 시간과 거리 표현하기

도착지까지 걸리는 시간과 거리를 물어볼 때, 의문사 combien을 씁니다. combien은 수와 양의 척도를 나타내는 의문사로 장소를 이동할 때 걸리는 시간과 거리를 물어볼 때는 전치사 de와 함께 씁니다. 이때 combien de 다음에는 무관사 명사가 오니 관사를 넣지 않도록 주의해야 합니다.

Combien de kilomètres y a-t-il jusqu'à chez lui? 그의 집까지 몇 킬로미터가 남아있나요?

Combien de minutes reste-t-il encore? 몇 분이 더 남은거죠?

길, 이동 수단을 지칭하는 명사 표현

le rond-point 원형 교차로	la rue 길	l'avenue 2차 대로
le boulevard 4차 대로	le périphérique 외곽 도로	la ruelle 좁은 길, 골목길
la place 광장	l'autoroute 고속도로	le carrefour 사거리
le trottoir 인도	le passage piéton 횡단보도	la passerelle 육교
l'ascenseur 엘리베이터	l'escalator 에스컬레이터	le rez-de-chaussée 1층(로비 홀)
le premier étage 2층	l'entrée 입구	la sortie 출구
l'avion 비행기	le métro 지하철	le train 기차
l'hélicoptère 헬리콥터	le bateau 배	la moto 오토바이
le tramway 전차	le vélo 자전거	le covoiturage 합승

연습 문제 Exercices

1 다음 빈칸에 이동 수단의 명사를 채우세요.

(1) 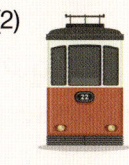 (2) 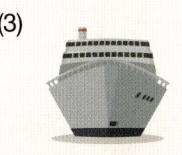 (3)  (4)

en _____   en _____   en _____   à _____

2 한국어를 참고하여 지시 사항에 맞는 빈칸을 완성하세요.

(1) Ici, ce n'est pas une porte d'_____. 여기는 입구가 아니에요.

(2) L'accueil se trouve au _____. 리셉션 데스크는 로비인 1층에 있어요.

(3) Traversez le passage piéton au _____. 초록불에 횡단보도를 건너세요.

3 그림을 보고 다음 길을 설명하는 내용의 문장을 쓰세요.

(1)

_____

(2)

_____

(3)

_____

(4)

_____

Unité 52

감정 표현하기
Exprimer l'émotion

Track **053**

A Il faut que je te dise: je suis intéressé par toi.
내가 너한테 관심이 있다는 걸 고백하고 싶어.

B Désolée, en fait, je ne suis pas célibataire.
미안한데, 난 혼자가 아니야!

A Ah, mince! Je suis désolé de t'avoir dérangée. C'est triste que tu aies déjà quelqu'un.
아이고! 괜히 귀찮게 굴어서 미안해! 이미 너에게 누군가가 있다니 슬프다.

문법 Grammaire

1 être + 감정 형용사 + de + 동사 원형: ~하게 되어 ~을/를 느끼다

화자가 자신의 감정을 표출할 때 쓰는 가장 기본적인 표현입니다. 자동사 être 다음에 감정 형용사를 넣고 원인이 된 행동과 상황을 동사 원형으로 나타내는 것입니다. 프랑스인을 처음 만났을 때, 만나서 반갑다는 인사 표현인 Enchanté(e) 역시 '기분 좋은', '반가운'의 형용사인데, 원래는 Je suis enchanté(e) de vous rencontrer.(당신을 만나게 되어 반갑습니다.)를 짧게 줄여서 표현한 것입니다.

Je serai heureux de te revoir! 나는 너를 다시 보면 행복할 거야!
Je suis ravi de vous connaitre! 당신을 알게 되어 기쁘군요!

2 se sentir + 감정 형용사: ~한 감정을 스스로 느끼다

자신의 감정을 대명 동사로 표현할 수도 있는데, 바로 se sentir(스스로 ~을/를 느끼다) 다음에 감정 형용사를 넣어 표현하는 방법입니다. 이 표현은 동사 être를 쓸 때보다 '자신이 그 감정을 온전히 느끼고 있다'는 것을 좀 더 강조하는 표현입니다.

Je me sens seule parce que je n'ai pas d'amis avec qui je peux partager mes sentiments.
나는 감정을 공유할 친구가 한 명도 없어서 외로움을 느낀다.

Je me sens fatigué à cause du travail. 나는 고된 노동 때문에 피곤함을 느낀다.

3 즉흥적으로 감정을 드러내는 관용적 표현

여러분이 갑자기 어떤 감정이 분출될 때 문장을 구사할 틈도 없이 즉각적으로 입에서 나오는 표현들이 있습니다. 프랑스인들에게도 이러한 표현들이 있는데, 흥분했거나 놀라거나 짜증날 때 다양한 희로애락을 표출하는 관용적 표현을 살펴보면 다음과 같습니다. 일상생활에서 많이 사용하는 속어이므로, 일상회화에서도 사용할 수 있는 표현들입니다.

Comment!, Ça alors! 어쩜 이럴 수가!
Mon dieu! 오, 신이여! (어머나)
Ce n'est pas vrai! 말도 안 돼.
Sans blague! 농담이겠지!
Tu m'étonnes! 저런, 깜짝이야!
Zut! 제기랄!
Hélas! 아! (슬플 때)

En savoir plus…

감정을 나타내는 표현

l'irritation 짜증	irrité(e) 짜증이 난	s'irriter 짜증을 내다
le bonheur 행복	heureux / heureuse 행복한	se satisfaire de 만족하다
la passion 열정	passionné(e) 열정을 느끼는	s'enthousiasmer 열정을 느끼다
la peur 두려움	peureux / peureuse 겁을 내는	avoir peur 두려워하다
l'inquiétude 걱정	inquiet / inquiète 걱정하는	s'inquiéter 걱정하다
la tristesse 슬픔	triste 슬픈	se lamenter 한탄하다
l'envie 시기	envieux / envieuse 시기를 느끼는	avoir envie de 가지고 싶어 하다
le doute 의심	douteux / douteuse 의심스러운	douter 의심하다
la haine 증오	haineux / haineuse 증오에 찬	haïr 증오하다
l'amour 사랑	amoureux / amoureuse 사랑을 느끼는	aimer 사랑하다
le désespoir 절망	désespéré(e) 절망을 느끼는	se désespérer 절망하다

연습 문제 Exercices

1 다음 빈칸에 감정의 표현을 채우세요.

(1) _____ 그녀는 슬퍼요.

(2) _____ 그는 화를 내요.

(3) _____ 그녀는 초조해해요.

(4) _____ 우리는 행복해요.

2 다음 감정 동사와 관련된 형용사를 서로 연결하세요.

(1) haïr   •   • ① paniqué

(2) avoir peur •   • ② haineux

(3) se désespérer •   • ③ abattu

(4) se satisfaire •   • ④ content

3 한국어를 참고하여 다음 연애 편지의 빈칸을 완성하세요.

내 사랑,
나는 널 너무 사랑한다고 말하고 싶어서 이렇게 편지를 써. 너 없는 내 인생은 상상할 수 없어. 하지만 장거리 연애가 우리를 멀어지게 할까 봐 두려워. 우리가 주말마다 볼 때, 내 인생의 여인이 너인 것만 같아 나는 너무 만족해.

제롬♡

Mon (1)_____
Je t'écris cette lettre pour te dire que je suis (2)_____ de toi et que je ne peux pas imaginer la vie sans toi. Pourtant, je (3)_____ que la distance nous éloigne. Chaque fois qu'on se voit le week-end, je me sens tellement (4)_____ car tu es la femme de ma vie.

Jérôme♡

Unité 53 · 시간 묻고 답하기
Demander l'heure

Track **054**

A **Excusez-moi. Vous avez l'heure?**
실례합니다. 지금 몇 시인가요?

B **Il est une heure et demie.**
(오후) 1시 30분이에요.

A **Merci.**
고맙습니다.

문법 Grammaire

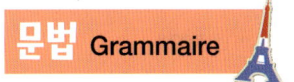

1 시간을 물을 때

시간 및 날짜, 요일을 물을 때, 의문사와 명사의 조합에 특히 주의해야 합니다. 몇 시인지를 물을 때는 의문 형용사를 써서 Quelle heure(몇 시)로 물어볼 수 있습니다. 이 외에도 당신에게 시계가 있느냐, 즉, 시각을 묻는 표현으로 Vous avez l'heure?라고 물을 수도 있습니다. 개인적인 시간이 있는지 물을 때는 Vous avez temps?이라고 묻습니다.

A **Quelle heure** est-il maintenant? / **Vous avez l'heure?** 지금 몇 시예요?

Vous savez quelle heure il est maintenant? 당신은 지금 몇 시인지 혹시 아세요?

B Il est <u>quatorze heures trente</u>. 오후 2시 30분이다.
   = deux heures et demie (de l'après-midi)

Il est <u>une heure et quart</u>. 1시 15분이다.
   = une heure quinze (du matin)

Unité 53   **215**

Il est huit heures moins cinq (du soir). 오후 7시 55분이다.

　　= dix-neuf heures cinquante-cinq

Il est midi. / Il est minuit. 낮 12시/밤 12시예요.

2 요일과 날짜를 물을 때

요일은 Quel jour(어느 날)에 해당하는 표현을 씁니다. 또 날짜 앞에는 정관사 le를 붙이기 때문에 한 달 중에 며칠을 살고 있느냐를 묻는 표현으로 Le combien(얼마나)를 씁니다.

A　Nous sommes quel jour? / Quel jour est-ce? 무슨 요일입니까?
B　Nous sommes lundi. 월요일이에요.
　　C'est mercredi. 수요일이에요.

A　Nous sommes le combien? / On est le combien? 며칠이죠?
B　Nous sommes le 1er novembre 2017. 2017년 11월 1일이에요.
　　On est le 20 janvier. 1월 20일이에요.

3 생일을 물을 때

상대에게 생일을 물을 때는 생일이 어떻게 되냐는 의미로 의문 형용사를 쓰거나 언제 태어났냐는 표현을 쓸 때는 의문 부사 quand을 씁니다. 프랑스어에서 naitre(태어나다)는 왕래 발착 동사에 해당하기 때문에 복합 과거를 만들 때, 조동사 être를 사용해야 하는 것도 잊지 않도록 합니다.

A　Quelle est la date de votre anniversaire? / Vous êtes né(e) quand? 생일이 언제예요?
B　C'est le 26 avril 1982. 1982년 4월 26일이에요.
　　Je suis né le 3 octobre 2000. 나는 2000년 10월 3일에 태어났어요.

En savoir plus...

시간 관련 표현

le matin 아침	hier 어제	l'année 해, 연도
le soir 저녁	avant-hier 엊그제	la montre 손목시계
l'après-midi 오후	demain 내일	l'alarme 알람
la nuit 밤	après-demain 모레	l'horloge 괘종시계
l'aube 새벽	la journée 하루	le minuit 자정
le Nouvel An 신정(1월1일)	la soirée 저녁 시간	le midi 정오
la veille 그 전날	l'emploi du temps 시간표	le lendemain 그다음 날
la pause 휴식		

연습 문제 Exercices

1 시계가 가리키는 시간을 보고 빈칸을 채우세요.

(1) Il est _____ .   (2) Il est _____ .   (3) Il est _____ .   (4) Il est _____ .

2 빈칸에 알맞은 시간 표현을 넣어 보세요.

(1) _____ sortez-vous du bureau? 당신은 몇 시에 퇴근해요?

(2) Joyeux _____ . 생일 축하해!

(3) Bonne _____ . 즐거운 새해 보내요!

3 다음 대화를 잘 읽고 두 친구가 볼 영화는 몇 시에 상영하는 무슨 작품인지 맞혀 보세요.

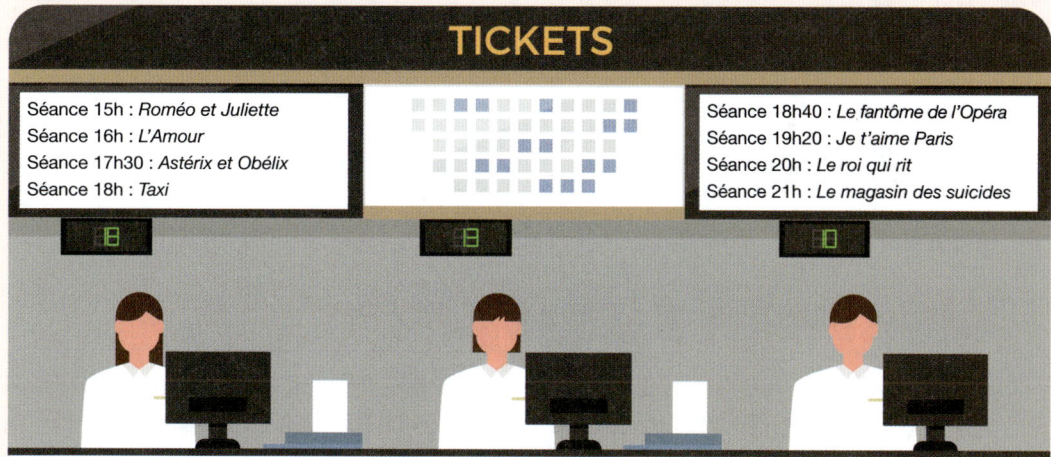

Marie Si tu es libre demain, on peut aller au cinéma.
Valentin D'accord. Quel genre de film veux-tu voir?
Marie Je préfère les films d'action.
alentin Je dois participer à un match de tennis demain après-midi. Je finirai vers 17h. Les films qui commencent entre 18h et 20h nous correspondront mieux. Et après le ciné, on peut diner au restaurant.
Marie OK. Alors, on va voir le film de Luc Besson!

→ _____

Unité 54  날씨 묻고 답하기
Demander le temps qu'il fait

Track **055**

A Quel temps fait-il en été à Séoul?
서울은 여름에 날씨가 어때?

B En été, il fait très chaud et humide. En plus, c'est la saison des pluies.
여름에는 너무 덥고 습해. 게다가 장마철이기도 하지.

문법 Grammaire

1 날씨 표현하기

> ① Il fait + 형용사 비인칭 구문   ② Il y a + 명사 비인칭 구문

날씨를 묻고 답할 때, 비인칭 주어 il 다음에 동사 faire(하다, 만들다)를 써서 'il fait + 형용사'로 표현하거나, Il y a(~이/가 있다)의 존재를 나타내는 표현 다음에 명사를 넣어서 날씨 상태를 나타내기도 합니다.

A **Quel temps fait-il** aujourd'hui? 오늘 날씨가 어떤가요?
B **Il fait** chaud. 날씨가 더워요. **Il fait** gris. 하늘이 잿빛이에요. **Il y a** des nuages. 구름이 꼈어요.
  Il ne **fait** ni chaud ni froid. 날씨가 덥지도 않고 춥지도 않아요.

2 날씨 동사 pleuvoir(비가 내리다)와 neiger(눈이 내리다)

마지막으로 날씨를 나타내는 특수 동사로, pleuvoir(비가 내리다)와 neiger(눈이 내리다)가 있습니다. 이 동사는 특수 동사로, 비인칭 주어 il만 쓰기 때문에 격 변화를 하지 않습니다.

Il **pleut**. 비가 와요.   Hier il **a plu**. 어제 비가 왔어요.   Demain, il **neigera**. 내일 눈이 내릴 거예요.

연습 문제 Exercices

1 다음 빈칸에 알맞은 날씨 표현을 채우세요.

(1) Il y a _____.

(2) Il _____.

(3) Il y a _____.

2 빈칸에 알맞은 날씨 표현을 넣어 보세요.

(1) Il ne faisait _____. 날씨가 덥지도 춥지도 않았어요.
(2) Le soleil _____. 해가 쨍쨍 내리쬔다.
(3) Il n'y a pas _____. 구름 한 점 없다.

3 사계절과 각 계절에 맞는 날씨, 소품, 현상을 알맞게 연결하세요.

(1) au printemps   •   • la canicule   •   •
                                                         la cerise

(2) en été   •   • frais   •   •
                                                         le ventilateur

(3) en automne   •   • doux   •   •
                                                         le chauffage

(4) en hiver   •   • le grand froid •   •
                                                         les feuilles mortes

Unité 55

편지 쓰기
Écrire une lettre

 Track 056

Objet : lettre de motivation pour le stage d'assistante chez Le Grand
Monsieur le Chef Le Grand

Je suis en fin d'études au Cordon Bleu et je recherche actuellement un stage. Je suis très intéressée par la cuisine italienne. (…)

편지 제목 : 르 그랑 레스토랑의 보조 인턴 채용 관련 자기 소개서
르 그랑 셰프님께
저는 꼬르동 블루에서 마지막 학기를 다니고 있으며 인턴십을 현재 찾고 있습니다. 저는 이탈리아 요리에 매우 관심이 있습니다. (…)

문법 Grammaire

1 편지 시작할 때 호칭 쓰기

편지 수신인의 이름을 알면 적고, 모르는 경우에는 직급이나 호칭을 써도 됩니다. 서두에 간단한 인사 표현으로 편지를 시작하는 것이 기본적인 형태입니다. 프랑스인이 가장 많이 쓰는 형용사 Cher (친애하는/사랑하는)은 수식하는 명사의 성·수에 맞게 일치시키면 됩니다. 그리고 인칭 형용사는 형용사 앞에 놓아야 하는 것에 주의하기 바랍니다.

남성 단수	여성 단수	남성 복수	여성 복수
Mon cher ami	**Ma chère** amie	**Mes chers** amis	**Mes chères** amies

Monsieur le directeur, Madame la directrice 부장님께

Chère cliente, cher client 사랑하는 고객 여러분께

Mon cher ami 사랑하는 나의 친구에게

Chère Sylvie 사랑하는 실비에게

Mesdames et Messieurs 신사숙녀 여러분

2 편지 마무리할 때 경구쓰기

격식을 갖춘 편지, 윗사람에게 보내는 편지일 경우에는 편지 마지막에 '귀하의 편지에 대한 답장을 기다리며 존경과 애정을 담은 편지를 보냈다'는 경구를 붙여 줍니다.

Je vous prie d'agréer, Monsieur, l'expression de mes sentiments distingués.
당신을 향한 저의 존경심 가득한 마음을 받아주시길 간곡히 부탁드립니다.

Dans l'attente de votre réponse, veuillez agréer, Madame, mes sincères salutations.
당신의 답장을 기다리며, 부인에게 진심 어린 인사의 말을 전합니다.

하지만 친한 친구, 연인 사이나 가족처럼 가까운 사이일 때는 친근한 인사로 마무리합니다. 프랑스 사람들은 상대를 만났을 때, 인사 표현으로 bise(볼 인사)를 합니다. 그래서 편지 마지막에서 '뽀뽀, 포옹, 키스'를 표현하는 인사 표현인 bisou를 자주 씁니다. 또는 동사 embrasser(뽀뽀, 포옹, 키스하다)를 활용하여 상대에게 애정이 담긴 끝 인사를 합니다.

Bisous. 볼 뽀뽀를 보내.	À bientôt. 조만간 보자.
Au revoir. 안녕.	Je t'embrasse. 너에게 애정을 담은 키스를 보내.

3 형용사 bon의 비교급, 최상급으로 새해 인삿말 전하기

프랑스는 새해에 Bonne année!(즐거운 해!)라고 외치며 신년 인사를 합니다. 또 상대에게 올 한 해 좋은 일이 가득하길 기원하며 덕담을 해 주기도 합니다. 한국어 표현으로 '새해 복 많이 받으세요.'란 의미로 프랑스는 bon의 비교급인 meilleur(더 좋은)과 최상급인 les meilleurs(최고의 것들)을 이용하여 새해 인사를 전합니다.

Je vous souhaite une très bonne année. 나는 너에게 더 좋은 해를 기원해.

Tous mes meilleurs vœux pour l'année 2020! 2020년 한 해 모든 소원이 다 이루어지길!

En savoir plus...

편지와 관련된 표현

Madame 여성 호칭	l'objet 편지 제목	le brouillon 초고/임시 글
Monsieur 남성 호칭	envoyer 보내다	le spam 스팸 메일
cordialement 마음을 담아(경구)	écrire 쓰다	la publicité 광고
sincèrement 진심을 담아(경구)	supprimer 지우다	la lettre recommandée 등기 우편
la lettre 편지	embrasser 안아주다, 뽀뽀하다	la carte postale 엽서
l'e-mail 이메일	enregistrer 저장하다	la carte de vœux 연하장
le courrier 우편 편지	modifier 수정하다	la carte d'invitation 초대장
le code postal 우편 번호	contacter/prendre contact avec 연락하다	la nouvelle 소식
le timbre 우표	répondre 대답하다	le renseignement 문의
la poste 우체국	remercier 감사히 여기다	la réclamation 요청, 항의
le colis 소포	s'excuser 사과하다	

연습문제 Exercices

1 다음 빈칸에 알맞은 편지 양식의 표현을 아래에서 골라 넣어 보세요.

```
A        B
         C
   D
     E
        F
          G
            H
```

① Signature
② Nom et adresse du destinataire
③ Objet
④ Texte
⑤ Formule d'interpellation
⑥ Nom et adresse de l'expéditeur
⑦ Date et lieu
⑧ Formule de politesse

2 다음 빈칸에 알맞은 편지 표현을 괄호 안의 표현을 참고로 하여 채워 보세요.

(1) _____(vouloir) agréer, Monsieur, mes salutations distinguées.

(2) Mes _____(cher) amies

(3) Avec mes sentiments _____ (meilleur)

(4) Dans l'_____(attendre) de votre réponse

3 다음 문장 중 문법적으로 틀린 문장을 찾아 바르게 고치세요.

① Bien sincèrement   ② Messieurs et Mesdames

③ Monsieur le directeur   ④ Avec mes salutations les meilleures

➡ _____

4 여러분의 부모님께 드릴 감사의 편지를 프랑스어로 작성해 보세요.

Mes chers parents,
Bonjour!

부록*

- 추가 문법
- 정답
- 문법 색인

추가 문법

I. 형태에 유의해야 할 동사 변화형

1. 주의해야 할 1군 동사

동사 원형 (과거 분사/현재 분사)	직설법		
	현재	복합 과거	반과거
acheter 사다 acheté achetant	j'achète tu achètes il/elle achète nous achetons vous achetez ils/elles achètent	j'ai acheté tu as acheté il/elle a acheté nous avons acheté vous avez acheté ils/elles ont acheté	j'achetais tu achetais il/elle achetait nous achetions vous achetiez ils/elles achetaient
	단순 미래	조건법 현재	접속법 현재
	j'achèterai tu achèteras il/elle achètera nous achèterons vous achèterez ils/elles achèteront	j'achèterais tu achèterais il/elle achèterait nous achèterions vous achèteriez ils/elles achèteraient	j'achète tu achètes il/elle achète nous achetions vous achetiez ils/elles achètent

동사 원형 (과거 분사/현재 분사)	직설법		
	현재	복합 과거	반과거
payer 지불하다 payé payant	je paie/paye tu paies/payes il/elle paie/paye nous payons vous payez ils/elles paient/payent	j'ai payé tu as payé il/elle a payé nous avons payé vous avez payé ils/elles ont payé	je payais tu payais il/elles payait nous payions vous payiez ils/elles payaient
	단순 미래	조건법 현재	접속법 현재
	je paierai/payerai tu paieras/payeras il/elle paiera/payera nous paierons/payerons vous paierez/payerez ils/elles paieront/payeront	je paierais/payerais tu paierais/payerais il/elle paierait/payerait nous paierions/payerions vous paieriez/payeriez ils/elles paieraient/payeraient	je paie/paye tu paies/payes il/elle paie/paye nous payions vous payiez ils/elles paient/payent

2. 과거 분사 불규칙형

(1) 과거 분사가 -u로 끝나는 동사

falloir	해야 한다	**fallu**
valoir	가치가 있다	**valu**
boire	마시다	**bu**
venir	오다	**venu**
perdre	잃어버리다	**perdu**
lire	읽다	**lu**
descendre	내려가다	**descendu**
vouloir	원하다	**voulu**
connaître	~을/를 알다	**connu**

vivre	살다	**vécu**
pouvoir	할 수 있다	**pu**
voir	보다	**vu**
devoir	해야 한다	**dû**
savoir	를 알다	**su**
recevoir	받다	**reçu**
tenir	유지하다, 잡다	**tenu**
croire	믿다	**cru**

(2) 과거 분사가 -t로 끝나는 동사

conduire	운전하다	**conduit**
construire	세우다	**construit**
produire	생산하다	**produit**
traduire	번역하다	**traduit**
dire	말하다	**dit**
écrire	글쓰다	**écrit**

(3) 과거 분사가 -ert로 끝나는 동사

recouvrir	뒤덮다	**recouvert**
ouvrir	열다	**ouvert**
offrir	제공하다	**offert**
souffrir	고통받다	**souffert**
découvrir	발견하다	**découvert**

(4) 과거 분사가 -is로 끝나는 동사

promettre	약속하다	**promis**
admettre	인정하다	**admis**
comprendre	이해하다	**compris**

apprendre	배우다	**appris**
asseoir	앉다	**assis**

(5) 2군 규칙 동사처럼 3군 불규칙 동사의 과거 분사가 -i로 끝나는 동사

rire	웃다	**ri**
suivre	따라가다	**suivi**
finir	끝나다	**fini**
saisir	붙잡다	**saisi**

choisir	선택하다	**choisi**
fleurir	꽃이 피다	**fleuri**
grossir	뚱뚱해지다	**grossi**
agir	행동하다	**agi**

(6) 3군 불규칙 동사의 과거 분사가 특수형인 경우

être	이다	**été**
avoir	가지다	**eu**
faire	하다	**fait**

naitre	태어나다	**né**
mourir	죽다	**mort**

3. 접속법 동사 불규칙형

동사 원형	접속법 현재	동사 원형	접속법 현재
savoir 알다	sache saches sache sachions sachiez sachent	**être** ~이다	sois sois soit soyons soyez soient
aller 가다	aille ailles aille allions alliez aillent	**avoir** 가지다	aie aies ait ayons ayez aient
pouvoir 할 수 있다	puisse puisses puisse puissions puissiez puissent	**devoir** 해야 한다	doive doives doive devions deviez doivent

4. 명령형 동사 불규칙형

동사 원형	명령형	동사 원형	명령형
savoir 알다	sache sachons sachez	**être** ~이다	sois soyons soyez
aller 가다	va allons allez	**avoir** 가지다	aie ayons ayez
vouloir 원하다	veuille veuillons veuillez		

★ **pouvoir, falloir** 동사는 명령형이 존재하지 않습니다.

II 전치사에 유의해야 할 동사 및 숙어 표현

1. 전치사 없이 동사 원형(infinitif)을 바로 쓰는 준조동사

aimer	좋아하다	Vous **aimez regarder** la télé? 당신은 텔레비전을 시청하는 것을 좋아하세요?
souhaiter	희망하다	Elle **souhaite partir** en vacances. 그녀는 휴가를 떠나고 싶어 합니다.
oser	감히 ~하다	Comment tu **as osé** lui **mentir**? 너는 어떻게 감히 그에게 거짓말을 했니?
vouloir	원하다	Nous **voulons acheter** des bijoux. 우리는 보석들을 사고 싶어요.
venir	~하러 오다	Elle **viendra** les **voir**. 그녀는 그들을 보러 올 거예요.
voir	~하는 것을 보다	Je l'**ai vu jouer** de la guitare. 나는 그가 기타를 치는 것을 보았다.
sembler	~인 것 같다	Il **semble pleuvoir** bientôt. 곧 비가 내릴 것 같다.
laisser	~을/를 내버려 두다	**Laisse**-moi **faire** tout seul. 내가 혼자 하게 내버려 둬.
savoir	알다	On **sait parler** espagnol. 우리는 스페인어를 말할 줄 안다.
prétendre	주장하다, ~인 척하다	Il **prétend comprendre** tout. 그는 모든 걸 이해하는 척한다.

2. '전치사 à + 동사 원형'을 쓰는 동사

s'intéresser à	~에 관심이 있다	Il **s'intéresse à apprendre** une langue étrangère. 그는 외국어를 배우는 것에 관심이 있다.
s'appliquer à	~에 적용되다	Ce système **s'appliquera à** diminuer la pollution. 이 시스템은 오염을 줄이는 데 적용될 것이다.
autoriser à	~를 허용하다	Je ne l'**autorise** pas **à sortir** la nuit. 나는 밤에 그가 외출을 하는 것을 허락하지 않는다.
contribuer à	~에 기여하다	Le don de sang **contribue à sauver** des gens. 헌혈은 사람들의 목숨을 구하는 데 기여한다.
renoncer à	~을/를 포기하다	Le gouvernement **a renoncé à voter** le projet de loi. 정부는 법안을 가결하는 것을 포기했다.

donner à	~하는 것을 주다	Ne donnez pas à manger aux animaux. 동물에게 먹을 것을 주지 마시오.
inviter à	~을/를 초대하다	Je voudrais vous inviter à dîner. 나는 당신을 저녁 식사에 초대하고 싶어요.
viser à	~을/를 목표로 하다	Cet homme d'affaires vise à conclure un contrat avec vous. 그 사업가는 당신과 계약을 체결하는 것을 목표로 삼고 있어요.
russir à	~에 성공하다	Elle a réussi à obtenir un permis de conduire. 그녀는 운전 면허증을 획득하는 데 성공했다.
avoir à	~해야 한다	J'ai à travailler pour passer l'examen. 나는 시험을 치르기 위해 공부해야만 한다.

3. '전치사 de + 동사 원형'을 쓰는 동사

accuser de	~을/를 규탄하다	Il a été accusé de tuer sa femme. 그는 아내를 죽였다는 비난을 받고 있다.
cesser de	~을/를 멈추다	Il a cessé de neiger. 눈이 내리는 것이 멈췄다.
éviter de	~을/를 피하다	Je veux éviter de parler avec elle. 나는 그녀와 함께 말하는 것을 피하고 싶다.
tenter de	~하려고 애쓰다	Ils tentent de nous persuader. 그들은 우리를 설득하려고 애쓴다.
se vanter de	~하는 걸 자랑하다	Il s'est vanté de gagner la médaille d'or. 그는 금메달을 딴 것에 대해 자랑했다.
refuser de	~을/를 거절하다	Pourquoi avez-vous refusé d'accepter sa proposition? 당신은 왜 그녀의 제안을 받아들이지 않고 거절했나요?
permettre de	~을/를 가능케하다	Cela permettra de régler le problème sanitaire. 그것은 위생 문제를 해결하도록 해 줄 것이다.
promettre de	~을/를 약속하다	Je te promets de t'accompagner la prochaine fois. 다음에는 너를 따라가겠다고 약속해.
proposer de	~을/를 제안하다	Elle m'a proposé de prendre un verre demain. 그녀는 나에게 내일 술 한잔하자고 제안했다.
empêcher de	~을/방해하다	Le bruit de musique ne m'empêche pas du tout de dormir. 울음 소리는 내가 잠자는 걸 결코 방해하지 않는다.

4. 관용적인 숙어 및 속담 표현

Un ange passe.	천사가 지나간다! (시끄럽다가 갑자기 조용해질 때, 분위기가 썰렁해질 때 쓰는 표현)
Quand on parle du loup, on en voit la queue.	늑대 이야기를 하니 그 꼬리가 보인다. (호랑이도 제 말하면 온다와 같은 표현)
Avoir la patate	감자를 가지고 있다. (건강 상태가 매우 좋을 때, 좋은 컨디션을 나타낼 때 쓰는 표현)
C'est la cerise sur le gâteau.	케이크 위의 체리다. (가장 중요한 것을 가리킬 때 쓰는 '화룡점정'과 같은 표현)
Il pleut comme vache qui pisse.	오줌 싸는 젖소처럼 비가 온다. (비가 억수로 많이 쏟아질 때, 장대비를 표현)
Faire du lèche-vitrine.	쇼윈도 유리창을 혀로 핥다. (물건을 사지 않고 눈으로만 구경하는 '아이쇼핑'을 뜻한다.)
Poser un lapin.	토끼를 내려놓는다. (상대가 약속 장소에 나타나지 않을 때, 누군가에게 바람맞을 때 쓰는 표현)
Aide-toi, le ciel t'aidera.	하늘은 스스로 돕는 자를 돕는다. (원하는 것을 얻기 위해 열심히 노력하면 그에 대한 보상을 받는다는 뜻)
À beau cheval, bon gué.	좋은 말에는 좋은 냇물. (어려운 일을 이뤄낸 자에게는 특별한 보상이 있다는 뜻)
À coeur vaillant rien d'impossible.	용감한 자에게 불가능이란 없다. (용감한 자는 무슨 일이든지 할 수 있다는 뜻)
À Rome comme à Rome.	로마에 가면 로마 법을 따르라. (그 나라의 법과 문화를 따르는 게 마땅하다는 뜻)
Amis valent mieux qu'argent.	친구가 돈보다 낫다. (물질적인 것보다는 사람이 더 재산이고 중요하다는 뜻)
Après la pluie, le beau temps.	비 온 뒤에 날씨가 좋다. (고생 끝에 낙이 온다는 '고진감래'의 뜻)
C'est la plus mauvaise roue qui fait le plus de bruit.	제일 나쁜 바퀴가 제일 시끄럽다. (빈 수레가 요란하다는 뜻)
Ce qu'on aime est toujours beau.	좋아하는 것은 언제나 아름답다. (자기가 좋아하는 것은 다 좋아 보인다는 의미로 제 눈에 안경, 짚신도 짝이 있다는 뜻)
Ce qu'on apprend au berceau dure jusqu'au tombeau.	요람에서 배운 것은 무덤까지 간다. (세 살 버릇 여든 간다는 뜻)

Ce que femme veut, Dieu le veut.	여자가 원하는 것이라면 신도 그것을 원한다. (여자가 한을 품으면 오뉴월에도 서리가 내린다는 뜻)
Chien en vie vaut mieux que lion mort.	산 개가 죽은 사자보다 낫다. (아무리 힘들어도 살아있다는 것에 감사해야 한다는 의미로 개똥밭에 굴러도 이승이 좋다.)
Chose bien commencée est à demi achevée.	시작이 잘된 것은 절반이 완성된 셈이다. (시작이 반이라는 뜻)
Comme on fait son lit, on se couche.	아침에 침대를 정리한 대로 저녁에 잠자리에 들게 된다. (뿌린 대로 거둔다는 자업자득과 인과응보의 뜻)
Hâtez-vous lentement.	천천히 서둘러라. (급할수록 성급하게 일을 처리하면 실수를 할 수 있으니 돌다리도 두들겨 보고 건너라는 뜻)
Il faut casser le noyau pour en avoir l'amande.	아몬드 열매를 얻기 위해서는 씨를 깨야 한다. (희생이 없으면 이득도 없다는 의미로 세상에 불로소득은 없다는 뜻)
Il ne faut pas courir deux lièvres à la fois.	두 마리의 토끼를 동시에 쫓지 마라. (욕심이 많으면 다 잃어버릴 수 있으니 과욕을 부리지 말라는 뜻)
Il ne faut pas juger le sac à l'étiquette.	가방을 라벨로 판단하지 마라. (사람을 겉모습만 보고 섣불리 판단하지 말라는 의미로 외면보다 내면이 중요하다는 뜻)
Il n'est jamais feu sans fumée.	연기 없는 불은 없다. ('아니 땐 굴뚝에 연기 나랴'는 뜻으로 원인이 있으면 그에 따른 결과가 생기기 마련이라는 뜻)
Il vaut mieux tard que jamais.	늦더라도 안 하는 것보다 낫다. (무언가를 할까 말까 망설일 때 일단 해 보는 것이 덜 후회된다는 뜻)
Le bois a des oreilles et le champ des yeux.	숲은 귀가 있고 밭은 눈이 있다. (말조심하라는 의미로 낮말은 새가 듣고 밤말은 쥐가 듣는다는 뜻)
Le chaudron mâchure la poêle.	솥이 냄비를 검다고 한다. (비슷한 처지인데 자기가 우월한 줄 아는 상대를 비꼴 때 하는 말로 똥 묻은 개가 겨 묻은 개 나무란다는 뜻)
Le temps est un grand maître.	시간은 최고의 스승이다. (시간이 약이며 시간은 모든 것을 해결해 준다는 뜻)
Les paroles s'en vont, les écrits restent.	말은 사라져도 글은 남는다. (말은 한번 내뱉으면 그만이지만 글은 오래도록 남는다는 뜻)
Les yeux sont le miroir de l'âme.	눈은 영혼의 거울이다. (상대가 진실한지는 그 사람의 눈을 보면 알 수 있다는 뜻)
Loin des yeux, loin du cœur.	눈에서 멀어지면 마음에서도 멀어진다. (멀리 떨어진 연인과의 관계가 점점 시들시들하다는 의미로 장거리 연애가 힘들다는 뜻)
Mieux vaut être tête de souris que queue de lion.	사자의 꼬리보다는 생쥐 머리가 되는 것이 낫다. (용의 꼬리보다 뱀의 머리가 낫다는 뜻)

Moisson d'autrui plus belle que la sienne.	남의 수확물이 자기 것보다 더 좋아 보인다. (남의 떡이 더 커보인다는 뜻)
Nul bien sans peine.	고통 없는 소득 없다. (세상에 공짜는 없다는 뜻)
Nulle rose sans épines.	가시 없는 장미는 없다. (대단한 사람 같아도 결점은 있는 법. 옥의 티와 같은 뜻)
Oeil pour oeil, dent pour dent.	눈에는 눈, 이에는 이 (당한 만큼 되갚아 준다는 의미로 상대에게 똑같이 복수하겠다는 뜻)
Qui vole un œuf vole un bœuf.	계란 도둑이 소 도둑 된다. (바늘 도둑이 소 도둑 된다는 뜻)

III 동사 변화표 (Conjugaison des verbes)

동사 원형 과거 분사 현재 분사	직설법		
	현재	복합 과거	반과거
aller 가다 allé allant	je vais tu vas il/elle va nous allons vous allez ils/elles vont	je suis allé(e) tu es allé(e) il/elle est allé(e) nous sommes allé(e)s vous êtes allé(e)(s) ils/elles sont allé(e)s	j'allais tu allais il/elle allait nous allions vous alliez ils/elles allaient
s'asseoir 앉다 assis asseyant	je m'assieds tu t'assieds il/elle s'assied nous nous asseyons vous vous asseyez ils/elles s'asseyent	je me suis assis(e) tu t'es assis(e) il/elle s'est assis(e) nous nous sommes assis(es) vous vous êtes assis(e)(s) ils/elles se sont assis(es)	je m'asseyais tu t'asseyais il/elle s'asseyait nous nous asseyions vous vous asseyiez ils/elles s'asseyaient
avoir 가지다 eu ayant	j'ai tu as il/elle a nous avons vous avez ils/elles ont	j'ai eu tu as eu il/elle a eu nous avons eu vous avez eu ils/elles ont eu	j'avais tu avais il/elle avait nous avions vous aviez ils/elles avaient
choisir 선택하다 choisi choisissant	je choisis tu choisis il/elle choisit nous choisissons vous choisissez ils/elles choisissent	j'ai choisi tu as choisi il/elle a choisi nous avons choisi vous avez choisi ils/elles ont choisi	je choisissais tu choisissais il/elle choisissait nous choisissions vous choisissiez ils/elles choisissaient
connaître 알다 connu connaissant	je connais tu connais il/elle connaît nous connaissons vous connaissez ils/elles connaissent	j'ai connu tu as connu il/elle a connu nous avons connu vous avez connu ils/elles ont connu	je connaissais tu connaissais il/elle connaissait nous connaissions vous connaissiez ils/elles connaissaient
croire 믿다 cru croyant	je crois tu crois il/elle croit nous croyons vous croyez ils/elles croient	j'ai cru tu as cru il/elle a cru nous avons cru vous avez cru ils/elles ont cru	je croyais tu croyais il/elle croyait nous croyions vous croyiez ils/elles croyaient

직설법	조건법	접속법
단순 미래	현재	현재
j'irai tu iras il/elle ira nous irons vous irez ils/elles iront	j'irais tu irais il/elle irait nous irions vous iriez ils/elles iraient	j'aille tu ailles il/elle aille nous allions vous alliez ils/elles aillent
je m'assiérai tu t'assiéras il/elle s'assiéra nous nous assiérons vous vous assiérez ils/elles s'assiéront	je m'assiérais tu t'assiérais il/elle s'assiérait nous nous assiérions vous vous assiériez ils/elles s'assiéraient	je m'asseye tu t'asseyes il/elle s'asseye nous nous asseyions vous vous asseyiez ils/elles s'asseyent
j'aurai tu auras il/elle aura nous aurons vous aurez ils/elles auront	j'aurais tu aurais il/elle aurait nous aurions vous auriez ils/elles auraient	j'aie tu aies il/elle ait nous ayons vous ayez ils/elles aient
je choisirai tu choisiras il/elle choisira nous choisirons vous choisirez ils/elles choisiront	je choisirais tu choisirais il/elle choisirait nous choisirions vous choisiriez ils/elles choisiraient	je choisisse tu choisisses il/elle choisisse nous choisissions vous choisissiez ils/elles choisissent
je connaîtrai tu connaîtras il/elle connaîtra nous connaîtrons vous connaîtrez ils/elles connaîtront	je connaîtrais tu connaîtrais il/elle connaîtrait nous connaîtrions vous connaîtriez ils/elles connaîtraient	je connaisse tu connaisses il/elle connaisse nous connaissions vous connaissiez ils/elles connaissent
je croirai tu croiras il/elle croira nous croirons vous croirez ils/elles croiront	je croirais tu croirais il/elle croirait nous croirions vous croiriez ils/elles croiraient	je croie tu croies il/elle croie nous croyions vous croyiez ils/elles croient

동사 원형 과거 분사 현재 분사	직설법		
	현재	복합 과거	반과거
descendre 내려가다 descendu descendant	je descends tu descends il/elle descend nous descendons vous descendez ils/elles descendent	j'suis descendu(e) tu es descendu(e) il/elle est descendu(e) nous sommes descendu(e)s vous êtes descendu(e)(s) ils/elles sont descendu(e)s	je descendais tu descendais il/elle descendait nous descendions vous descendiez ils/elles descendaient
devoir 해야 한다 dû devant	je dois tu dois il/elle doit nous devons vous devez ils/elles doivent	j'ai dû tu as dû il/elle a dû nous avons dû vous avez dû ils/elles ont dû	je devais tu devais il/elle devait nous devions vous deviez ils/elles devaient
dormir 잠자다 dormi dormant	je dors tu dors il/elle dort nous dormons vous dormez ils/elles dorment	j'ai dormi tu as dormi il/elle a dormi nous avons dormi vous avez dormi ils/elles ont dormi	je dormais tu dormais il/elle dormait nous dormions vous dormiez ils/elles dormaient
être 이다 été étant	je suis tu es il/elle est nous sommes vous êtes ils/elles sont	j'ai été tu as été il/elle a été nous avons été vous avez été ils/elles ont été	étais tu étais il/elle était nous étions vous étiez ils/elles étaient
faire 하다 fait faisant	je fais tu fais il/elle fait nous faisons vous faites ils/elles font	j'ai fait tu as fait il/elle a fait nous avons fait vous avez fait ils/elles ont fait	je faisais tu faisais il/elle faisait nous faisions vous faisiez ils/elles faisaient
lire 읽다 lu lisant	je lis tu lis il/elle lit nous lisons vous lisez ils/elles lisent	je ai lu tu as lu il/elle a lu nous avons lu vous avez lu ils/elles ont lu	je lisais tu lisais il/elle lisait nous lisions vous lisiez ils/elles lisaient

직설법	조건법	접속법
단순 미래	현재	현재
je descendrai tu descendras il/elle descendra nous descendrons vous descendrez ils/elles descendront	je descendrais tu descendrais il/elle descendrait nous descendrions vous descendriez ils/elles descendraient	je descende tu descendes il/elle descende nous descendions vous descendiez ils/elles descendent
je devrai tu devras il/elle devra nous devrons vous devrez ils/elles devront	je devrais tu devrais il/elle devrait nous devrions vous devriez ils/elles devraient	je doive tu doives il/elle doive nous devions vous deviez ils/elles doivent
je dormirai tu dormiras il/elle dormira nous dormirons vous dormirez ils/elles dormiront	je dormirais tu dormirais il/elle dormirait nous dormirions vous dormiriez ils/elles dormiraient	je dorme tu dormes il/elle dorme nous dormions vous dormiez ils/elles dorment
je serai tu seras il/elle sera nous serons vous serez ils/elles seront	je serais tu serais il/elle serait nous serions vous seriez ils/elles seraient	je sois tu sois il/elle soit nous soyons vous soyez ils/elles soient
je ferai tu feras il/elle fera nous ferons vous ferez ils/elles feront	je ferais tu ferais il/elle ferait nous ferions vous feriez ils/elles feraient	je fasse tu fasses il/elle fasse nous fassions vous fassiez ils/elles fassent
je lirai tu liras il/elle lira nous lirons vous lirez ils/elles liront	je lirais tu lirais il/elle lirait nous lirions vous liriez ils/elles liraient	je lise tu lises il/elle lise nous lisions vous lisiez ils/elles lisent

동사 원형 과거 분사 현재 분사	직설법		
	현재	복합 과거	반과거
mettre 입다, 놓다 mis mettant	je mets tu mets il/elle met nous mettons vous mettez ils/elles mettent	j'ai mis tu as mis il/elle a mis nous avons mis vous avez mis ils/elles ont mis	je mettais tu mettais il/elle mettait nous mettions vous mettiez ils/elles mettaient
mourir 죽다 mort mourant	je meurs tu meurs il/elle meurt nous mourons vous mourez ils/elles meurent	je suis mort(e) tu es mort(e) il/elle est mort(e) nous sommes mort(e)s vous êtes mort(e)(s) ils/elles sont mort(e)s	je mourais tu mourais il/elle mourait nous mourions vous mouriez ils/elles mouraient
parler 말하다 parlé parlant	je parle tu parles il/elle parle nous parlons vous parlez ils/elles parlent	j'ai parlé tu as parlé il/elle a parlé nous avons parlé vous avez parlé ils/elles ont parlé	je parlais tu parlais il/elle parlait nous parlions vous parliez ils/elles parlaient
pouvoir 할 수 있다 pu pouvant	je peux tu peux il/elle peut nous pouvons vous pouvez ils/elles peuvent	j'ai pu tu as pu il/elle a pu nous avons pu vous avez pu ils/elles ont pu	je pouvais tu pouvais il/elle pouvait nous pouvions vous pouviez ils/elles pouvaient
prendre 먹다, 타다 pris prenant	je prends tu prends il/elle prend nous prenons vous prenez ils/elles prennent	j'ai pris tu as pris il/elle a pris nous avons pris vous avez pris ils/elles ont pris	je prenais tu prenais il/elle prenait nous prenions vous preniez ils/elles prenaient
recevoir 받다 reçu recevant	je reçois tu reçois il/elle reçoit nous recevons vous recevez ils/elles reçoivent	j'ai reçu tu as reçu il/elle a reçu nous avons reçu vous avez reçu ils/elles ont reçu	je recevais tu recevais il/elle recevait nous recevions vous receviez ils/elles recevaient

직설법	조건법	접속법
단순 미래	현재	현재
je mettrai tu mettras il/elle mettra nous mettrons vous mettrez ils/elles mettront	je mettrais tu mettrais il/elle mettrait nous mettrions vous mettriez ils/elles mettraient	je mette tu mettes il/elle mette nous mettions vous mettiez ils/elles mettent
je mourrai tu mourras il/elle mourra nous mourrons vous mourrez ils/elles mourront	je mourrais tu mourrais il/elle mourrait nous mourrions vous mourriez ils/elles mourraient	je meure tu meures il/elle meure nous mourions vous mouriez ils/elles meurent
je parlerai tu parleras il/elle parlera nous parlerons vous parlerez ils/elles parleront	je parlerais tu parlerais il/elle parlerait nous parlerions vous parleriez ils/elles parleraient	je parle tu parles il/elle parle nous parlions vous parliez ils/elles parlent
je pourrai tu pourras il/elle pourra nous pourrons vous pourrez ils/elles pourront	je pourrais tu pourrais il/elle pourrait nous pourrions vous pourriez ils/elles pourraient	je puisse tu puisses il/elle puisse nous puissions vous puissiez ils/elles puissent
je prendrai tu prendras il/elle prendra nous prendrons vous prendrez ils/elles prendront	je prendrais tu prendrais il/elle prendrait nous prendrions vous prendriez ils/elles prendraient	je prenne tu prennes il/elle prenne nous prenions vous preniez ils/elles prennent
je recevrai tu recevras il/elle recevra nous recevrons vous recevrez ils/elles recevront	je recevrais tu recevrais il/elle recevrait nous recevrions vous recevriez ils/elles recevraient	je reçoive tu reçoives il/elle reçoive nous recevions vous receviez ils/elles reçoivent

동사 원형 과거 분사 현재 분사	직설법		
	현재	복합 과거	반과거
rendre 돌려주다 rendu rendant	je rends tu rends il/elle rend nous rendons vous rendez ils/elles rendent	j'ai rendu tu as rendu il/elle a rendu nous avons rendu vous avez rendu ils/elles ont rendu	je rendais tu rendais il/elle rendait nous rendions vous rendiez ils/elles rendaient
savoir 알다 su savant	je sais tu sais il/elle sait nous savons vous savez ils/elles savent	j'ai su tu as su il/elle a su nous avons su vous avez su ils/elles ont su	je savais tu savais il/elle savait nous savions vous saviez ils/elles savaient
sentir 느끼다 senti sentant	je sens tu sens il/elle sent nous sentons vous sentez ils/elles sentent	j'ai senti tu as senti il/elle a senti nous avons senti vous avez senti ils/elles ont senti	je sentais tu sentais il/elle sentait nous sentions vous sentiez ils/elles sentaient
suivre 따르다 suivi suivant	je suis tu suis il/elle suit nous suivons vous suivez ils/elles suivent	j'ai suivi tu as suivi il/elle a suivi nous avons suivi vous avez suivi ils/elles ont suivi	je suivais tu suivais il/elle suivait nous suivions vous suiviez ils/elles suivaient
tirer 잡아당기다 tiré tirant	je tire tu tires il/elle tire nous tirons vous tirez ils/elles tirent	j'ai tiré tu as tiré il/elle a tiré nous avons tiré vous avez tiré ils/elles ont tiré	je tirais tu tirais il/elle tirait nous tirions vous tiriez ils/elles tiraient
venir 오다 venu venant	je viens tu viens il/elle vient nous venons vous venez ils/elles viennent	suis venu(e) tu es venu(e) il/elle est venu(e) nous sommes venu(e)s vous êtes venu(e)(s) ils/elles sont venu(e)s	je venais tu venais il/elle venait nous venions vous veniez ils/elles venaient

직설법	조건법	접속법
단순 미래	현재	현재
je rendrai tu rendras il/elle rendra nous rendrons vous rendrez ils/elles rendront	je rendrais tu rendrais il/elle rendrait nous rendrions vous rendriez ils/elles rendraient	je rende tu rendes il/elle rende nous rendions vous rendiez ils/elles rendent
je saurai tu sauras il/elle saura nous saurons vous saurez ils/elles sauront	je saurais tu saurais il/elle saurait nous saurions vous sauriez ils/elles sauraient	je sache tu saches il/elle sache nous sachions vous sachiez ils/elles sachent
je sentirai tu sentiras il/elle sentira nous sentirons vous sentirez ils/elles sentiront	je sentirais tu sentirais il/elle sentirait nous sentirions vous sentiriez ils/elles sentiraient	je sente tu sentes il/elle sente nous sentions vous sentiez ils/elles sentent
je suivrai tu suivras il/elle suivra nous suivrons vous suivrez ils/elles suivront	je suivrais tu suivrais il/elle suivrait nous suivrions vous suivriez ils/elles suivraient	je suive tu suives il/elle suive nous suivions vous suiviez ils/elles suivent
je tirerai tu tireras il/elle tirera nous tirerons vous tirerez ils/elles tireront	je tirerais tu tirerais il/elle tirerait nous tirerions vous tireriez ils/elles tireraient	je tire tu tires il/elle tire nous tirions vous tiriez ils/elles tirent
je viendrai tu viendras il/elle viendra nous viendrons vous viendrez ils/elles viendront	je viendrais tu viendrais il/elle viendrait nous viendrions vous viendriez ils/elles viendraient	je vienne tu viennes il/elle vienne nous venions vous veniez ils/elles viennent

동사 원형 과거 분사 현재 분사	직설법		
	현재	복합 과거	반과거
vieillir 늙다 vieilli vieillissant	je vieillis tu vieillis il/elle vieillit nous vieillissons vous vieillissez ils/elles vieillissent	j'ai vieilli tu as vieilli il/elle a vieilli nous avons vieilli vous avez vieilli ils/elles ont vieilli	je vieillissais tu vieillissais il/elle vieillissait nous vieillissions vous vieillissiez ils/elles vieillissaient
voir 보다 vu voyant	je vois tu vois il/elle voit nous voyons vous voyez ils/elles voient	j'ai vu tu as vu il/elle a vu nous avons vu vous avez vu ils/elles ont vu	je voyais tu voyais il/elle voyait nous voyions vous voyiez ils/elles voyaient
vouloir 원하다 voulu voulant	je veux tu veux il/elle veut nous voulons vous voulez ils/elles veulent	j'ai voulu tu as voulu il/elle a voulu nous avons voulu vous avez voulu ils/elles ont voulu	je voulais tu voulais il/elle voulait nous voulions vous vouliez ils/elles voulaient

직설법	조건법	접속법
단순 미래	현재	현재
je vieillir**ai**	je vieillir**ais**	je vieilliss**e**
tu vieillir**as**	tu vieillir**ais**	tu vieilliss**es**
il/elle vieillir**a**	il/elle vieillir**ait**	il/elle vieilliss**e**
nous vieillir**ons**	nous vieillir**ions**	nous vieilliss**ions**
vous vieillir**ez**	vous vieillir**iez**	vous vieilliss**iez**
ils/elles vieillir**ont**	ils/elles vieillir**aient**	ils/elles vieilliss**ent**
je verr**ai**	je verr**ais**	je voi**e**
tu verr**as**	tu verr**ais**	tu voi**es**
il/elle verr**a**	il/elle verr**ait**	il/elle voi**e**
nous verr**ons**	nous verr**ions**	nous voy**ions**
vous verr**ez**	vous verr**iez**	vous voy**iez**
ils/elles verr**ont**	ils/elles verr**aient**	ils/elles voi**ent**
je voudr**ai**	je voudr**ais**	je veuill**e**
tu voudr**as**	tu voudr**ais**	tu veuill**es**
il/elle voudr**a**	il/elle voudr**ait**	il/elle veuill**e**
nous voudr**ons**	nous voudr**ions**	nous voul**ions**
vous voudr**ez**	vous voudr**iez**	vous voul**iez**
ils/elles voudr**ont**	ils/elles voudr**aient**	ils/elles veuill**ent**

정답

Partie 1 | 관사

Unité 01 명사와 부정 관사

p.24

1 ②, une étudiante

2 (1) des   (2) une
   (3) une   (4) un

3 (1) des   (2) une
   (3) un   (4) une
   (5) une

4 (1) un livre   (2) des hommes
   (3) une fleur

Unité 02 정관사

p.27

1 (1) le   (2) l'
   (3) le   (4) les

2 (1) les   (2) la
   (3) l'   (4) les
   (5) le

3 (1) les chapeaux   (2) les voix
   (3) les hôpitaux   (4) les frigos

4 (1) les Coréennes   (2) le Chinois
   (3) la Française

Unité 03 부분 관사

p.30

1 (1) de la   (2) du
   (3) du   (4) du

2 (1) du   (2) des
   (3) du   (4) de la
   (5) de la

3 ③ des raisins, ④ de l'oignon

4 (1) de l'argent   (2) des légumes
   (3) des fruits

Partie 2 | 직설법 현재

Unité 04 주격 인칭 대명사와 동사 être

p.34

1 (1) es   (2) est
   (3) êtes   (4) sont

2 (1) Elle   (2) Ils
   (3) Elles   (4) Je

3 (1) Nous ne sommes pas étudiants.
   (2) Il n'est pas musicien.
   (3) Ce n'est pas un sac.

4 (1) Je suis coréenne.
   (2) Je ne suis pas japonais.

Unité 05 1군 규칙 동사

p.37

1 (1) parles
   (2) n'étudie pas
   (3) achetez
   (4) paient/payent
   (5) ne travaille pas

2 (1) je n'aime pas le café
   (2) j'achète du pain
   (3) ils ne parlent pas français
   (4) je ne conmence pas maintenant

3 (1) aime   (2) n'aime pas
   (3) aime   (4) habite
   (5) aime   (6) voyage
   (7) aimez

읽기 번역

그는 와인을 좋아합니다. 하지만 그는 맥주를 좋아하지 않습니다.
그녀는 동물들을 좋아합니다. 그래서 그녀는 그녀의 고양이와 함께 삽니다.
나는 자연을 좋아합니다. 그리고 나는 여행을 많이 합니다.
당신은 무엇을 좋아합니까?

Unité 06 2군 규칙 동사

p.40

1. (1) grandissons   (2) ne vieillit pas
   (3) finissez   (4) salis

2. (1) je ne finis pas tôt
   (2) je réussis l'examen
   (3) Elles choisissent l'hôtel

3. ① Nous sortons., ④ Elles partent.

4. (1) choisit   (2) choisis
   (3) choisit   (4) ne mange pas
   (5) mincit

읽기 번역
그는 커피와 케이크를 고르고 나는 차를 선택합니다. 하지만 그녀는 아무것도 선택하지 않습니다. 그녀는 잘 먹지 않아요. 그래서 그녀는 점점 더 살이 빠져 가요.

Unité 07 3군 불규칙 동사

p.44

1. (1) prend   (2) mettent
   (3) fais   (4) pouvez
   (5) ne fais pas

2. (1) je ne pars pas demian
   (2) elle n'a pas d'enfants
   (3) je sais lire
   (4) je prends une douche tous les jours

3. (1) sommes   (2) êtes
   (3) vais   (4) allez
   (5) lit   (6) voit

Unité 08 대명 동사

p.48

1. (1) se promène   (2) me lève
   (3) s'habille   (4) nous voyons

2. (1) je ne me couche pas
   (2) il ne se réveille pas
   (3) ils ne s'aiment pas vraiment

3. (1) m'appelle   (2) t'appelles-tu
   (3) m'appelle   (4) se promène
   (5) me promène   (6) se voit

4. (1) se vendent   (2) se fait une piqûre
   (3) m'hospitaliser

Partie 3 | 형용사

Unité 09 품질 형용사

p.52

1. (1) bel   (2) petit
   (3) rouges   (4) nouveau

2. (1) faciles   (2) suisse
   (3) vieille   (4) bons
   (5) mauvais

3. ③ des vélos rapides, ④ les taxis libres

4. (1) les nouveaux amis
   (2) une professeure japonaise
   (3) les parents coréens
   (4) les vieux trains

Unité 10 지시 형용사

p.55

1. (1) ces   (2) ce
   (3) cette   (4) ces

2. (1) ce   (2) cet
   (3) ces   (4) cet
   (5) cette

3. ② ce petit arbre
   ③ ces petites lampes

4. (1) ces bébés mignons
   (2) cette belle scène
   (3) cette étudiante intelligente

Unité 11 소유 형용사

p.58

1. (1) sa   (2) leurs
   (3) ta   (4) mon

정답 243

2 (1) son　　　　　(2) notre
　(3) son　　　　　(4) vos
　(5) tes

3 ③ leurs grandes chambres, ④ tes nouveaux amis

4 (1) ses amies
　(2) tes chiens
　(3) notre chambre

Unité 12　의문 형용사
p.62

1 (1) quelle　　　　(2) quel
　(3) quelle　　　　(4) quels

2 (1) Quelle　　　　(2) Quelles
　(3) Quelle　　　　(4) Quel

3 (1) Quel plat prenez-vous?
　(2) Quelle boisson voulez-vous?
　(3) Quelle couleur préférez-vous?

4 (1) ③, Qulles sont leurs chansons préférées?
　(2) ②, Quels sont tes chanteurs préférés?
　(3) ①, Quel est votre fruit favori?

Partie 4　대명사

Unité 13　직접/간접 목적 보어 대명사
p.66

1 (1) le　　　　　(2) les
　(3) l'　　　　　(4) leur

2 (1) Est-ce qu'il dit le résultat à ses élèves. (없음)
　(2) Tu l'aimes?
　(3) Qui te donne le vélo? (없음)
　(4) La mère me le donne.

3 (1) Il me donne une carte de Noël
　(2) Mes amis ne l'aiment pas beaucoup
　(3) Nous lui envoyons un cadeau d'anniversaire

Unité 14　강세형 인칭 대명사
p.69

1 (1) Moi　　　　　(2) Toi
　(3) Nous

2 (1) elle　　　　　(2) eux
　(3) lui　　　　　(4) Lui et elle
　(5) lui

3 (1) de lui → par lui
　(2) Moi aussi → Moi, non plus
　(3) d'elle → à elle
　(4) à elle → d'elle

Unité 15　지시 대명사
p.72

1 (1) ceux　　　　(2) celle
　(3) ceux　　　　(4) celui

2 (1) Cet homme-ci est japonais et cet homme-là est chinois.
　(2) Cette femme-ci est grande, mais cette femme-là est petite.
　(3) Ceci / Cela / Ce n'est pas cher.

3 (1) Celles-ci sont grandes.
　(2) Celui-là est petit.
　(3) Celle-ci n'est pas à moi.
　(4) Celui-là est joli.

Unité 16　소유 대명사
p.75

1 (1) le nôtre　　　(2) la tienne
　(3) Les miens　　(4) Les siens

2 (1) Mes parents sont plus grands que les tiens.
　(2) Votre caractère est moins difficile que le sien.
　(3) Cet appartement n'est pas le mien.

3 (1) il est/c'est le mien
　(2) il/ce n'est pas le sien
　(3) il/ce n'est pas le vôtre

Unité 17 의문 대명사
p.79

1. (1) pour qui (2) Lesquels
   (3) À laquelle (4) Sur lequel

2. (1) Qu'est-ce qu'il aime comme boisson? /
   Il aime quoi comme boisson? /
   Qu'aime-t-il comme boisson?
   (2) À qui est-ce que tu écris? /
   Tu écris à qui?/À qui écris-tu?
   (3) Avec qui est-ce que vous voulez voyager? /
   Vous voulez voyager avec qui? /
   Avec qui voulez-vous voyager?

3. (1) ③ (2) ①
   (3) ④ (4) ②

Unité 18 중성 대명사
p.82

1. ② J'ai le droit de lui téléphoner?

2. (1) 그녀는 파리에 갑니다. 그리고 나도 그곳에 갑니다.
   (2) 우리는 수프를 먹는다. 하지만 이제는 더 이상 그것이 없습니다.
   (3) 나의 남동생은 자전거 한 대를 삽니다. 난, 그것을 사지 않습니다.

3. (1) y (2) y
   (3) en (4) en

읽기 번역
A 그는 방학 동안 어디로 여행을 간대?
B 내일 리용으로 떠난대. 그곳에서 사촌과 시간을 보낸대. 그럼, 그녀는?
A 나도 잘 몰라. 그녀는 어쩌면 집에 머물 거야. 그곳에서 혼자 요리를 할 거야.
B 그녀는 요리를 할 줄 알아?
A 그녀는 요리에 관한 책들을 많이 가지고 있어. 하지만 나는 그것들을 갖고 있지 않아. 그녀의 음식은 정말 맛있어!

Partie 5 | 의문문, 부정문, 감탄문

Unité 19 의문문
p.86

1. (1) Pourqoui est-ce qu'elle étudie le français?
   (2) Quand arrivent-ils aux États-Unis?
   (3) Où habites-tu?

2. (1) 당신은 언제부터 TV를 보고 있나요?
   (2) 너는 집에 책이 얼마나 있니?
   (3) 당신은 왜 고양이들과 사는 거죠?

3. 모범 답안
   (1) Où habites-tu?
   (2) Quel âge as-tu?
   (3) Tu aimes lire?
   (4) Tu fais quoi le weekend?

Unité 20 부정문
p.89

1. (1) Je ne l'aime plus.
   (2) Personne ne l'invite.
   (3) Je ne peux pas vivre sans vous.

2. (1) 그 가방 안에는 아무것도 없다.
   (2) 그 어떤 친구도 나에게 돈을 빌려주지 않는다.
   (3) 그녀는 못생기지도 예쁘지도 않다.

3. 모범 답안
   (1) Je n'aime pas le chat.
   (2) Je n'aime pas voyager.
   (3) Je n'aime pas l'été.

Unité 21 감탄문
p.92

1. (1) 여기는 정말 멀군!
   (2) 정말 흥미로운 책이야!
   (3) 이거 (디저트로) 진짜 맛있는 걸!

2. (1) Qu'est-ce que ce manteau est cher!
   (2) Quel mauvais temps!
   (3) Quelle chance il a!

3 (1) Quelle   (2) Quel
   (3) Comme/Que/Qu'est-ce que/Combien

> **읽기 번역**
> A 저기 좀 봐! 정말 예쁜 여자군!
> B 너에게는 안됐지만, 그녀에겐 남자 친구가 있어.
> A 정말 불행한 일이군! 그래도 그녀에게 말을 걸어 볼래.
> B 그만해! 남자 친구가 그녀 바로 뒤에 오고 있어.
> A 난 참 운도 없구나.

Partie 6 | 직설법 과거

Unité 22 근접 과거

p.96

1 (1) vient de laisser
   (2) viens de faire
   (3) ne viennent pas de finir
   (4) venons de nous promener

2 (1) 당신은 그 미국 드라마를 방금 보았나요?
   (2) 너는 방금 누나/언니에게 편지를 썼니?
   (3) 그는 방금 그의 약혼녀에게 전화했나요?

3 (1) vient de nager
   (2) vient de se laver
   (3) vient de prendre
   (4) vient d'arriver
   (5) vient de commander

> **읽기 번역**
> 아드리안은 집 근처에 있는 수영장에서 좀 전에 수영을 했다. 그러고 나서 밖에 나가기 전에 샤워도 막 끝냈다. 시내에서 친구들과 점심을 먹기 위해 그는 방금 110번 버스에 올라탔다. 마침내 그는 막 이탈리안 식당에 도착했다. 너무 배가 고파서 그는 친구들은 기다리지 않고 피자를 바로 주문했다.

Unité 23 복합 과거

p.99

1 (1) a travaillé
   (2) n'avons pas fini
   (3) sont allés
   (4) se sont couchées

2 (1) je n'ai pas vu ce film.
   (2) j'ai déjeuné à midi.
   (3) Je l'ai trouvé dans la voiture.

3 (1) a dû
   (2) a proposé
   (3) est resté
   (4) a souvent écrit
   (5) a beaucoup téléphoné

> **읽기 번역**
> 아망딘은 작년에 리용으로 이사를 가야 했습니다. 그 도시에 있는 은행에서 그녀에게 일자리를 제안했기 때문입니다. 하지만 그의 남자 친구는 대학교에서 공부하기 위해 파리에 머물렀습니다.
> 그녀는 그에게 자주 편지를 썼고, 남자 친구도 그녀에게 전화를 많이 했습니다.

Unité 24 반과거

p.102

1 (1) jouait
   (2) faisais
   (3) ne s'entendaient pas
   (4) nous disputions

2 (1) 당신은 종종 카페테리아에서 피자를 먹곤 했어요?
   (2) 너는 로마에 며칠이나 있었지?
   (3) 그는 고등학생이었을 때 좋은 성적을 받았나요?

3 (1) suis allé   (2) me baladais
   (3) me bronzais   (4) avons fait
   (5) est passée   (6) nagions
   (7) était

> **읽기 번역**
> 여름 휴가 동안 나는 프랑스의 마르세이유에 갔다. 아침마다 시내를 돌아다녔고, 오후마다 해변에서 선탠을 했다. 마지막 날에 나와 아내는 스쿠버다이빙을 시도했다. 우리가 물속에서 수영하는 동안에 갑자기 바다거북 한 마리가 우리 앞을 지나갔다. 정말 잊을 수 없는 경험이었다!

Partie 7 | 직설법 미래

Unité 25 근접 미래
p.106

1. (1) vais voyager
   (2) vas cuisiner
   (3) ne va pas inviter
   (4) va pique-niquer
2. (1) je vais le lui envoyer demain.
   (2) elle ne va pas l'avoir.
   (3) je vais la quitter pour une semaine.
3. (1) vais aller   (2) va réserver
   (3) va visiter   (4) allons rencontrer
   (5) vais acheter

읽기 번역
우리가 일본에 도착하자마자 나는 슈퍼마켓에 장을 보러 갈 것이다. 그런 다음에 내 남자 친구는 오사카에 가는 기차표를 예약할 것이다. 우리는 관광지를 방문할 예정이다. 게다가 그곳에 친구들이 있어서 우리는 새로운 사람들을 만날 것이다. 그곳을 떠나기 전에 나는 가족을 위해 기념품을 살 것이다.

Unité 26 단순 미래
p.110

1. ② rateras, ③ manquera
2. (1) je laisserai ma clé à la maison.
   (2) Il y aura de la bière dans mon frigo.
   (3) J'achèterai ma voiture au marché de l'occasion.
3. (1) serai   (2) travaillerai
   (3) voyagerai   (4) sauvrai
   (5) se réalisera

읽기 번역
나는 나중에 커서 수의사가 되고 싶어요. 정말 동물을 사랑하거든요. 가능하다면 야생 동물들과 함께 일하고 싶어요. 전 자연을 발견하는 것을 좋아해서 전 세계를 여행하며 멸종 위기의 동물들을 보호하는 일을 하고 싶어요. 특히 불법 사냥에서 동물들을 보호할 거예요. 그렇게 되면 제 꿈이 마침내 현실로 이루어지게 될 거예요!

Partie 8 | 명령문

Unité 27 긍정 명령문
p.115

1. (1) Soyez   (2) Fais
   (3) Ayons   (4) Maquillez-vous
2. (1) ②   (2) ②
3. (1) Réveillez-vous
   (2) Lavez-vous
   (3) restez
   (4) Soyez

Unité 28 부정 명령문
p.118

1. (1) Ne buvez pas
   (2) Ne sois pas méchante
   (3) N'ayez pas
   (4) Ne te lève pas
2. (1) ③   (2) ④
3. (1) ne t'inquiète pas   (2) sois
   (3) N'oublie pas   (4) Écris-moi

읽기 번역
내 사랑,
네가 잘 지내길 바란다. 우리가 같은 나라에 있지 않더라도 걱정하지 마. 아프리카에서 미션을 다 마치면 널 보러 귀국할 거야. 특히, 내가 돌아올 때까지 건강해야 해. 우리의 지난 추억을 잊으면 안 돼. 내게 최대한 자주 편지 써 줘.
사랑해.
　　　　　　　　　　　　　　　미카엘

Partie 9 | 접속법

Unité 29 접속법이 쓰이는 동사 구문
p.123

1. (1) fasse   (2) soit

(3) perdions　　　　(4) ayez

2　(1) ① Est-ce que vous croyez qu'elle est célibataire?

3　(1) donniez, 나는 당신이 나에게 몇 가지 조언을 주면 좋겠어요.
　(2) soit, 그녀가 범인인 게 확실하지 않습니다.
　(3) n'ait pas, 나는 그 영화가 해피 엔딩이 아니어서 슬퍼요.

Unité 30 접속법이 쓰이는 종속절
p.127-128

1　(1) arrêtiez　　　(2) revienne
　(3) pleuve　　　　(4) ne reçoives pas

2　(1) ④, Après que tu finis le travail, passe au bureau du directeur.

3　(1) heureuse, son copain lui propose un mariage
　(2) fâché/en colère, sa petite sœur ne donne pas le sien
　(3) déprimé(e)/en depression/découragé(e), qu'il n'y ait pas d'amis à l'école

4　(1) puissent, 그 회사원들은 월급이 내년에 오르기를 기대한다.
　(2) réussisse, 그녀는 좋은 성적으로 수능을 치르기 위해 매일 저녁 공부한다.
　(3) finisse, 나의 부모님은 내가 숙제를 다 끝마친다는 조건 하에, 내일 내가 외출하는 걸 허락해 주실 것이다.

5　(1) aille　　　　　(2) dit
　(3) réussissions　　(4) ne choisisse pas

Partie 10　조건법

Unité 31 조건법 현재
p.132

1　(1) aurais　　　　(2) comprendriez
　(3) prêterais　　　(4) souhaiterions

2　(1) Je voudrais être vétérinaire.
　(2) J'aimerais être chanteur/chanteuse.
　(3) Je souhaiterais être pompier/pompière.

3　(1) voudrais

(2) aimeriez
(3) recommanderais
(4) pourrais

읽기 번역
종업원　부인, 뭘 드시겠어요?
손님　저는 감자튀김과 함께 스테이크요.
종업원　좋아요. 굽기는 어느 정도를 원하세요?
손님　덜 익힌 걸로 주세요. 와인 메뉴판 있죠?
종업원　물론이죠. 보르도산 와인 한 병을 추천하고 싶어요. 하지만 혼자 오셨으니 하우스 와인 한 잔 드실 것을 권해 드립니다.

Unité 32 조건법 과거
p.135-136

1　(1) aurais eu　　　(2) aurait reçu
　(3) aurait fallu　　(4) aurait augmenté

2　(1) ④　　　　　　(2) ③

3　(1) devrait　　　　(2) auraient rempli
　(3) feraient　　　　(4) pourraient
　(5) deviendrait　　 (6) auraient attaqué

4　(1) pourrais　　　 (2) aurait pu
　(3) avais fait　　　(4) s'était excusé

5

	venir 오다	se coucher 잠자리에 들다	ne pas attendre 기다리지 않다
je	serais venu(e)	me serais couché(e)	n'aurais pas attendu
tu	serais venu(e)	te serais couché(e)	n'aurais pas attendu
il/elle	serait venu(e)	se serait couché(e)	n'aurait pas attendu
nous	serions venu(e)s	nous serions couché(e)s	n'aurions pas attendu
vous	seriez venu(e)(s)	vous seriez couché(e)(s)	n'auriez pas attendu
ils/elles	seraient venu(e)s	se seraient couché(e)s	n'auraient pas attendu

(1) S'il était venu, je ne me serais pas couché(e).
(2) Si je l'avais attendu, il serait venu.

Partie 11 | 가정법

Unité 33 가정법 현재

p.140

1. (1) étaient
   (2) ne te quitterais jamais
   (3) se baignerait
   (4) plaisait

2. ③

3. ①

4. (1) Si j'avais de l'argent, je lui en prêterais.
   (2) S'il pleuvait, on n'irait pas à l'école.
   (3) Si tu finissais la dictée, tu pourrais jouer à des jeux vidéo.

Unité 34 가정법 과거

p.143

1. (1) avait pris
   (2) ne se serait pas aggravée
   (3) n'aurait pas eu
   (4) m'avait soutenu(e)

2. ①

3. ②

4. (1) Si vous n'aviez pas fêté mon anniversaire, j'aurais été très malheureuse.
   (2) S'il n'y avait pas eu de pluie, on aurait pu rentrer en taxi.
   (3) Si sa maison n'avait pas été vendue, elle aurait été ruinée.

Unité 35 가정법 미래

p.146

1. (1) neige   (2) devra
   (3) serai   (4) explose

2. ③

3. ④

4. (1) Si tu es sage, je te donnerai un cadeau.
   (2) On se mariera un jour si on s'aime toujours.
   (3) Si elle dépense trop d'argent, elle ne pourra plus payer son loyer.

Partie 12 | 관계사

Unité 36 단순 관계 대명사

p.150

1. (1) dont   (2) où
   (3) où   (4) que

2. ①

3. J'ai acheté un livre dont j'avais besoin.
   내가 필요로 했던 책 한 권을 샀다.

4. (1) ce que   (2) qu'
   (3) qui   (4) ce dont

Unité 37 복합 관계 대명사

p.154

1. (1) à qui, ④
   (2) avec leuqel, ③
   (3) pour laquelle, ②
   (4) auxquelles, ①

2. ④

3. (1) sur lequel   (2) avec qui
   (3) auquel   (4) dans lequel

Partie 13 | 전치사와 접속사

Unité 38 전치사

p.160

1. (1) à, en   (2) des, du
   (3) à, de   (4) sous

2. (1) dans   (2) sur
   (3) à côté   (4) sous

3. (1) en   (2) Depuis
   (3) par   (4) à

정답 249

Unité 39　접속사

p.165-166

1. (1) grâce à　(2) C'est pourquoi
   (3) Pour que　(4) Sans
2. ④, Bien que
3. (1) tellement de　(2) à cause
   (3) comme si　(4) donc
4. (1) au moment où　(2) sous prétexte de
   (3) Comme　(4) Pourvu que
   (5) tellement d'
5. (1) Je pense donc je suis.
   (2) Elle a un chat et un chien chez elle.
   (3) Tu veux voyager en Amérique du Sud ou en Amérique du Nord?
   (4) Mon grand frère fume beaucoup mais il ne boit jamais d'alcool.

Partie 14　간접 화법과 수동태

Unité 40　직접/간접 화법

p.171

1. (1) où j'ai mis mon ordinateur
   (2) ce que je ferai ce weekend
   (3) si nous avons bien compris
   (4) quelle boisson je préfère
2. ③
3. (1) qu'il était arrivé à la gare
   (2) qu'il me remerciait de mon aide
   (3) si je pourrais acheter du pain ce soir-là
   (4) qu'il me raconterait tous les secrets

Unité 41　수동태

p.174

1. (1) Cet acteur est aimé de tous mes amis.
   (2) Une soirée a été organisée par mes parents.
   (3) La mer peut se voir de l'hôtel.
   (4) Ton appartement sera cambriolé par les jeunes.

2. ③
3. ④

Partie 15　비교급과 최상급, 부사

Unité 42　우등/열등/동등 비교급

p.178

1. (1) plus cher que
   (2) autant de chaises que
   (3) mieux que
   (4) moins de talent que
2. ④, Je joue du piano mieux que ma petite sœur.
3. ②
4. (1) moins cher
   (2) plus longs
   (3) aussi grande

Unité 43　최상급

p.181

1. (1) le plus vite
   (2) la plus vieille
   (3) les plus longs
   (4) le plus longtemps
2. ③ Ils dansent le mieux de nous.
3. ②

Unité 44　부사

p.184

1. (1) fraîchement　(2) fièrement
   (3) apparemment　(4) luimineusement
2. ① Il n'est pas encore allé en France.
3. ② gentiment
4. (1) environ, dehors　(2) nulle part
   (3) beaucoup　(4) lentement
   (5) rarement

Partie 16 | 수

Unité 45 기수
p.188

1. (1) trois cent soixante cinq
   (2) deux mille dix-neuf
   (3) cent millions
   (4) vingt-trois mille

2. ② quatre-vingts

3. (1) vingt-quatre
   (2) cinquante
   (3) soixante-quatorze

4. (1) six
   (2) un, une
   (3) trois
   (4) douze
   (5) neuf millions sept cent mille

Unité 46 서수
p.191

1. (1) trois-centième
   (2) dix-neuvième
   (3) cent-soixante-et-unième
   (4) huit-millionième

2. (1) vingt-quatrième
   (2) treizième
   (3) cinquième
   (4) dix-septième

3. ② trente-deuxième, ④ treizième

4. (1) première   (2) trente-troisième
   (3) douzième   (4) neuvième
   (5) dix-huitième

Unité 47 집합수 및 분수
p.195-196

1. (1) trois huitième   (2) un onzième
   (3) sept entiers et trois quarts
   (4) neuf dixième

2. ① deux milliers de manifestants,
   ② une dizaine de fleurs.

3. (1) zéro virgule cinq
   (2) zéro virgule vingt-six
   (3) dix virgule un
   (4) zéro virgule zéro trois

4. (1) une soixante-dizaine
   (2) une douzaine de
   (3) un demi
   (4) La soixantaine
   (5) et demi

5. (1) trois-cent-trente-trois
   (2) vingt-neuvième
   (3) une cinquantaine de
   (4) un quart
   (5) 3백만
   (6) 2020
   (7) 3½

6. (1) quatre   (2) trois cents
   (3) quarante   (4) une
   (5) un   (6) un demi

Partie 17 | 상황별 표현

Unité 48 신체 및 건강과 관련된 표현
p.200

1. (1) la tête   (2) les cheveux
   (3) la bouche   (4) l'épaule
   (5) le bras   (6) la hanche
   (7) le pied   (8) l'orteil
   (9) le talon   (10) le doigt
   (11) la main   (12) le menton

2. (1) J'ai mal à la tête.
   (2) Elle a mal à la bouche.
   (3) Ils ont mal aux dents.

3. (1) ④   (2) ①
   (3) ③   (4) ②

4 (1) est contaminée par

(2) s'est fait une piqûre

(3) nous sommes enrhumé(e)s

Unité 49 가족 및 나라와 관련된 표현
p.203

1 (1) 나의 어머니의 남자 형제

(2) 그(녀)의 딸의 자녀들

(3) 우리 언니(누나)의 남편

(4) 그(녀)들의 여동생의 아들

2 (1) mon oncle

(2) mes petits-enfants

(3) mon beau-frère

(4) mon neveu

3 (1) la Corée du Sud

(2) Séouliens

(3) plus grande

(4) dynamique et historique

4 (1) à

(2) espagnol

(3) Cubanais

Unité 50 학업 및 직업과 관련된 표현
p.207-208

1 (1) Le chimiste (2) L'informaticien

(3) Le musicien (4) L'architecte

2 (1) est à la recherche d'un emploi

(2) à durée déterminée

(3) de français

(4) infirmières

3 (1) gestion (2) commerce

(3) Master (4) trouver un travail

4 (1) ④ (2) ③

(3) ② (4) ①

5 모범 답안

Je m'appelle Suji Kim. Je suis sud-coréenne. Je suis étudiante en troisième année à l'université. Je fais mes études en histoire, parce que j'adore découvrir le passé de l'humanité en lisant des livres historiques. Un jour, je voudrais devenir historienne. C'est pour ça que j'apprends plusieurs langues étrangères. Je parle 3 langues: anglais, français et un peu chinois. En plus, le coréen est ma langue maternelle.

Unité 51 길 안내하기
p.211

1 (1) hélicoptère (2) tramway

(3) bateau (4) pied

2 (1) entrée

(2) rez-de-chaussée

(3) feu vert

3 (1) Tournez à gauche.

(2) Tournez à droite.

(3) Allez tout droit.

(4) Traversez la rue.

Unité 52 감정 표현하기
p.214

1 (1) Elle est triste.

(2) Il est en colère/fâché.

(3) Elle est nerveuse.

(4) Nous sommes heureux.

2 (1) haineux (2) paniqué

(3) abattu (4) content

3 (1) amour (2) amoureux

(3) crains (4) content

Unité 53 시간 묻기
p.217

1 (1) dix heures et demie/dix heures trente

(2) cinq heures moins quinze/cinq heures moins le quart

(3) quatre heures et quart/quatre heures quinze.

(4) onze heures quarante-cinq

2　(1) À quelle heure
　　(2) anniversaire
　　(3) année

3　Pour la Séance 18h, le filmTaxi

Unité 54　날씨 묻고 답하기
p.219

1　(1) de l'orage　　(2) neige
　　(3) du vent

2　(1) ni chaud ni froid
　　(2) brille
　　(3) de nuages

3　(1) au printemps, doux, la cerise
　　(2) en été, la canicule, le ventilateur
　　(3) en automne, frais, les feuilles mortes
　　(4) en hiver, le grand froid, le chauffage

Unité 55　편지 쓰기
p.222

1　(A) ②　　　　(B) ⑦
　　(C) ⑥　　　　(D) ③
　　(E) ⑤　　　　(F) ④
　　(G) ⑧　　　　(H) ①

2　(1) Veuillez　　(2) chères
　　(3) les meilleurs　(4) attente

3　②, Mesdames et Messieurs

4　모범 답안

　　Vous allez bien à Busan? Moi, je vais très bien à Séoul. Je me suis bien intégré dans l'Université. Pour l'instant, tout va bien!

　　Cela fait déjà un an qu'on s'est pas vus. Vous me manquez beaucoup. Je vous remercie de m'envoyer de l'argent pour financer mes études. La prochaine fois, je voudrais vous inviter au bon restaurant, car en ce moment, je fais un petit boulot dans un café! Maintenant, je gagne de l'argent de poche en tant que serveur. Ce n'est plus la peine de m'aider financièrement. Grâce à votre soutien, j'ai bien réussi à passer l'examen.

　　Je vous aime! A bientôt!

문법 색인 ❶ | 한국어

ㄱ

가까운 미래를 나타내는 현재 시제 ·················· 105
가정법 ·· 138
가정법 과거 ·· 141, 142
가정법 미래 ·· 144, 145
가정법 현재 ·· 138, 139
가족 ·· 201, 202
간접 목적 보어 대명사 ··· 65
간접 화법 ··· 169, 170
감정 동사 ··· 215
감정 명사 ··· 213
감정 표현하기 ·· 212
감정 형용사 ······························ 125, 212, 213
감탄문 ·· 60, 90, 91
감탄문의 간접 화법 ·· 170
감탄사 없이 만드는 감탄문 ···································· 91
강세형 인칭 대명사 ·· 67
거리를 나타내는 지시 형용사의 용법 ················ 54
걱정 ····································· 125, 213
건강 ··· 199
결과 ·· 162, 163
경구 ··· 221
과거 분사 만드는 방법 ·· 98
관계 대명사 ··································· 148~150, 152, 153
관계사 ··································· 19, 148~152
관사 ··· 18
관용적으로 쓰이는 소유 대명사 ··························· 74

구사할 수 있는 언어 말하기 ································· 206
국적을 나타내는 정관사 ··· 26
규칙형 부사 ··· 182
근접 과거 ··································· 94, 95
근접 과거 부정문 ··· 95
근접 미래 ·· 104, 105
근접 미래의 부정문 ··· 105
긍정 명령문 ····························· 112~114, 117
긍정 명령문의 여러 가지 의미 ···························· 114
긍정문 ·· 20
기수 ··································· 186, 187
기타 부정 표현 ·· 88
길 묻고 답하기 ··· 209

ㄴ

나이 말하기 ·· 205
날씨 묻고 답하기 ··· 218
능동태 ·· 172

ㄷ

단순 관계 대명사 ······················· 19, 148~150
단순 미래 ·· 107, 109
단순 미래 규칙형 ··· 107
단순 미래 불규칙형 ·· 108

254

대명 동사 ·· 45
대명 동사 근접 과거 ·································· 95
대명 동사의 긍정 명령문 ························· 114
대명 동사의 부정 명령문 ························· 117
대명사
 ········ 17, 64, 65, 67, 68, 70, 71, 73, 74, 76~78, 80, 81
도치 구문 ······························· 95, 114, 122, 204
동등 비교급 ···································· 176, 177
동사 ·· 19
동사의 비교급 ·· 177
동사의 최상급 ·· 180
등위 접속사 ·· 161

ㅁ

명령문 ·························· 112~114, 116, 117, 200
명령문의 간접 화법 ······························· 170
명사 ·· 17, 22
명사구 감탄문 ··· 90
명사의 비교급 ·· 177
명사의 최상급 ·· 180
모음 ·· 11
목적 보어 대명사 ······························ 17, 64, 65
목적격 관계 대명사 ································ 149
무관사 ·· 29
문장으로 된 감탄문 ································· 91
미래 시제 ··· 103

ㅂ

반과거 ··· 100, 101
반과거 규칙형 ·· 100
반과거 불규칙형 ····································· 101
방향 ··· 157
복합 과거 ··· 97, 98
복합 관계 대명사 ····························· 19, 150~152
부분 관사 ·· 18, 28, 29
부사 ·· 19, 182, 183
부사의 최상급 ·· 180
부정 관사 ··· 18, 23
부정 명령문 ···································· 116, 117
부정문 ··· 20, 87, 88
부탁 ·· 109, 114
분수 ··· 193
불규칙 비교급 ·· 177
불규칙형 부사 ·· 183
비인칭 ·· 124, 199, 218

ㅅ

상태의 전개 과정을 나타내는 전치사 ········ 159
상호 작용 ··· 46
생각 ·· 122
생일 묻기 ··· 216
서수 ··· 189, 190
선행사가 없는 단순 관계 대명사 ············· 149
선행사가 있는 단순 관계 대명사 ············· 148
소원 ·· 120, 131, 139

소유 대명사 ························· 73, 74
소유 동사 ································ 42
소유 형용사 ························· 56, 57
소유격 관계 대명사 ··················· 149
수동태 ······························ 172, 173
수동태의 의미로 쓰이는 대명 동사 ··· 173
수사 ······································ 186
수와 양을 나타내는 전치사 ············ 159
시간 묻고 답하기 ················ 215, 216
시간과 관련된 전치사 ·················· 158
시간과 장소의 부사 ····················· 183
시간을 나타내는 지시 형용사의 용법 ··· 54
신체 ······································ 198

ㅇ

양보 구문 ································ 163
연음 ······································· 16
열등 비교급 ·························· 176, 177
요일과 날짜 묻기 ······················· 216
우등 비교급 ·························· 176, 177
움직임을 지시하는 명령문 ············· 198
원인을 나타내는 전치사 ················ 159
위치와 관련된 전치사 ·················· 157
유감 ······································ 125
의무 ·························· 124, 134, 199
의무 표현으로 건강 유의 사항 말하기 ··· 199
의문 대명사 ························· 76~78
의문 부사로 묻는 의문문 ·············· 85
의문 형용사 ························· 59~61

의문 형용사를 사용한 감탄 표현 ······ 60
의문 형용사와 의문 대명사로 묻는 의문문 ··· 84
의문 형용사와 의문 부사의 구별 ······ 61
의문 형용사의 대체 용법 ·············· 61
의문문 ···························· 20, 84, 85
의문문의 간접 화법 ····················· 170
의문 부사 ······························· 61
의심 ······································ 122
이동 과정 설명하기 ····················· 210
이동 수단 ······························ 210
이동 수단을 나타내는 전치사 ········· 159
이름 말하기 ······························ 205

ㅈ

자기소개 ··························· 204~206
자음 ······································ 14
장소와 관련된 전치사 ·················· 156
장소의 부사 ······························ 183
재귀용법 ································· 46
전치사 ························· 19, 156~159
전치사 + 단순 관계 대명사 qui ······ 153
전치사 + 단순 관계 대명사 quoi ····· 153
전치사 de와 함께 행위자를 나타내는 수동태 ··· 173
전치 형용사 ······························ 18
접속법 ··································· 120
접속법이 쓰이는 감정 형용사 ········ 125
접속법이 쓰이는 동사 구문 ······ 120~122
접속법이 쓰이는 비인칭 구문 형태 변화 ··· 124
접속법이 쓰이는 종속절 ········ 124~126

접속법이 쓰이는 종속절 구문 ···················· 126
접속사 ······································ 19, 161~164
접속사 역할을 하는 전치사구 ···················· 163
정관사 ·· 18, 25, 26
조건 ··· 126
조건법 ·· 130
조건법 과거 ···································· 133, 134
조건법 현재 ···································· 130, 131
조동사 être를 쓰는 복합 과거 ···················· 98
존재 동사 ·· 19, 33
종속 접속사 ·· 162
주격 보어 ··· 45
주격 인칭 대명사 ··································· 32
주의해야 할 숫자 ·································· 187
중성 대명사 ··································· 80, 81
지시 대명사 ··································· 70, 71
지시 형용사 ·· 53
직업 ·· 206
직업 묻기 ··· 205
직접 목적 보어 대명사 ·······················64
직접 화법 ···································· 168, 169
집합수 ··· 192

ㅊ

철자 기호 ··· 16
최상급 ·· 179, 180
축약 ·································· 16, 26, 28, 31
축약 관사 ·· 57
특수한 형태의 명령형 ··························· 113

특정 도시에 사는 사람들을 표현하기 ······ 202

ㅍ

편지 시작할 때 호칭 쓰기 ······················ 220
편지 쓰기 ···································· 220, 221
평서문 ·· 20
품질 형용사 ·· 50

ㅎ

학업 ··· 206
학업과 관련하여 전공 묻기 ···················· 204
학업에 따라 달라지는 동사 형태 비교하기 ······ 205
현재 분사 ·· 19
형용사 ················· 18, 50, 51, 53, 54, 56, 57, 59~61
형용사/부사의 비교급 ··························· 176
형용사의 어순 ······································ 51
형용사의 최상급 ·································· 179
후치 형용사 ··· 18

기타

1군 규칙 동사 ····································· 35
2군 규칙 동사 ····································· 38
3군 불규칙 동사 ···································· 41

문법 색인 ❷ | 프랑스어

A

à	19, 78, 81, 153, 157, 159
à cause de	91, 162
adjectifs	18
adjectifs démonstratifs	53, 54
adjectifs interrogatifs	59~61
adjectifs possessifs	56, 57
adjectifs qualificatifs	50, 51
adverbes	19, 182, 183
âge	60
aimer	35, 98, 121, 133, 173, 213
aller	42, 98, 104, 105, 112, 116
ami(e)	22
an	13, 216
août	54
appeler	120
après, midi	54, 216
argent	23
arrêter	60, 74, 92, 121
arriver	35, 98
articles	18
articles définis	25, 26
articles indéfinis	22, 23
articles partitifs	28, 29
aujourd'hui	183
autant	177
autre	177
avant	126, 158, 183
avec	68, 152
avoir	42, 97, 98, 101, 108, 113, 121, 133, 199, 205
avoir mal à	199
avril	54

B

beau	51
beaucoup	91, 177
bien	19, 126, 163, 177
boire	120
bon	13, 51
bouteille	23

C

ça	14, 71, 85, 162, 213
ce	33, 53, 54, 91, 150, 169, 204
ceci	71
cela	14, 71, 85
celle	70, 71
celles	70
celui	70, 71
ces	53
cet	53

258

cette	53
ceux	70
cher	220
cheveux	46
chez	19, 57, 81, 157
Chine	26
combien	55, 85, 91, 210, 216
combien de	85, 210
combien de temps	85
comme	14, 61, 91, 152, 162, 164
commencer	36
comment	85
Comparatifs (Supériorité, Infériorité, Égalité)	176, 177
conditionnel passé	133, 134
conditionnel présent	130, 131
conjonctions	19, 161~164
consonnes	14~16
Corée	26
cou	199
courage	113
cours	43, 124
coûter	12, 71
croire	98

D

d'où	85
dans	81, 152, 157, 158
de temps en temps	115
dehors	157
déjà	183
demain	19, 170, 183, 216
demander	121, 168
demi	193, 194
depuis	85, 158, 164
depuis quand	85
dernier	14
descendre	98
devoir	41, 98, 130, 131, 134, 199
difficile	50
discours direct	168
discours indirect	169
dommage	125
donc	14, 161
dormir	105
dos	199
d'où	85
douter	122, 213

E

écouter	121
écrire	68, 98, 221
en	19, 80, 81, 117, 156, 210
enchanté	125, 212
encore	183
ensuite	161

entrer	98
environ	158
envoyer	221
essayer	36
est, ce que	20, 204
et	19, 161
être	19, 33
Europe	156

F

fâché	125
faim	40
faire	43, 46, 68, 74, 98, 121, 143, 218
falloir	199
famille	201
février	54
fille	202
fils	202
finir	38, 98, 107
fois	188
forme passive	172
fractions	193, 194
français	26
France	26
frère	201, 202
futur proche	104, 105
futur simple	107~109

G

gens	153
gentil	182
grand-mère	202
grand-père	202
grand frère	202
grande sœur	202

H

heure	122, 182, 215
heureux	125, 213
homme	12
hypothèse sur le futur	144, 145
hypothèse sur le passé	141, 142
hypothèse sur le présent	138, 139

I

ici	183
il fait	218
il faut	124, 199
il y a	85, 158, 218
imparfait	100, 101
important	124
inquiet	125
Italie	26
italien	26

J

jamais	87
janvier	54
Japon	24
japonais	24
jeune	51
joli(e)	51, 182
jouer	100
jour	100
journée	216
juillet	54
juin	54

K

kilo	159
kilomètre	194

L

là	183
là-bas	183
laisser	173
laquelle	77
lequel	77
lesquelles	77
lesquels	77
lettre	221
liaison	16, 17
lire	60, 98
littérature	206
loin de	157
longtemps	46

M

madame	221
mademoiselle	221
mai	54
main	44, 199
maintenant	183
mais	161
mal	199
malheureux(malheureuse)	182
manger	95, 112, 116
mars	54
médecin	207
merci	49
mère	202
midi	216
minute	216
mois	216
moment	164
mon	56
monsieur	221
mourir	98, 159

N

naitre	98, 216
ne	20, 33, 87
ne...pas	65, 81, 87, 95, 105
neiger	218
neuf	186~190
neveu	23, 202
nombres approximatifs	192, 193
nombres cardinaux	186, 187
nombres ordinaux	189, 190
nombreux	122
noms	17, 22, 23
non	32
nouveau	51
novembre	54
numéro	96

O

octobre	54
œil	199
oncle	202
où	85, 139, 150, 205
oui	13

P

parce que	162
pardon	209
parents	202
parler	121, 206
partir	39, 158, 133
passé composé	97, 98
passé récent	94, 95
passer	98
payer	36
pendant	158, 164
perdu	209
père	202
personne	88
peur	40, 121, 126, 213
phrases exclamatives	90, 91
phrases impératives affirmatives	112~114
phrases impératives négatives	116, 117
phrases interrogatives	84, 85
phrases négatives	87, 88
pleuvoir	218
pour	76, 152, 153, 158
pour que	126, 163
pourquoi	85
pourtant	161
pouvoir	41, 98, 101, 130, 131~133, 134, 206
préférer	36, 121
premier	189, 190
prendre	44, 98, 108, 120, 121, 210, 221
prendre	43
prépositions	19, 156, 159
prochain	109

pronoms ··· 17

pronoms compléments d'objet direct ··· 64

pronoms compléments d'objet indirect ··· 65

pronoms démonstratifs ················ 70, 71

pronoms interrogatifs ··················· 76, 78

pronoms neutres ·························· 80, 81

pronoms personnels sujets ················ 32

pronoms personnels toniques ······· 67, 68

pronoms possessifs ······················ 73, 74

pronoms relatifs composés ······· 152, 153

pronoms relatifs simples ············ 148~150

Q

quand ··· 85

quart ····································· 193, 194

que ·· 76, 84, 85, 90, 91, 122, 124~126, 149, 150, 176, 204, 205

quel ···················· 59, 84, 90, 204, 205, 216

quel jour ······································· 216

quelle ··· 59

quelle heure ·································· 215

quelles ·· 59

quelques ··· 59

quels ·· 59

qui ···················· 76, 77, 84, 85, 148, 150, 153, 169

R

raison ·· 162

regarder ·· 45

relatifs ··· 19

rendez, vous ·································· 42

renseignement ····························· 221

réussir ·························· 38, 98, 104

rez, de, chaussée ························· 210

rien ·· 88

rue ·· 210

S

s'appeler ····································· 205

santé ··· 199

s'appeler ······························ 45, 205

savoir ····························· 98, 108, 113, 168

se coucher ···································· 45

se sentir ······································ 212

semaine ·· 54

septembre ···································· 54

si ······ 134, 138, 139, 141, 144, 145, 162, 163, 169

s'inquiéter ··································· 213

sœur ··· 202

soir ······································· 54, 216

sommeil ·· 42

sortir ····························· 39, 98, 139, 144

souhaiter ···································· 121

structure de la phrase ··· 20
subjonctif dans les propositions subordonnées ··· 124, 125
Superlatifs ··· 179, 180

T

tante ··· 202
tard ··· 183
tête ··· 199
tomber ··· 98
tôt ··· 183
tours ··· 58
tour ··· 22, 162, 169
tout(e) ··· 12
travail ··· 23
travailler ··· 35
très ··· 19
triste ··· 125, 182, 213
trois ··· 186
trop ··· 19, 91
trouver ··· 121, 122

U

un demi ··· 193, 194
un peu (de) ··· 206
un quart ··· 193, 194

un tiers ··· 193, 194

V

vendredi ··· 29, 54
venir ··· 42, 94, 95, 98, 120, 121
ventre ··· 199
verbes ··· 19
verbes irréguliers du troisième groupe ··· 41~43
verbes pronominaux ··· 45
verbes réguliers du deuxième groupe ··· 38, 39
verbes réguliers du premier groupe ··· 35, 36
verbes subjonctifs ··· 120~122
vers ··· 158
voici ··· 22
voir ··· 98, 120
vouloir ··· 98, 113, 121, 168
voyage ··· 34
voyelles ··· 11~14
vraiment ··· 91, 182

W

weekend ··· 216

Y

y ·· 81
yeux ···································· 199

Z

zut ······································ 213

MEMO

MEMO

MEMO

MEMO

MEMO

MEMO

내게는 특별한
프랑스어 문법을 부탁해

지은이 전혜영
펴낸이 정규도
펴낸곳 (주)다락원

초판 1쇄 발행 2020년 2월 7일
초판 4쇄 발행 2025년 6월 10일

책임 편집 이숙희, 한지희
디자인 윤지영, 윤현주
일러스트 장덕현
녹음 Sylvie MAZO, Arnaud DUVAL, 최재호
감수 Sylvie MAZO

다락원 경기도 파주시 문발로 211
내용 문의 : (02)736-2031 내선 420~426
구입 문의 : (02)736-2031 내선 250~252
Fax : (02)732-2037
출판등록 1977년 9월 16일 제406-2008-000007호

Copyright © 2020, 전혜영

저자 및 출판사의 허락 없이 이 책의 일부 또는 전부를 무단 복제·전재·발췌할 수 없습니다. 구입 후 철회는 회사 내규에 부합하는 경우에 가능하므로 구입 문의처에 문의 하시기 바랍니다. 분실·파손 등에 따른 소비자 피해에 대해서는 공정거래위원회에서 고시한 소비자 분쟁 해결 기준에 따라 보상 가능합니다. 잘못된 책은 바꿔 드립니다.

ISBN 978-89-277-3253-2 18760

http://www.darakwon.co.kr
다락원 홈페이지를 방문하시면 상세한 출판 정보와 함께 MP3 자료 등 다양한 어학 정보를 얻으실 수 있습니다.